KB068235

위대한 성취

THE SUCCESS FACTOR

Copyright © Ruth Gotian 2022
All rights reserved.

This translation of The Success Factor is published by arrangement with KOGAN PAGE LTD through EYA Co.,Ltd

이 책의 한국어판 저작권은 EYA Co.,Ltd를 통해 KOGAN PAGE LTD와
독점 계약한(주)알에이치코리아가 소유합니다.
저작권법에 의하여 한국 내에서 보호를 받는 저작물이므로 무단전재와 무단복제를 금합니다.

무엇이 성공을 만드는가

THE SUCCESS FACTOR

위대한 성취

루스 고티안 지음 | 임현경 옮김

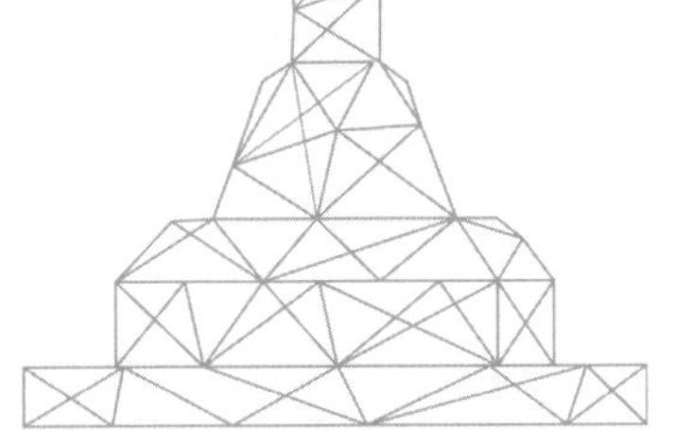

RHK
알에이치코리아

아버지 아서 제임스 긴즈버그를 기리며

1932-2020

불가능을 가능으로 만들 수 있다고 믿었던 이들에게 이 책을 바친다.

모든 것을 가능하게 해 준 내 삶의 별들

암논과 벤자민, 조나단과 에이탄에게 사랑을 가득 담아.

★ 이 책에 보내는 찬사 ★

"성공이 언제나 너무 먼 미래의 일 같다면 루스 고티안이 독자들을 위해 쓴 이 책을 읽어라. 전 세계에서 가장 성공한 사상가들과 행동가들을 수년 동안 연구한 후 그녀가 정리한 습관을 독자들도 자기 삶에 쉽게 적용해 곧 행동에 나설 수 있을 것이다."

다니엘 핑크, 《언제 할 것인가》, 《드라이브》, 《파는 것이 인간이다》 저자

"성공은 지금 그 어느 때보다 매력적이고 매혹적이지만 쉽게 손에 닿지 않는다. 루스 고티안은 그 신비를 파헤쳐 독자들에게 영감은 물론 실질적인 접근법까지 제공하며 성공에 무엇이 필요한지 분명히 보여 준다. 놀라운 이야기가 가득한《위대한 성취》가 바로 성공으로 가는 지름길이 될 것이다."

스튜어트 크레이너, 싱커스50 재단 공동창립자

"성공이 신기루 같은가? 그렇다면 루스 고티안이 마련한 성공 로드맵을 참조하라. 그녀는 수년 간의 연구를 토대로 성공을 최적화하는 비법과 성공에 도달하는 실질적인 도구를 이 책에 담았다. 성공을 향한 당신의 여정에 이 책을 들고 가길 강력히 추천한다."

레인 조엘슨 코헨, 시티그룹 인사부 교육이사

“《위대한 성취》는 성공에 대한 열망은 가득하지만 계획이 필요한 사람들을 위한 행동 지침서다. 루스 고티안은 세상에서 가장 성공한 사람들을 인터뷰하고 그들에 관해 연구해 성공으로 곧장 날아갈 수 있는 확실한 길을 보여준다. 이 책이 당신의 훌륭한 가이드이자 영감의 원천이 될 것이다.”

벤자민 크로프트, 월드 비즈니스 앤 이그제큐티브 코치 서밋 설립자 겸 회장

“뛰어난 성공은 무엇이 필요하고 무엇을 배워야 하는지 아는 능력과, 마찬가지로 뛰어난 사람들에게 동기를 부여하는 능력에 달려 있다는 사실을 이해하는 리더라면 이 책이 훌륭한 가이드가 될 것이다. 이 책은 성공에 필요한 근육과 기술을 단련해 지치지 않고 성공을 향해 달릴 수 있게 해 주는 훌륭한 체육관이나 다름없다.”

파브리치오 파리니, 린트 초콜릿 앤 슈프륀글리 이탈리아 이사 겸 전 최고경영자

“뛰어난 인재들의 공통점은 무엇인가? 바로 이 책에 다 담겨 있다. 최고의 능력을 발휘하는 사람들은 언제나 경쟁력을 높여줄 수 있는 비법을 찾기 때문이다. 이 책에는 실생활은 물론 커리어에 바로 적용할 수 있는 성공 비법이 가득 담겨 있다. 이 책을 읽고 한 단계 도약하라.”

샘 혼, 《적을 만들지 않는 대화법》 저자, 인트리그 에이전시 최고경영자

"《위대한 성취》는 무엇이 성공한 리더를 만드는지 이해하고 싶은 사람이라면 누구나 반드시 읽어야 할 책이다."

파이살 판디트, 북아메리카 파나소닉 시스템 솔루션 컴퍼니 회장

"내가 멘토가 되어 준 뛰어난 대학원생들과 과학자들, 의학 전문가들도 종종 성공 로드맵을 그리지 못해 나를 놀라게 만들었다. 《위대한 성취》는 스포츠, 과학, 법, 비즈니스 등 다양한 분야의 연구 사례를 토대로 성공을 위해 중요한 첫발을 뗄 수 있는 기본 도구를 제공할 것이다."

피터 호테즈, 의학 박사, 철학사, (명예) 이학 박사, 베일러 의과 대학 국립열대의학부 학장 겸 교수

"《위대한 성취》는 성공하고 싶고 이를 위해 기꺼이 노력할 모든 이들이 성공에 도달할 수 있도록 도와줄 것이다. 루스 고티안은 성공한 사람들에 관한 연구로 성공에 이르는 길을 낱낱이 분석해 독자들이 성공을 위해 한 발짝 내딛는 데 사용할 수 있는 유용한 도구와 전략을 제공한다."

도리 클라크, 《롱 게임》 저자, 듀크 대학교 푸쿠아 경영대학원 외래 교수

"《위대한 성취》는 뛰어난 성공을 이룬 사람들의 이야기를 통해 그들이 어떻게 성공했는지 밝혀주는 책으로 독자들의 삶 또한 바꿀 것이다. 고티안은 그들의 비밀을 밝히기 위해 수년을 투자했고 그녀의 열정과 인내와 연구는 탁월함의 기준을 높였다. 고티안의 아이디어와 도구를 활용해 누구나 성공에 다가갈 수 있을 것이다!"

다렉 레나트, 마스터카드 북아메리카 시장 전략 성장 인사능력부 상무

"누구나 자신의 삶과 일에서 성공할 수 있는 길을 보여주는 루스 고티안의 책은 의심할 여지 없이 독자들에게 심오한 영향을 끼칠 것이다. 고티안은 이 책으로 컬럼비아 대학교 티처스 칼리지 시절 자신에게 던졌던 질문에 답한다. "나는 어떤 분야에서 선구적인 리더가 되고 싶은가?"

케이티 엠브리, 교육학박사, 컬럼비아 대학교 티처스 칼리지 기획전략부 학장 겸 총장 비서실장

"루스 고티안은 커리어를 관리해 성공에 도달하는 방법에 관한 오해를 바로잡는다. 《위대한 성취》는 다양한 분야에서 뛰어난 성취를 이룬 사람들의 내밀한 이야기를 통해 무엇이 효과가 있었는지 자세히 보여준다. 나 역시 그들의 이야기로부터 새로운 것을 배웠다. 박사 지망생들의 멘토이자 조언자로서 그들에게도 이 책을 강력히 권한다."

우슈마 S. 닐, 철학 박사, 메모리얼 슬론 케터링 암 센터 과학교육훈련부 부소장

"《위대한 성취》는 최고의 기량을 발휘해 결국 성공에 도달하게 해 줄 훌륭한 전략집이다. 고티안 박사는 흥미로운 이야기로 성공하는 사람들의 공통점과 특성에 관한 심오한 통찰을 제공하고 성공을 이루는 과정에서 멘토의 역할 또한 강조한다."

RC 부포드, 샌안토니오 스퍼스 최고경영자, 미국 프로농구 올해의 단장상 2회 수상자

"의미 있는 성공으로 가는 길의 가이드가 필요하다면 이 책을 읽어라. 루스 고티안은 흥미로운 이야기들과 정확한 분석으로 성공의 비밀을 밝히고 이를 성취할 수 있는 실용적인 도구를 제공한다."

사닌 시앙, 싱커스50 #1 코치 겸 멘토, 《시작하는 책*The Launch Book*》 저자

contents

2부 성공의 네 가지 요소

3부 성공을 최적화하라

자신의 이야기를 나눠 준 모든 이들에게 큰 감사를 전한다.

- **피터 아그레**: 의학 박사, 의사과학자, 2003년 노벨화학상 수상자
- **미힐 바르트만**: 남자 조정 선수, 올림픽 3회 출전, 금메달 1개, 은메달 2개
- **도리 번스타인**: 조지타운 대학교 로센터 수프림 코트 인스티튜트 전 이사
- **보니 블레어**: 여자 스피드 스케이팅 선수, 올림픽 4회 출전, 금메달 5개, 동메달 1개
- **마이클 브라운**: 의학 박사, 의사과학자, 1985년 노벨 생리학·의학상 수상자
- **캔디스 케이블**: 휠체어 레이싱, 파라 알파인 스키 선수, 올림픽과 장애인 올림픽 9회 출전, 금메달 3개, 은메달 2개, 동메달 3개
- **찰스 카마다**: 철학 박사, 우주비행사
- **파블로 카릴로**: 법학 박사, 존 매케인 의원 전 수석보좌관
- **아르투로 카사데발**: 의학 박사, 철학 박사, 의사과학자, 존스홉킨스 의과 대학 학장 겸 교수
- **맥신 클라크**: 빌드 어 베어 워크숍 설립자 겸 전 최고경영자

- **빅토리아 클라크**: 토니상 수상자, 브로드웨이 배우
- **리 코커렐**: 월드 디즈니 월드 리조트 전 부사장
- **조나단 코헨**: 의학 박사, 바이오레퍼런스 랩스 대표
- **카린 데이비스**: 법학 박사, 여자 조정 선수, 올림픽 3회 출전, 금메달 2개, 은메달 1개
- **트레비스 돌란**: 미군 대령
- **앤서니 파우치**: 의학 박사, 국립보건원 국립알레르기전염병연구소 소장, 7명의 미국 대통령 의학 자문
- **제프리 프리드먼**: 의학 박사, 의사과학자, 록펠러 대학교 교수
- **제임스 거츠**: 대령, 전 미 해군 차관보
- **게리 깁슨**: 의학 박사, 국립보건원 국립심장폐혈액연구소 소장
- **데이비드 긴즈버그**: 의학 박사, 의사과학자, 미시건 대학교 교수
- **스콧 해밀턴**: 남자 피겨스케이팅 선수, 올림픽 2회 출전, 금메달 1개
- **데본 해리스**: 남자 봅슬레이 선수, 올림픽 3회 출전
- **케일라 해리슨**: 여자 유도 선수, 올림픽 2회 출전, 금메달 2개
- **데보라 하이저**: 철학 박사, 멘토 프로젝트 공동창립자 겸 최고경영자
- **헬렌 홉스**: 의학 박사, 의사과학자, 텍사스 대학교 사우스웨스턴 의과 대학 교수 겸 학장
- **조 자코비**: 남자 카누 슬라럼 선수, 올림픽 2회 출전, 금메달 1회
- **에리카 제임스**: 철학 박사, 펜실베이니아 와튼 경영대학원 원장
- **조나단 자비스**: 미국 국립공원청 전 청장
- **토마스 W. 존스**: 시티그룹 글로벌 투자경영 전 의장 겸 최고경영자
- **닐 카티알**: 법학 박사, 전 미 법무차관, 미국대법원에서 44차례 변론
- **스티브 커**: 미국 프로농구 챔피언 8회, 골든스테이트 워리어스 수석코치

- **캐시 크램**: 철학 박사, 보스턴 대학교 명예 교수 겸 멘토링 전문가
- **로버트 레프코위츠**: 의학 박사, 의사과학자, 2012년 노벨화학상 수상자
- **아서 레빗**: 전 미국 증권거래위원회장
- **제니스 린츠**: 청각 접근성 혁신 최고경영자, 청각 장애인이 박물관, 택시, 야구장, 극장 등에 쉽게 접근할 수 있는 장치 마련
- **커티스 마틴**: 전 프로축구 선수, 2012년 프로축구 명예의 전당 입성
- **라이언 밀러**: 남자 배구 선수, 올림픽 3회 출전, 금메달 1회
- **벤 넬슨**: 전 스냅피시 회상, 미네르바 프로젝트 설립가, 회장, 최고경영자
- **스콧 오닐**: 필라델피아 세븐티식서스와 뉴저지 데빌스 전 최고경영자
- **아폴로 안톤 오노**: 가장 많은 메달을 딴 남자 쇼트트랙 스피드 스케이팅 선수, 올림픽 금메달 2회, 은메달 2회, 동메달 4회,
- **자자 파출리아**: 미국 프로농구 챔피언 2회
- **스콧 파라진스키**: 의학 박사, 의사, 우주비행사, 올림픽 코치, 미국 우주비행사 명예의 전당
- **대릴 로스**: 〈킹키 부츠〉 등 90개 이상 작품을 제작한 토니상 수상 프로듀서
- **아트 샴스키**: 1969년 뉴욕 미라클 메츠 프로야구 월드시리즈 챔피언
- **버트 샤피로**: 철학 박사, 국립보건원 의사과학자 훈련 프로그램 전 이사
- **이안 시겔**: 집리쿠르터 공동창립자 겸 최고경영자
- **수잔 실버**: 〈메리 타일러 무어 쇼〉, 〈밥 뉴하트 쇼〉, 〈모드〉, 〈패트리지 패밀리〉 등의 고전 코미디 시트콤 극작가
- **헤일리 스카루파**: 여자 아이스하키 선수, 올림픽 금메달 1회
- **니콜 스톳**: 우주비행사
- **버트 보겔스타인**: 의학 박사, 의사과학자, 존스홉킨스 대학교 교수
- **마리 볼프**: 교육학 박사, 컬럼비아 대학교 티처스 칼리지 교수

- **크리스토퍼 와델**: 휠체어 레이싱과 파라 알파인 스키 선수, 장애인 올림픽 7회 출전, 금메달 5회, 은메달 5회, 동메달 2회
- **크리스토퍼 월시**: 의학 박사, 철학 박사, 의사과학자, 하버드 의과 대학교 교수 겸 학부장
- **폴 왓포드**: 법학 박사, 미 제9차 연방순회항소법원 순회판사
- **필 와이저**: 법학 박사, 콜로라도 법무장관
- **페기 윗슨**: 철학 박사, 우주비행사, 전 나사 수석우주비행사, 전 국제우주정거장 지휘관
- **토르스튼 위즐**: 의학 박사, 1981년 노벨 생리학·의학상 수상자, 록펠러 대학교 교수 겸 명예 학장
- **앤 워치츠키**: 개인 유전자 검사 기업 트웬티쓰리앤미 최고경영자
- **린 우튼**: 철학 박사, 시몬스 대학교 총장
- **아이리스 짐머만**: 여자 펜싱 선수, 올림픽 출전
- **후다 조그비**: 의학 박사, 의사과학자, 베일러 의과 대학 교수

나는 40여 년 넘게 전 세계에서 가장 크고 성공한 회사 최고경영자들의 수석 코치로 일했다. 뛰어난 사람들에 대해 잘 알고 있다는 뜻이다. 뛰어난 테니스 선수가 올림픽을 위해 코치와 함께 훈련하듯, 나는 이미 성공했지만 더 나아가고 싶은 사람들과 함께 작업한다. 그들은 실패도 하지 않고 대의를 잃지도 않는다. 가장 높은 자리에 있으면서도 더 발전하고 더 많이 이룰 방법을 찾는다. 지금의 자리에 오르기 위해 열심히 노력했을 뿐만 아니라 성공의 다음 단계로 올라가기 위해 기꺼이 노력할 의지도 충만하다.

성공에 대한 정의는 사람마다 다르겠지만 그들이 뛰어난 성공을 이루었다는 사실을 부인할 사람은 없을 것이다. 내 고객들은 배경, 교육 정도, 성공에 이른 방법 등이 다양하다. 하지만 몇 가지 공통점이 있었다. 그들은 자신이 하는 일에 열정과 추진력을 갖고 있었다.

그 열정은 장애물 앞에서 인내의 연료가 되었고 덕분에 그들은 다른 사람들보다 더 오래 열심히 일할 수 있었다. 많은 사람이 자신의 일을 처음 시작할 때는 최고경영자, 미쉐린 스타를 받은 요리사, 우주비행사, 노벨상 수상자, 프로농구 챔피언이 될 거라고 생각조차 하지 못했다. 시작은 그저 자기 분야에 관한 강한 호기심이었고 그것이 결국 지치지 않고 목표를 향해 전진할 수 있는 힘이 되었다.

내 고객 중 한 명인 모모푸쿠 설립자 데이비드 장은 미쉐린 스타를 받은 요리사이지 넷플릭스 프로그램 〈어글리 딜리셔스〉로 유명해졌다. 데이비드는 전 세계에 레스토랑을 열고 새로운 아이디어로 가득한 음식을 끊임없이 보여 주며 대부분의 요리사가 꿈꾸는 성공을 이루었다. 하지만 모모푸쿠 누들 바를 처음 열었을 때는 음식 가격에 세금을 더하는 법도 몰랐다고 내게 털어놓았다. 그는 자신의 모험이 앞으로 어떻게 펼쳐질지 조금도 확신하지 못했다. 하지만 맛있는 음식을 만들어 사람들과 나누고자 하는 열정은 있었다. 그래서 장애물과 의심을 뚫고 계속 나아갈 수 있었다.

《위대한 성취》는 기업가, 최고경영자, 의사, 과학자, 운동선수들이 자기 자리에서 최고가 되기까지 무엇이 필요했는지 완벽하게 보여 준다. 이들의 흥미로운 성공 스토리와 고티안의 인터뷰는 어떤 직업에서 성공하고 싶은지, 목표가 무엇인지에 상관없이 독자들에게 성공의 기본 열쇠를 쥐어줄 것이고 독자들은 목표를 성취하기 위해 필요한 내적 동기와 확실한 직업 윤리, 그리고 끊임없이 배우는 태도에 대해 배우게 될 것이다.

경영 코치이자 교육자, 저자로 활약하는 고티안의 능력 덕분에 위대한 성취가들의 비밀이 드디어 밝혀졌다.《위대한 성취》는 지금 당신이 서 있는 곳에서 당신이 가고 싶은 곳으로 데려다 주는 훌륭한 길잡이가 될 것이다.

이 책을 읽고 장애물을 넘어 당신의 다음 목표를 이루어라!

마셜 골드스미스
싱커스50 최고경영코치,《트리거》,《모조》,《이곳에 온 방법으로는 저곳에 갈 수 없다 *What Got You Here Won't Get You There*》 저자

★ 서문 ★

뉴욕에 있는 컬럼비아 대학교 티처스 칼리지에 다닐 때였다. 하루는 캠퍼스를 걷다가 같이 수업을 듣는 친구를 만나 학교생활과 진로에 대해, 각자 학위를 마치면 무엇을 하고 싶은지에 대해 이야기했다. 그는 석사, 나는 박사 과정에 재학 중이었다. 확실한 건 아니었지만 나는 중요한 일을 하고 싶었고 세상에 영향을 끼치고 싶었다. 그때 그가 질문을 하나 했고 그 질문은 그 후로 내 머릿속을 떠난 적이 없다. 그는 내게 어떤 분야에서 선구적인 리더가 되고 싶은지 물었다. 아마 선구적인 리더가 무엇인지도 몰랐을 나에게, 그는 오직 나만 할 수 있으며 이를 통해 명성을 얻을 수 있는 일이라고 설명해 주었다. 내가 대부분의 사람들보다 더 잘 알고 이해하는 것, 오직 나만 생각해 낼 수 있는 이론이나 방식 혹은 과정이 있는지, 다른 사람이 내 전문 지식을 구하기 위해 찾아올 정도의 권위자가 될 수 있는 분야가 무엇인지 말이다. 나는 아무 대답도 할 수 없었다.

그리고 그의 말에 관해 곰곰이 생각해 보았다. 나도 그때까지 열심히 공부했지만 내가 어느 분야에서든 선구적인 리더라고 생각해 본 적은 없었다. 그 순간 나는 앞으로 나아가기 위해서 획기적인 변화가 필요하다는 사실을 깨달았다. 어쨌든 뛰어난 성취를 이룬 사람들은 모든 것이 아니라 아주 사소하고 구체적인 것들로 명성을 얻고 있었다. 그들은 그 분야에서만큼은 전문가였다.

나는 정규직으로 일하는 동시에 가정을 꾸리면서 박사 과정을 공부하고 있었다. 즉 낭비할 시간이 없었다는 뜻이다. 모든 책과 논문, 대화가 지식이 되어 차곡차곡 쌓였고 나는 스펀지처럼 최대한 많은 내용과 이론과 전문 지식을 흡수했다. 출퇴근길에는 배웠던 것을 복습하며 서로 다른 아이디어를 접목시켜 보려고 노력했다. 지도 교수이자 멘토 마리 볼프 박사님과 매일 출근길에 통화하며 특정한 이론과 개념에서 내가 배운 것이 무엇인지, 그에 동의하는지 동의하지 않는지, 그리고 이를 어떻게 적용할지, 내가 생각하는 한계는 무엇인지 등에 관해 이야기를 나누었다. 연구실에 도착할 때쯤 나는 한껏 고양되어 있었다. 볼프 박사님과의 대화는 어떤 카페인 음료보다 효과가 좋았다. 나는 열정과 의욕이 넘쳤고 도전하라고 격려해 주는 든든한 지원군도 있었다.

대학원 진학을 위해 연구 주제를 고민할 때 나는 의사이자 과학자인 의사과학자에 관해 연구하고 싶었다. 나는 미래의 의사과학자들을 양성하는 두 개의 박사 학위 통합 과정을 운영하면서 그들이 얼마나 뛰어난지 직접 목격했다. 3.5퍼센트의 입학 경쟁률을 뚫고 들어온 그들은 모두 최고 중의 최고였다. 그들은 사고방식이 달랐고 그때까지 내가 만나거나 알던 그 어떤 사람들보다 열심히 공부했으며 우리가 책에서 읽었던 정석대로 도전에 맞서는 사람들이었다. 그러면서도 친절하고 겸손했으며 도움을 줄 수 있는 사람과 도울 수 있는 방법을 찾는데 주저하지 않았다.

모두 훌륭한 학생들이었지만 그 경쟁적인 집단에서도 늘 선두에 서는 소수가 있다. 마라톤을 뛰듯 같은 속도를 평생 유지하는 것은 몹시 힘든 일이다. 그들은 질병의 치료법을 찾기 위해 연구하면서 환자들도 돌보았다. 연구 지원금을 받기 위한 신청서를 작성했고, 주요 과학 저널에 논문을 발표했으며, 자신이 하는 일에 관해 소통하고 가르치고 지도하기 위해 콘퍼런스에 참석했고, 행정 업무를 처리했다. 힘들지만 가치 있는 일이었다. 하지만 안타깝게도 모든 사람이 그들과 같은 속도를 유지하고 싶어 하거나 유지할 수 있는 것은 아니었다. 의사과학자들이 자신이 선택한 분야에 남게 하려고 국가적으로 엄청난 시간과 돈과 노력이 투입된다. (결국 떠나는 전문가들을 흔히 '새는 파이프라인'이라고 한다.) 이십여 년 동안 그 새는 파이프라인을 보면서, 나는 떠난 사람들의 자리를 뛰어난 생산성으로 메꾸는 동시에 그 이상까지 해내는 그와 정반대의 사람들에 관해 살펴보고 싶었다. 내가 몸담은 분야를 수십 년 동안 괴롭혀 왔던 문제를 해결할 새로운 방법을 찾고 싶었다.

나의 또 다른 멘토이자 미국 국립보건원의 모든 의사과학자 프로그램을 관장하셨던 버트 샤피로 박사님도 내게 현명한 조언을 해 주셨다. 논문 주제로 토론할 때 박사님은 내게 이렇게 말씀하셨다. "중요한 주제를 선택해라. 흥미롭기만 한 주제 말고." 박사님은 내 연구가 그 집단을 완전히 다른 각도로 바라보게 만들고 이를 통해 내가 영향력을 끼칠 수 있을 거라고 말씀해 주셨다. 그 말씀 덕분에 나는 의사과학자들에 관해 연구하기로 결심할 수 있었다.

나는 노벨상 수상자부터 국립보건원 수장, 전 미국 의무총감까지 우리 세대의 가장 성공한 의사과학자들을 인터뷰했다. 그들은 지속적으로 나란히 발전시킨 네 가지 요소를 공통적으로 갖고 있었다. 그렇게 박사 과정을 마무리하며 연구를 다 했다고 생각했지만 한 가지 생각이 나를 계속 괴롭혔다. 뛰어난 성취로 이어진 그 네 가지 태도가 의사과학자들의 성공 요인이었다면 최고의 역량을 발휘하며 자기 분야를 선도하고 있는 다른 전문가들도 그와 비슷한 모습을 보이지 않을까?

나는 더 알아보기로 결심했다. 그래서 천문학자, 올림픽 챔피언, 프로농구 챔피언, 토니상 수상자, 최고경영자 등 뛰어난 성취를 이룬 사람 60명을 인터뷰했다. 그 결과 의사과학자들을 성공으로 이끌었던 네 가지 요소를 다른 분야에서 뛰어난 업적을 이룬 사람들에게서도 찾아볼 수 있었다. 유레카! 천문학자가 성공하는 길은 올림픽 챔피언이 성공하는 방법과 비슷했다. 그것이 사실이라면 성공은 학습할 수 있으며 다시 말해 가르칠 수도 있다는 뜻이었다. 나는 뛰어난 성취를 이룬 사람들의 성공 방식을 분해하고 모방하고 역설계해 다른 사람들이 따를 수 있는 청사진을 만들었다.[1]

나는 그 성공 방식에 사로잡혔다. 그 주제에 관해 〈포브스〉, 〈하버드 비즈니스 리뷰〉, 〈사이콜로지 투데이〉 등의 학술 저널에 기고했으며 그중 많은 내용이 이 책에 실려 있다. 나는 성공의 원칙과 방법을 가르치고 전 세계를 대상으로 그에 대해 강연하기 시작했다. 2021년, 내가 박사 학위를 딴 컬럼비아 대학교 티처스 칼리지에서 나에게 인재 동문상을 수여했고, 경영학계의 오스카라고 불리는 싱커스50에서 성공하는 사람들과 멘토십에 대한 내 연구를 높이 사 지켜봐야 할 서른 명의 경영 사상가 중 한 명으로 선정했다. 그로부터 얼마 지나지 않아 또 포브스50의 50개가 넘는 리스트의 최종 후보가 되었다. 내가 선구적인 리더라고 세상은 말하고 있었다.

뛰어난 업적을 이룬 사람들은 자신이 선택한 분야 안에만 머물며 일하지 않았다. 그들은 앞으로 나아갔다. 그들은 장애물을 넘어뜨리고 문제를 다른 각도로 바라보고 해결책을 찾아냈다. 성공은 자신의 분야에서 앞장선 사람, 우리가 진실이라고 알고 있는 것의 한계를 넘어서는 사람들의 것이었다. 그들은 다른 사람들과 다른 방식으로, 더 빠르게, 더 효율적으로 일했다. 그들은 우리가 진실이라고 믿고 있는 것을 뒤집어 다시 검토했다. 무엇이든 더 빠르고 안전하게, 더 역동적으로 변화시키려고 노력했다.[2, 3]

연구 과정에서 분명해진 한 가지 사실이 있다. 다른 사람의 습관을 그대로 따라할 수는 없지만 그 태도를 각자의 사정에 맞게 적용할 수는 있다는 것이다. 이 책이 바로 그것을 위한 것이다. 이 책에는 내가 발견한 성공 요소가 담겨 있고 이를 통해 즉시 단계별 행동에 나설 수 있을 것이다. 성공을 이룬 사람들의 생생한 사례도 가득 실려 있다. 이 책은 우주비행사, 올림픽 챔피언, 노벨상 수상자, 최고경영자, 토니상 수상자, 정부 고위급 관료 등 다양한 집단의 전문가들에게 배울 수 있는 마스터 클래스다. 나사 최고의 우주비행사 페기 윗슨부터 개인 유전자 검사 기업 트웬티쓰리앤미의 최고경영자 앤 워치스키, 노벨상 수상자 마이클 브라운 박사, 가장 많은 메달을 딴 동계 올림픽 스타 아폴로 안톤 오노, 미국 프로농구 챔피언이자 코치 스티브 커까지 60명이 넘는 전문가들에게 성공하는 방법을 배울 수 있을 것이다.

이 책 사용법

《위대한 성취》는 당신의 성공을 최적화하는 데 도움을 주는 도구가 될 것이다. 침대 머리맡에 두고 아무 장이나 읽어도 성공으로 가는 당신의 여정이 즉시 나아질 것이다. 더 이상 언젠가 성공하겠다고 말할 필요가 없다. 오늘부터 당장 새로운 기술을 배워 성공할 수 있다. 한 번 읽고 치워버리는 책이 아니라 새로운 기술을 배우려고 노력할 때마다 다시 찾을 책이다.

가장 먼저 성공한 사람들의 네 가지 태도에 대해 배울 것이다. 네 가지 마인드셋에 접근하는 다양한 방법과 독자들의 상황에 맞는 선택권도 함께 여럿 제공한다. 중요한 것은 모든 방법을 동시에 실행해야 한다는 것이다. 원하는 것만 원하는 때에 골라 사용할 수는 없다.

이 책은 3부로 구성되어 있다. 1부에서는 먼저 뛰어난 성취를 이룬 사람들에 관해 살펴본다. 왜 우리도 그런 사람이 되기 위해 노력해야 하는지, 우리를 방해하는 장애물은 무엇인지, 성공하는 사람들과 함께 일하려면 어떻게 해야 하는지를 탐구한다. 2부에서는 성공의 네 가지 기둥에 대해 각각 설명하고 이미 성공한 사람들의 메시지와 함께 그들의 여정을 살펴볼 것이다. 아는 사람도 있고 처음 들어보는 사람도 있겠지만 누구의 이야기를 통해서든 독자들은 많은 영감을 받을 것이다. 3부에서는 성공의 네 가지 요소를 독자들의 상황에 맞게 적용할 수 있는 방법을 제공한다. 자신의 열정을 찾고 멘토링 팀을 꾸리고 평생 학습에 투자하며 성공의 여정을 함께할 사람을 찾는 법을 배울 것이다.

내 목표는 이 책이 당신의 멘토이자 가이드, 동기를 부여해 주는 빛이 되는 것이다. 당신도 성공할 수 있다. 이 책에 성공에 필요한 도구가 모두 담겨 있다. 가까이 두고 생각날 때마다 참고하라. 좋은 친구나 훌륭한 멘토처럼 언제나 함께할 수 있고 눈부신 조언도 가득하지만 어떤 선택을 하는지는 당신에게 달려 있다. 선택은 언제나 당신 몫이고 나는 그 여정을 열렬히 응원한다. 자 그럼 시작해 보자.

1부

성공하는 사람들

성공하는 사람들은 누구인가

나는 자라면서 한 번도 내가 뛰어난 사람이라고 생각해 보지 않았다. 뛰어난 사람들은 소위 올림픽 선수나 우주비행사, 상을 받은 작가, 자기 분야에서 세계적인 인물이 된 사람들이라고 생각했다. 그들은 보통 사람들과 확실히 달라 보였다. 뼛속부터 남다르고 색다른 훈련을 받아서 그토록 뛰어난 사람이 되는 것이라고 여겼다. 그래서 보통 사람은 꿈도 꿀 수 없는 영예를 누린다고 말이다. 하지만 나는 뛰어난 사람들에게 완전히 매료되어 있었던 만큼 그들에 대해 몹시 잘못 생각하고 있었다.

점점 나이가 들면서 그들도 보통 사람들과 다르지 않다는 사실을 알게 되었다. 그들에게도 장애물과 기회가 있었고 두려움과 스트레스가 찾아왔지만 그럼에도 열심히 노력해 이를 극복했다. 그렇지만 그들만의 특성, 그리고 누구나 배울 수 있는 특성이 하나 있었다면 바로 그들의 사고방식과 접근 방식이었다. 그들은 자신이 정말 잘하는 것을 찾고 그것을 힘닿는대로 배우고 익히고 체득하는 데 에너지를 투자했다. 그들은 자신의 욕망과 호기심이 이끄는 꿈을 학위나 승진, 보상 같은 외적 요인보다 타고난 열정과 의욕으로 추구했다.

그 내적 동기와 더불어 성공한 사람들이 공통적으로 사용했던 세 가지 접근 방식은 다음과 같았다. 그들은 직업 윤리가 확실했고 탄탄한 기초를 지속적으로 강화했으며 일상적인 수단으로 배움을 계속했다. 그들은 확실한 직업 윤리와 인내심으로 다른 사람들보다 더 열심히 현명하게 일했다. 그리고 마침내 이룬 성공과 영예에도 불구하고 성공의 토대가 되어 준 기본 기술을 계속해서 훈련하고 강화했다. 커리어 초기에 효과가 있었던 그 과정이나 절차가 자신의 기본기와 성공에 꼭 필요한 중심축이라고 생각했기 때문에 수십 년이 지난 후에도 이를 지속적으로 훈련했다. 마지막으로 성공한 사람들은 자기 분야에서 최고의 전문가로 인정받으면서도, 자기보다 더 많이 알고 있는 사람은 늘 있으며 언제나 새로 배울 것이 있다는 사실을 잘 알고 있었다. 그들은 일상에서도 늘 배움의 자세를 유지했다.

모든 수업에서 A를 받는 것은 어렵지만 불가능한 일은 아니다. 직장에서도 마찬가지다. 시간을 투자하고 모르는 것은 질문하면 90점에서 95점 사이의 성적을 받으며 A 수준으로 일할 수 있다. 시티그룹의 글로벌 투자 매니지먼트 전 의장이자 최고경영자 토마스 W. 존스는 이렇게 말했다. "100퍼센트를 달성하기 위해 노력하라. 그것이 다른 사람보다 5퍼센트 더 하는 것이다. 그 5퍼센트가 쌓이면 당신은 다른 사람보다 두드러질 것이다. 직장에서 100퍼센트의 노력을 기울이면 사람들이 당신의 노력과 성취를 알게 될 것이다." 그것이 바로 성공하는 방법이다. 잘하는 사람들도 대부분 5퍼센트의 노력을 더 하지 않고, 그 5퍼센트가 성공 여부를 가른다. 기꺼이 노력하는 것이 바로 성공의 피라미드 꼭대기에 오르는 방법이다.

성공하는 사람들은 무엇으로부터 자극받는가?

왜 성공하려고 노력하는가? 왜 노력하지 않느냐는 질문이 어쩌면 더 필요할지도 모른다. 내가 연구한 성공하는 사람들은 자신의 일로 타인을 고무하며 삶의 의미를 찾기 위해 노력했다. 승진, 급여 인상, 인정이 따라오길 바라기도 했겠지만 대부분은 그 길을 선택한 이유가 그것 때문만은 아니었다. 노벨상을 타고 올림픽 메달을 따기 위해서가 아니라 자신이 하는 일에서 목적과 의미를 찾았기 때문이었고 그래서 자신이 선택한 그 길을 사랑했다. 그들은 다른 일을 하는 자기 모습을 상상하지 못했다. 그들의 좌우명은 다음과 같았다. "성공해서 세상을 지금보다 더 낫게 만들자."

나는 대부분의 시간을 늘 뛰어난 성취를 이루는 사람들과 함께 보냈다. 그러면서 그들이 새로운 경험에 어떻게 대처하는지, 누구와 협력하는지, 어떤 위험을 미리 계산하고 감수하는지, 불가피한 장애물을 어떻게 넘어서는지 그 모든 것을 관찰했다. 아주 오래 연구한 결과, 자신이 하는 일에서 목적을 찾은 사람들은 보통 더 많은 것을 이루었고 동시에 자신이 들인 노력의 성과를 확인하고 싶어 했다. 나의 멘토 버트 샤피로 박사님은 이렇게 말씀하셨다. "중요한 주제를 선택하라. 흥미롭기만 한 주제 말고." 다시 말해 영향력을 끼치고 싶다면 나에게 흥미로울 뿐 아니라 많은 사람에게 의미 있는 일을 해야 한다는 뜻이었다. 흥미롭게도 미국의 코비드-19 팬데믹 대응을 이끌었던 앤서니 파우치 박사 역시 어떤 프로젝트를 진행할지 결정하는 과정에 대해 언급하며 비슷한 말을 했다. 누구도 노벨상을 받으려고, 금메달을 따려고, 우주로 날아갈 기회를 얻으려고 자기 일을 시작한 것은 아니었다. 기회가 있다는 사실은 알았지만 그 기회를 잡은 사람들이 목표로 삼은 것은 애초에 그 기회가 아니었다. 성공한 사람들의 목표는 차이를 만들고 경계를 넘어서고 미지의 것을 탐구하고 긍정적인 변화를 일으키는 것이었다.

하지만 좋아하는 분야에서도 성공하기는 힘들 수 있다. 이는 대부분의 사람들에게 성공하는 사람들의 '방식'이 잘 알려져 있지 않고 분명하지도 않기 때문일 것이다.

어떻게 성공할 것인가

성공하기 위해서는 알아야 하지만 아무도 말해주지 않는 암묵적 규칙과 전통, 즉 '숨겨진 커리큘럼'을 습득해야 한다.[1] 높은 기대에 부합하려면 먼저 그 기대가 무엇인지 알아야 한다. 그것이 바로 내가 이 책을 쓴 이유다. 성공한 사람들이 따른 '규칙'을 밝혀 독자들이 이를 이해하고 적용해 더 많이 성취할 수 있도록 말이다.

나는 다양한 분야에서 뛰어난 성공을 이룬 사람 60명 이상을 인터뷰했고 이를 통해 얻은 통찰을 성인학습관리이론과 접목시켜 성공을 위한 요소들을 밝혔다. 자신이 선택한 분야에서 성공하기 위해 개발해야 하는 자기 관리 요소들이다. 이 책을 읽고 있는 당신은 성공하길 원하고 이를 위해 기꺼이 노력할 준비가 되어 있을 것이다. 이제 무엇을 해야 하는지 확실히 알기만 하면 된다.

노벨상 수상자, 우주비행사, 올림픽 메달리스트, 미국 프로농구 챔피언, 토니상 수상자, 군대와 정부 고위 관료들이 자신의 성공 여정을 직접 말해줄 것이다. 그들의 경험을 듣되 그들이 이룬 성공은 빙산의 일각일 뿐임을 인지하고 그들을 성공으로 이끈 내적 동기와 접근법을 이해하려고 노력하라. 중요한 것은 수면 아래에 있는 것들이다. 나는 성공하고 싶다면 반드시 알아야 하지만 잘 보이지 않는 그 수면 아래의 모든 것을 밝혔다.

성공한 사람들이 뛰어넘은 장애물

거의 모든 조직이 직원들을 대상으로 연례 업무 평가를 진행한다. 하지만 정확히 무엇을 측정하는 것일까?[2] 모든 조직은 직원들의 업무를 평가하고 보상 프로그램을 운영하는 데 지나친 공을 들여 모든 직원이 보통 수준에 도달하게 만든다. 많은 기업에서 매년 목표를 정하고 평균을 넘어선 직원에게는 승진 같은 보상을, 평균에 미치지 못하는 직원에게는 이를 바로잡을 상세한 계획을 제공한다.[3, 4] 그리고 우리는 비슷한 나이에 비슷한 시간을 들여 비슷한 점수로 그 목표들을 완수한다. 특정 기준선을 목표로 삼으면 안 되지만 어쩌다 보니 그렇게 되어 버린 것이다. 그리고 그 보통의 수준은 결코 평범한 사람으로 남고 싶지 않은 뛰어난 사람들에게는 불만이 된다. 모든 사람이 평균이 되는 것을 목표로 삼을 때, 성공의 가능성을 보여주는 사람은 단연 돋보일 것이다.

막대한 돈과 에너지, 수많은 콘퍼런스가 결국 '새는 파이프'로 이어지기도 하고 그들의 대거 이탈로 조직은 곤경에 처하기도 한다. 그런데 어쩌면 우리는 떠나고 싶어 하는 사람들을 붙잡는 데 너무 많은 에너지를 쓰고 있는지도 모른다. 그보다는 혹은 그와 더불어 뛰어난 사람들을 붙잡고 발전시키는 데 더 많은 시간을 투자해야 한다. 그들의 능력과 생산성이 파이프라인을 떠난 사람의 빈자리를 채우고도 남을 것이다.

타고나는가 길러지는가

성공은 타고나는 것인가, 길러지는 것인가? 둘 다 맞다. 한 가지는 확실하다. 먼저 타고난 재능과 열정이 있어야 한다. 아직 발휘되지 않은 재능으로 무엇을 할지는 당신에게 달려 있다. 타고나지 않은 무언가를 억지로 할 수는 없기 때문에 흥미롭거나 능숙한 일을 찾는 것이 중요한 첫 번째 난계다. 시간을 낭비하게 되거나 게을러지는 일로는 성공하기 힘들고, 그것이 어쩌면 지금 하는 일에 열정을 쏟을 필요가 없을지도 모른다는 첫 번째 신호인지도 모른다. 진지한 열정이 넘치는 일이라면 일부러 애쓰거나 자신을 닦달할 필요가 없을 것이다. 어떤 재능을 타고났는지 파악하는 데는 시간이 걸릴 수도 있고 그렇기 때문에 노출과 훈련이 필요하다. 우리는 아이들에게 다양한 방과 후 활동을 등록해 주고 참가하는 모든 스포츠 팀의 유니폼을 사 준다. 시간이 지나면서 아이들은 대부분의 활동을 그만두고 몇 가지 활동에 자연스레 집중하게 된다. 성인들에게도 비슷한 과정이 필요하다. 다양한 일을 시도하며 계속하고 싶은 일이 무엇인지 찾아보라.

마케팅이나 과학, 엔터테인먼트 등 흥미로운 분야를 찾는 것부터 시작할 수 있다. 손쉽게 할 수 있고 재미도 있어야 한다. 그와 관련된 것이라면 무엇이든 흥미롭고 가능한 한 많이 배우고 자주 그에 대해 생각할 것이다. 책을 읽고 전문가들과 이야기를 나누고 유튜브를 시청하고 팟캐스트를 들으며 더 많이 배울 것이다. 해야 해서가 아니라 하고 싶어서 말이다. 그것이 타고난 재능을 키우는 과정이다. 그리고 열심히 노력한다면 성공의 피라미드 꼭대기에 도달할 수 있다. 이 책을 통해 독자들은 내가 무엇에 열정을 갖고 있는지, 아니면 단순히 잘하기만 하는 것인지 밝힐 수 있을 것이다. 그 두 가지는 서로 다르다. 잘할 수 있는 것은 많지만 이를 즐기지 않으면 성공은 양보해야 한다. 4장에서 당신이 무엇을 즐기는지 찾아낼 수 있는 열정 찾기 설문지와 함께 그에 대해 더 논할 것이다. 일단 찾고 나면 이를 달성하기 위한 목표와 구체적인 계획을 수립할 수 있다. 재능을 타고난 사람은 많지만 오직 소수만 그 재능을 개발하는데 집중해 성공에 이를 수 있다.

성공은 움직이는 과녁이다

성공을 정의할 수 있는가? 성공했다고 말할 수 있는 사람은 많지만 무엇이 성공인지 언어로 규정하기는 생각만큼 쉽지 않다. 살펴보니 성공의 정의는 질문하는 상대에 따라 달라졌다. 성공은 움직이는 과녁이다. 박사 논문을 준비하면서 진행한 수많은 연구와 인터뷰, 조사에 따르면 성공은 질문하는 상대에 따라 각기 다른 방식으로 측정되었다.[5] 이는 수년이 지난 지금도 마찬가지다. 그뿐만이 아니다. 성공의 정의는 성별과 조직 내 지위에 따라서도 달랐다.[6] 결국 성공한 사람을 보며 그것이 성공이라고 인지할 뿐이다.

커리어 초기의 성공과 커리어 후기의 성공 역시 다르다. 성공은 움직이는 과녁이다.

성공은 여러 분야에서 각기 다르게 정의되기 때문에 추적하거나 계획하거나 예측하기 힘들다. 성공에 대해 누구나 동의하는 보편적 정의조차 내리기 힘들다면 어떻게 더 많은 사람이 그 비밀스런 지점에 도달하게 만들 수 있을까? 이것이 바로 숨겨진 커리큘럼의 또 다른 방식이다. 성공에 도달한 사람들은 성공이 움직이는 과녁임을 알고 철저한 계획과 실행을 통해 한 번에 한 단계씩 체계적으로 접근했다. 다음 목표에 도달하기 위해 무엇이 필요한지 파악하고 자신의 가장 최근 성과를 넘어서며 한 단계 더 올라섰다. 이는 모든 것을 잘하기보다 한 가지를 특별하게 잘하는 것의 문제였다.

나는 내가 가장 잘 아는 집단, 즉 연구하는 의사과학자들을 대상으로 조사를 시작했다. 나는 그들에게 과거를 돌이켜보고 미래를 상상하면서 성공이 무엇인지 대답해 달라고 부탁했다. 어떤 사람이 성공한 사람인가? 성공했다고 평가받기 위해서는 어떤 일을 해야 하는가? 대답은 다양했지만 공통된 한 가지 주제가 있었다. 경력이 낮은 사람일수록 더 많은 논문을 발표하고 보조금을 확보하며 더 높은 자리로 올라가는 것이 성공의 척도라고 대답했다. 경력이 쌓인 사람일수록 명성을 쌓는 것, 즉 후대에 유산을 남기는 것이 성공이라고 생각했다. 그들이 언급한 것은 국가적 인지도와 영향력, 보상 등이었다.[7,8] 하지만 고경력자들 역시 커리어 초기에 이룬 것들이 없었다면 후대에 유산을 남기고 싶다는 생각조차 못 했으리라는 점에서 이는 흥미로운 발견이었다.

경영사상가이자 작가로 수많은 저서를 집필한 피터 드러커는 측정되는 것은 관리할 수 있다고 말했다. 하지만 안타깝게도 성공을 늘 측정할 수 있는 것은 아니다. 노벨상 수상이나 올림픽 메달 획득은 분명한 성공의 척도지만 성공의 모든 속성을 수치화하지는 못한다. 올림픽 금메달리스트는 매년 한 명뿐이고, 노벨상은 매년 분야별로 최대 세 명에게만 수여된다. 발사되는 우주선의 숫자나 우주선에 탑승 가능한 비행사의 수도 제한되어 있다. 그렇다면 국제 무대에서 경쟁하지 못하거나 우주선에 탑승하지 못하는 다른 모든 사람들은 성공하지 못한 것인가? 이 책에는 국제적으로 명성을 얻고 널리 유명해진 다양한 전문가들의 이야기가 담겨 있다. 하지만 유명한 상을 받지 않고도 자기 분야에서 상황을 획기적으로 개선해 수백만의 삶에 영향을 끼친 사람들도 있다. 칭송받지 못한 그들 역시 우리의 영웅이다.

수상 여부나 보상금 규모로 성공의 객관적인 척도를 수치화할 수 있지만, 유명한 상은 받지 않았어도 자기 분야에서 심오한 영향을 끼친 사람들이 있으므로 그것이 언제나 성공의 정확한 척도는 아닐 것이다. 성공의 주관적인 척도 역시 측정하기 어렵고 심지어 불가능하기도 하다. 그러므로 두 가지 영역 모두에서 가치를 찾는 것이 꼭 필요하다. 성공이 무엇인지 규정하고 인식할 수 있다면, 그리고 우리가 이를 성취하고 영향을 끼치고 싶다면 노력할 여지는 충분히 있다. 목표로 삼고 전진할 실재가 분명히 존재한다.

과정이 성취보다 중요하다

연구에 따르면 성공으로 가는 과정이 성취 자체보다 훨씬 흥미로웠다. 그리고 그 과정에서 누구나 배울 수 있는 태도의 힘이 드러났다. 성공을 향한 의사과학자들의 여정은 흥미로웠고 나는 그들의 사고방식이 다른 분야에서도 효과가 있는지 최대한 빨리 알아보고 싶었다. 예상대로였다. 올림픽 챔피언과 우주비행사의 사고방식은 크게 다르지 않았다. 그 순간 나는 깨달았다. 청사진이 있고 무엇을 해야 하는지 알 수만 있다면 누구나 성공을 배울 수 있다는 사실을 말이다. 이 책에서 나는 성공한 사람들의 네 가지 사고방식과 그들이 사용한 기술에 관해 알려줄 것이다. 노벨상 수상자, 우주비행사, 최고경영자, 미국 프로야구, 프로농구, 올림픽 챔피언, 그리고 독자들에게 아직 생소할지도 모르는 위대한 사람들의 성공 이야기를 통해 네 가지 중요한 교훈이 무엇인지 배울 수 있을 것이다.

성공한 사람들의 사고방식과 접근 방식에는 다음과 같은 공통점이 있었다.

1) 성공하는 사람들의 사고방식

성공하는 사람들은 기본적으로 자신이 선택한 일에 몹시 의욕을 보였다. 다른 일을 하는 자기 모습은 상상할 수 없었다. 그들은 대가 없이도 일할 정도로 자신의 일을 사랑했다.

2) 성공하는 사람들의 접근 방식

확실한 직업 윤리

성공하는 사람들은 뿌리 깊은 직업 윤리로 언제나 실력을 갈고 닦는다. 그들은 성공과 마찬가지로 완벽한 마무리 역시 움직이는 과녁임을 인지하고 다른 사람들보다 더 많은 시간과 노력을 투자해 자신이 처한 상황에서 가능한 한 최고의 결과를 만들어 낸다. 무술에서 검은 띠는 끝까지 그만두지 않은 흰안 띠라는 말도 있다. 하룻밤만의 성공이란 있을 수 없다. 엄청난 집중력과 결심이 필요하고 넘어져도 끊임없이 일어나는 지난한 시간과 시행착오가 있을 뿐이다. 커리어 초기에는 다양한 분야의 일을 조금씩 시도해 볼 수 있지만, 그들이 결국 성공한 비결은 구체적인 한 가지에 확실하게 집중했기 때문이었다.

탄탄한 기초

성공하는 사람들은 탄탄한 기본기를 끊임없이 연마한다. 그들은 월계관을 썼다고 쉬거나 기본을 무시하지 않는다. 성공한 사람들은 더 나아진 여건 속에서도 커리어 초기에 진행했던 기본 훈련과 과제를 멈추지 않았다.

지속적인 학습

성공하는 사람들은 공부를 마치고 많은 것을 이룬 후에도 주변의 모든 것과 사람들로부터 끊임없이 배웠다. 관찰하고 읽고 듣고 누구와도 이야기를 나누며 가치 있는 정보를 습득했다. 늘 곁에 있던 멘토들에게 의지했다. 그리고 오늘날 그들은 개인 멘토 역할부터 각종 프로그램과 비영리 단체 운영까지 각자의 자리에서 최선의 방법으로 다른 사람들을 돕는 데 빛을 발하고 있다.

성공하는 사람을 이끄는 힘: 하는 일을 사랑한다

가장 뛰어난 동계 올림픽 선수 중 한 명인 아폴로 안톤 오노는 올림픽 메달을 여덟 개나 땄다. 실내 쇼트트랙 스피드 스케이팅을 주력 종목으로 삼아 올림픽 무대에 서기 전에 그는 주 수영 챔피언이었고 야구선수였으며 롤러스케이터였다. 그는 다른 종목에서도 선수로서 두각을 나타냈지만 다른 종목들을 정말로 사랑하지는 않았다고 했다. 하지만 스피드 스케이팅에 관해서라면 모든 것을 사랑했다. 빙판과 거의 평행으로 몸을 기울여 번개 같은 속도로 회전할 때 그는 그곳이 바로 자신이 있어야 할 곳이라고 느꼈다. 그는 열네 살에 자신의 열정을 찾았고 그 열정에 자기 삶을 바쳤다. 오직 스피드 스케이팅을 위해 살아 온 날들이었다. 그는 열네 살 때 유일한 가족인 아빠를 떠나 레이크플래시드의 훈련소에서 다른 선수들과 함께 살기 시작했다. 그리고 세 번의 올림픽을 포함해 다양한 국제 경기에 출전했다. 다른 것은 전혀 하지 않고 오직 스케이트만 탔기에 평범한 십 대 생활은 해 보지 못했다. 고등학교 졸업식이나 졸업 파티도 참석하지 못했고 턱시도도 입어 보지 못했다. 늘 다음 경기를 위해 쉬지 않고 훈련할 뿐이었다.

성공하는 사람들의 접근 방식: 늘 배운다

종이도 네 귀를 들어야 바르다는 말이 있다. 성공하기 위해서는 다른 사람들과 함께 일하는 법, 그리고 더 중요하게는 협력하는 법을 반드시 배워야 한다. 아프리카에는 '빨리 가고 싶다면 혼자 가라. 멀리 가고 싶다면 함께 가라'는 속담이 있다. 성공하고 싶은 이유가 타인에게 영향을 끼치고 의미 있는 삶을 살기 위해서라면 다른 사람들과 함께 일해야 한다. 가장 돋보이는 사람이 되려고 하지 말라. 마음을 열고 주변 사람들로부터 배워라. 성공한 사람들은 다른 사람들과 함께 일하며 배우는 것을 강조했다. 자신에게 꼭 맞는 자리를 알고 있다고 해도 팀을 꾸려 자신이 보지 못하는 사각지대를 파악하고 업무 개선을 위한 아이디어를 듣는 것이 성공에 필수적이다. 마음을 열고 힘을 모으는 것이 성공을 향한 여정의 결정적 변수다. 성공으로 인해 맞닥뜨려야 할지도 모르는 고립감 역시 함께하는 사람들을 통해 완화될 수 있다.

마이클 브라운과 조지프 골드스타인도 협력한 덕분에 1985년 생리학·의학 분야의 노벨상을 받을 수 있었다. 두 사람은 1960년대 중반 의과 대학 졸업 후 보스턴에 있는 매사추세츠 종합 병원에서 내과 레지던트로 처음 만났다. 두 사람 모두 기본 생리학에 관심이 있었기 때문에 금방 가까운 친구가 되었다. 두 사람은 왜 특정한 병이 특정 환자들에게서 발생하는지 알고 싶었다.

매사추세츠 종합 병원의 야간 식사 시간, 레지던트들은 모여 조용한 시간을 즐겼다. 브라운과 골드스타인은 그들이 입원시킨 환자들, 그들의 병, 관련 문헌과 그와 관련된 기본 과학에 대해 토론했다. 두 사람은 친구가 되었고 베트남 전쟁이 한창일 때 국립보건원에서 함께 일하게 되었다. 골드스타인은 심장연구소에서 심장병으로 입원해 있던 6세 소녀와 8세 소년 남매 환자를 맡았는데 두 아이 모두 콜레스테롤이 정상 수치의 열 배 이상이었다. 아이들의 콜레스테롤 수치가 그렇게 높은 것은 몹시 드문 일이었다. 브라운과 골드스타인은 남매의 심장병이 유전일 수도 있다고 생각해 콜레스테롤이 없는 식이로 수치를 낮추려고 노력했다. "아이들은 6개월 동안 밥과 채소와 과일만 먹었습니다." 브라운이 말했다.

하지만 콜레스테롤은 줄어들지 않았고 이에 브라운과 골드스타인은 더 힘을 모아 그 원인을 찾아내기로 했다. 두 사람은 그 문제를 무시할 수 없었다. 도대체 원인이 무엇인가? 무엇이 혈중 콜레스테롤 농도를 통제하는지는 아무도 몰랐다. 골드스타인은 국립보건원 근무가 끝난 후 댈러스로 돌아가기로 예정되어 있었다. 브라운은 당시 상황에 대해 이렇게 말했다. "이 문제를 함께 해결하려면 저도 댈러스로 가야 했습니다. 1971년 당시 텍사스의 댈러스는 전혀 매력적이지 않은 곳이었지만요."

그의 아내도 마찬가지였다. 뉴욕 출신이던 두 사람은 국립보건원이 있는 메릴랜드의 베세즈다가 그들이 갈 수 있는 최남단일 거라고 생각했다. 7년 전 케네디 대통령이 총을 맞고 사망한 댈러스행은 전혀 매력적이지 않았다. 하지만 브라운은 텍사스 대학교를 한 번 찾았다가 감동을 받았다. 그리고 곧 의사과학자들, 즉 자신과 비슷한 사람들 곁에 있게 되었다.

댈러스로 간 브라운은 밀도 있는 유전병 연구를 진행했다. 브라운과 골드스타인은 신체의 콜레스테롤 조절 기제를 밝혀 병의 유발 원인을 찾아냈다. 그 발견은 콜레스테롤 수치를 낮추는 약물 개발로 이어졌다. "기초과학을 연구할 뿐만 아니라 병을 치료하는 약물을 개발하는데 도움이 되는 이 일 자체가 말할 수 없이 커다란 특권이라고 생각합니다." 브라운이 자랑스럽다는 듯 말했다. 그 협력 덕분에 브라운과 골드스타인은 1985년 생리학·의학 분야 노벨상을 수상했다.[9] 두 사람은 자기 일에 열정이 넘쳤고 지구 끝이라고 느껴졌던 곳도 찾아가기를 마다하지 않았으며 결국 중요한 일로 영향력을 끼칠 수 있었다.

협력은 타인으로부터의 배움을 가능하게 하고 성공 가능성을 높인다. 1992년 바르셀로나 올림픽 카누 금메달리스트였던 조 자코비는 워싱턴 D.C.의 포토맥강에서 세계 챔피언들과 훈련했던 시간이 모든 차이를 만들었다고 다음과 같이 말했다.

모두 스포츠 엘리트들이었고 정말 많은 것을 가르쳐 준 좋은 사람들이었습니다. 팀의 문화에 모든 사람이 조금씩 이바지했습니다. 다양한 사람들이 팀의 분위기와 역량 강화에 기여할 수 있습니다. 기본 원칙을 잘 지키며 함께한다는 사실 자체를 즐겨야 합니다. 우리 팀은 세상에서 최고가 되고 싶다는 생각으로 만들어졌습니다. 그리고 우리는 세계 최고의 챔피언들과 경쟁하며 이를 이루었습니다. 결국 경쟁이 연습보다 쉬웠습니다.

어쨌든 시도하라

아무도 하지 않은 일을 시도하려면 용감하고 대담해야 하며 이는 성공하는 사람들을 규정하는 특징이다. 성공하기 위해서는 이전에 비슷한 일을 해 보았기 때문에 이번에도 할 수 있다는 자신에 대한 믿음, 즉 자신감이 필요하다. 한 번도 해 보지 않았지만 할 수 있다는 믿음인 자기 효능감도 필요하다. 이는 외부의 비관론자들이 무슨 말을 하든, 머릿속 목소리가 어떤 훼방을 놓든 결정을 내리고 실천하고 물러서지 않는다는 뜻이다. 포기하지 않고 새로운 방식으로 도전하기를 멈추지 않는 것, 그것이 바로 성공으로 가는 지름길이었다.

노벨상을 수상한 조지프 골드스타인과 마이클 브라운은 어쩌면 만나지 못할 수도 있었다. 두 사람의 만남은 커리어 궤도를 바꿨던 브라운의 대범한 선택 덕분이었다. 펜실베이니아 대학교 의과 대학에 다닐 때 브라운은 과학에는 별 관심이 없었다. 하지만 여름 방학 동안 돈을 벌기 위해 필라델피아에 있는 제약회사 스미스클라인에 취직했다. '실험용 쥐들의 장 운동성을 관찰하는 하찮은 일'이었다고 그는 말했고 경제적 문제 없이 의과 대학 실험실에서 연구하는 친구들을 부러워했다. 하지만 "결국 그 바보 같았던 프로젝트가 제 성공 비결이 되어주었습니다."라고 브라운은 말했다. 브라운은 대학을 졸업할 때까지 여름 방학 때마다 스미스클라인에서 일했다. 당시 궤양 치료제가 연구되고 있었기 때문에 브라운은 숯이 생쥐의 장에서 얼마나 멀리 가는지 측정하는 실험을 했다.

브라운의 친구들은 모두 멋진 프로젝트를 진행하거나 유명한 과학 학회에서 논문을 발표하고 있었다. 하지만 브라운은 연구 중인 프로젝트가 하나도 없었다. 그래서 자신이 가진 모든 자료를 검토하다가 음식물 섭취 후 소화 기관의 음식물 위치를 예측하는 수학 방정식을 만들 수 있다는 사실을 발견했다. 대단한 주제는 아니라고 생각했지만 그에 관한 논문 초록을 작성해 애틀랜틱 시티에서 열린 소규모 학회에 제출했다. 과학계에서 인정받으려면 논문을 발표하고 게재해야 한다. 그는 발표 제안서를 작성했고 결국 스무 명의 소규모 청중 앞에서 논문을 발표할 수 있게 되었다.

그로부터 2년 후, 그는 국립보건원에 지원했다. 베트남 전쟁에 참전하고 싶지 않은 학생들이 전부 지원했기 때문에 경쟁률이 몹시 높았다. 그 당시 국립보건원에는 각 연구실이 개별적으로 팀원을 채용하는 제도가 있었다. 지원자들은 지원하고 싶은 실험실 열세 곳의 목록을 순서대로 작성해 제출했다. 브라운도 열세 곳을 선정했는데 마지막에 지원하고 싶은 열네 번째 실험실도 적어 넣었다. 열네 번째는 선택지가 아니었지만 대담하게 그냥 적어 넣었다. 결국 모두 탈락했고 열네 번째 실험실에서 그를 받아주었다. 엄밀히 말하자면 규정을 벗어난 일이었지만 결국 빛을 발하게 될 브라운의 용감한 선택이었다.

그 실험실에서 얼마간 일한 후 브라운은 교수에게 물었다. "아무도 저를 뽑지 않았는데 왜 저를 선택하셨습니까?" 그 교수는 애틀랜틱 시티의 학회의 소규모 청중 중 한 명으로 브라운과 그의 프로젝트를 기억하고 있었다. 그는 브라운이 수학을 활용해 소화 기관의 음식물 위치를 측정했던 프로젝트가 몹시 중요하고 장래성도 있다고 생각했다.

그 당시 인지도도 별로 없었던 콘퍼런스에서 용기를 내 발표하지 않았다면 브라운은 국립보건원에서 일할 기회를 얻지 못했을 것이고 아마 베트남에서 총을 들고 있었을지도 모른다. 그는 자신감과 자기 효능감을 가지고 지원서에 하나의 연구실을 더 적어 넣었다. 남들처럼 하지 않았기 때문에 가능한 일이었다. 그 용기와 집념이 결국 그의 커리어 내내 큰 힘이 되었다.[10]

결과보다 과정이 중요하다

성공한 사람들은 각종 수상과 명예, 방송 출연으로 에고가 상당할 것이라고 생각할 수도 있을 것이다. 하지만 내가 인터뷰했던 이들은 그렇지 않았다. 그들은 몹시 겸손했다. 올림픽 챔피언들은 금메달 수상이 자기 삶의 단 하루일 뿐 삶 전체는 아니라고 말했다. 그에 이르기까지의 긴 세월은 전부 훈련과 좌절, 부상과 회복과 재기로 보내야 했다. 노벨상 수상자들 역시 수상 자체보다 수상에 이르기까지의 여정과 실패했던 모든 실험, 그 과정에서 도움을 받은 모든 사람들을 더 강조했다.

1981년 노벨상 수상자 토르스튼 위즐 박사를 인터뷰할 때 나는 책장 구석에서 그가 미국 전 대통령 조지 부시와 함께 찍은 사진을 봤다. 잘 보이는 곳에 액자로 만들어 걸어둔 것이 아니라 다른 책과 논문 사이에 대충 놓여 있었다.

올림픽 챔피언들을 인터뷰할 때면 언제나 메달을 보여달라고 부탁한다. 트로피 방이 따로 있는 사람은 아무도 없었고 집이나 사무실에 메달을 전시해 놓은 사람도 없었다. 쇼트트랙 스피드 스케이팅 챔피언 아폴로 안톤 오노는 자신이 딴 메달을 오랫동안 양말 서랍에 보관했다. 메달이 잘 보이는 곳에 있지 않다는 사실이 내겐 충격이었다. 가장 좋아하는 메달이 무엇이냐고 묻자 오노는 2002년 솔트레이크 시티 올림픽에서 딴 은메달을 집어들었다. 금메달이 아닌 것에 나는 또 놀랐다. 메달을 가장 많이 딴 동계 올림픽 선수였는데 말이다. 그 메달이 자신의 첫 올림픽 메달이기 때문이라고 그는 설명했다. "금메달일 수 있었는데 결승선 2초 전에 넘어졌습니다. 당시 미국이 처했던 상황과 비슷했죠. 9·11 테러 6개월 후였으니까요." 오노는 다시 일어나 달렸다. 그는 금메달을 놓친 게 아니라 은메달을 획득한 것이었다.[11]

내가 인터뷰했던 노벨 생리학·의학상과 화학상 수상자 대부분은 의사였다. 대부분은 연구에 전념하기 때문에 수십 년 동안 환자를 볼 일이 거의 없었다. 하지만 그중 누구도 의사 면허를 포기하지는 않았다. 여전히 면허를 유지하고 있는 이유를 묻자 그들은 두 가지를 말해주었다. 의학 박사 학위를 취득하기 위해 수년 간의 훈련을 거치며 느꼈던 감정적 고통은 쉽게 잊어버릴 수 없는 경험이었기 때문이다. 힘든 공부와 수면 부족의 날들, 포기해야 했던 가족 행사들이 보이지 않는 상흔을 남겼고 의사 면허는 그 여정의 기념품이었다.[12]

동시에 의사 면허는 그들에게 하나의 대안이었다. 노벨상을 받고 과학사에서 한 자리를 차지했음에도 불구하고 그들은 계속 연구하고 보조금을 신청하고 논문을 썼다. 그들은 어느 날 갑자기 모든 것이 사라질 수도 있다는 기분이 든다고 한다. 연방 자금이 고갈되거나 자신의 연구가 시대에 뒤처질 수도 있다. 의사 면허가 있다면 언제나 초심으로, 자신의 뿌리로 돌아가 환자들을 돌볼 수 있다. 언제든지 다시 시작할 수 있는 일인 것이다.

좋은 멘토는 성공에 필요한 태도를 갖춘 사람이다

피터 드러커는 《21세기 지식 경영》이라는 책에서 사람들은 보는 대로 행동한다고 말했다.[13] 안나-루시아 맥케이 역시 《네 가지 사고방식*The Four Mindsets*》에서 성공하는 사람에게는 긍정적인 롤 모델이 있다고 밝혔다.[14] 이 책에서 언급한 성공한 사람들이 다음 세대를 위한 롤 모델이 되어주는 것이 그래서 중요하다. 그들은 자신이 받은 만큼 베푸는 훌륭한 사람들이다.

성공한 사람들은 도움을 제공하고 멘토가 되어 주고 다음 세대가 성공할 수 있도록 훈련시키기를 좋아한다. 메달은 비록 한 사람만 얻지만 성공을 향한 여정은 혼자만의 길이 아님을 알고 있다. 그들 역시 스스로 자신의 재능을 깨닫기도 전에 먼저 믿어주는 사람들이 있었다. 그러니 그들이 다음 세대의 성공을 위해 노력하는 것도 놀라운 일은 아니다.

올림픽 챔피언 조 자코비는 강이 내려다보이는 바르셀로나 외곽 지역에 살았고, 바로 그 강에서 카누로 금메달을 땄다. 지금은 역시 그 강에서 미래의 올림픽 선수들을 가르치고 있다. 자코비는 그 강의 흐름과 깊이를 속속들이 알고 있다. 그는 최고의 선수들과 함께 훈련했고 그 경험을 카누와 카약을 타는 새로운 세대에게 전하고 있다.

노벨상 수상자 로버트 레프코위츠는 듀크 의과 대학에서 〈실패와 거절에 대처하는 방법How To Deal With Failure and Rejection〉이라는 제목으로 강연을 했다. 지금까지 받았던 '옹졸하고 형편없는 거절 편지와 논문 리뷰'에 몹시 상처받기도 했지만 가차 없는 단어들의 따끔함이 사라지면 그 비판을 더 자세히 살펴본다고 그는 말했다. 그리고 학생들에게 그 따끔한 피드백에서 배운 것과 그에 따라 논문을 재구성하는 방법을 가르쳐 주었다. 피드백을 토대로 수정한 논문의 최종 버전도 보여주었는데 그 논문은 결국 유명한 저널에 실렸다.

성공에는 다양한 객관적·주관적 척도가 있다. 우리 눈에 보이는 것도 있고 보이지 않는 것도 있는데, 성공한 사람들을 인터뷰하다 보니 측정할 수 있는 요소만큼 눈에 보이지 않는 요소들도 중요했다. 후자가 없었다면 그들은 성공하지 못했을 것이다. 모든 수상이 곧 성공은 아니다. 중요한 것은 성공을 향한 여정이다. 대부분의 사람이 성공 스토리는 알고 있지만 그들이 견뎌야 했던 실패와 극복 과정까지 전부 알고 있는 것은 아니었다.

이 책은 어디부터 읽어도 새로운 것을 배울 수 있도록 구성했다. 침대 머리맡에 두고 당신의 성공을 돕거나 의욕을 부추기는 이야기나 조언을 찾아보아라. 성공하는 방법은 배울 수 있다. 당신이 그 첫발을 떼기만 하면 된다.

코칭을 위한 질문

마음 깊은 곳에서부터 추구하고 싶은 한 가지가 있다면 무엇인가? 그것을 다음 목표로 삼을 수 있겠는가?

핵심 요약

1. 성공하는 사람은 자신의 열정을 추구하고자 하는 내적 동기가 있다.
2. 성공은 움직이는 과녁이므로 정기적으로 재평가하고 재정의해야 한다.
3. 성공하는 사람들은 사고방식과 접근 방식이 비슷하다.
4. 성공하는 사람들은 실패를 두려워하지 않고 언제나 다시 시도한다.
5. 성공하는 사람들은 성과로 자신을 포장하지 않고 늘 겸손하다.
6. 성공하는 사람들은 다른 사람의 멘토가 되어 자신이 받은 것을 베푼다.

운명을 통제하라

흥미롭기만 한 주제 말고 중요한 주제를 선택하라는 샤피로 박사님의 말은 마음속에 각인되어 내 길잡이가 되어 주었다. 뛰어난 성공을 거둔 사람들은 무의식적으로 같은 빛을 향해 움직이고 있었다. 그들이 더 많이 성취하고 싶어 했던 이유는 꺼지지 않는 호기심과 의욕, 그리고 영향을 끼칠 수 있는 능력이었다.

나는 사람들에게 성공한다는 것이 무슨 의미인지 거의 매일 물었다. 대부분의 사람이 성공한 사람을 알아보았지만 성공이 무엇인지는 쉽게 정의하지 못했다. 연구 초기, 나는 성공했다고 말할 수 있기까지 성취해야 할 세 가지를 밝혔다. 먼저 자기 분야에서 앞서 나가야 했고 다음 세대의 멘토가 되어야 했으며 자신이 이룬 성취로 인정받아야 했다. 반드시 노벨상을 타거나 올림픽 메달을 따야 성공한 것이라고 말하는 사람은 거의 없을 것이다. 성공은 그보다 훨씬 고차원적인 문제다. 흩어져 있는 점들을 연결해 의미를 찾고 다른 사람들이 아직 보지 못하는 것을 발견하고 선행을 베풀고 관계를 쌓고 좋은 시민이 되는 문제다. 성공하기 위해서는 영향을 끼쳐야 한다. 그 과정에서 성공은 움직이는 과녁이며 더 노력하고 성취할 부분은 언제나 있다는 사실을 받아들여야 한다. 리더십 코치 마셜 골드스미스 박사는 내게 한때의 야망과 장기적 열망은 분명히 다르다고 가르쳐 주었다.

일과 시간, 커리어를 통제하라

성공하면 자신의 일과 시간, 커리어를 통제할 수 있는 힘이 더 커진다. 어떤 프로젝트에 참여할지, 누구와 협력할지는 물론 무엇, 혹은 누구를 거절할지도 선택할 수 있다. 주제나 아이디어에 대한 열정과 영향력을 끼칠 수 있는 능력이 당신을 추동하는 힘이 된다. 성공은 자기 운명에 관한 더 큰 통제력으로 이어진다.

앤서니 파우치 박사는 1984년 미국 국립보건원 알레르기전염병연구소 소장으로 부임한 후 지금껏 그 일을 하고 있다. 코비드-19

팬데믹 기간 동안 대중들에게 그는 이성과 진실의 얼굴이었다. 그 힘든 시기에 그는 트럼프 행정부의 코로나 바이러스 대책본부장이자 조 바이든 대통령의 수석 의료 고문, 백악관 코비드-19 대응팀으로 나라를 이끌었다. 하지만 의사들과 과학자들에 따르면 파우치는 최근의 전 지구적 위기 오래전부터 이미 유명했다.

조 바이든 대통령은 파우치가 여러 차례의 팬데믹을 거치며 자문을 했던 일곱 번째 대통령이었다. 나는 1984년 취임 이후 겪었던 다양한 글로벌 건강 위기에 대한 파우치의 강연을 들은 적이 있다. 더 구체적으로 말하자면 각각의 위기에 대한 평가와 얼마나 많은 사람과 어떤 나라들이 영향을 받았는지, 어느 대통령이 어느 팬데믹에 어떻게 대처했는지, 위기의 여파는 각기 어땠는지에 대한 강연이었다. 파우치는 에이즈, 사스, 에볼라, 지카바이러스를 포함한 모든 중대한 위기 대응에 중추적인 역할을 했다.

코비드-19 발생 오래전부터 파우치는 에이즈바이러스가 어떻게 신체의 면역 체계를 파괴해 감염에 취약하게 만드는지 밝히는 데 중요한 기여를 했다. 또한 에이즈 치료제 개발에도 중추적 역할을 했다. 수백만의 목숨을 구한 '에이즈 구호를 위한 대통령 비상계획'을 앞장서서 설계하기도 했다. 그것이 바로 한계를 뛰어넘어 현재의 상황을 변화시킨 완벽한 예다. 그는 현세대와 다음 세대에 도움이 되는 다양한 방식으로 자기 분야에서 앞장섰다.

파우치는 전 세계에서 가장 많이 인용되는 과학자 중 한 명이다. 다른 학자들이 파우치의 논문을 많이 참조한다는 뜻이다. 참조 횟수가 많아질수록 H-지수가 높아진다. 과학자들이나 의사과학자들의 H-지수 목표는 보통 두 자릿수다. 노벨상을 받고 싶다면 70을 목표로 한다. 파우치의 H-지수는 세 자릿수인 221이다.[1, 2] 국립보건원 웹 사이트에 따르면 파우치는 생존 연구자 중 서른두 번째로 가장 많이 인용되는 학자였다. 웹오브사이언스에 따르면 파우치는 1980년부터 2020년 1월 사이 면역학 분야 180만 명 이상의 저자들 중 총 인용 횟수가 일곱 번째로 많았다.[3] 수많은 의사들과 과학자들이 파우치의 논문을 참조한다. 다음에 병원에 가면 담당 의사에게 《해리슨 내과학》이라는 책이 있는지 물어 보라. 모든 의대생들과 레지던트들이 수 세대 동안 공부해 온 기본서 중 하나이니 아마 당연히 있을 것이다.

파우치는 2008년 조지 부시 대통령으로부터 대통령 자유 훈장을 받았지만 아직 노벨상은 받지 못했다. 파우치는 자신이 자랑스러워하는 일을 열정을 다해 하면서 전 세계에 엄청난 영향력을 끼쳤다. 원한다면 그만둘 수도 있었지만 그는 자기 일을 사랑했고 그 일의 중요성도 알고 있었다.

그런 파우치와 함께 일한다면 얼마나 많이 배우고 성장할 수 있을지 생각해 보라. 그의 높은 기준은 주변 사람들의 기대와 문화 또한 고양시킨다. 당신이 성공하면 주변 사람들 또한 더 많이 이루어야 한다는 암묵적 기대를 받는다. 혼자서도 조직이나 부서의 문화를 바꿔 평균보다 탁월함을 목표로 삼게 만들 수 있다. 평균에 머문다는 것은 천장이 아니라 바닥이 되는 것이다.

원하는 일을 하라

대부분의 사람이 실패를 피하려고 하지만 성공하는 사람은 의욕이 넘치며 좌절도 성공의 일부라는 사실을 잘 알고 있다. 그들은 타고난 문제 해결자들이며 다른 사람이 벅차하는 어려운 딜레마를 해결하는 과정을 즐긴다. 쉬운 일이라면 누구나 할 수 있을 것이다. 그들은 다른 사람들이 찾지 못한 해결 방법을 찾기 위해 산다. 어려운 문제일수록 더 신나게 달려든다.[4] 승리 자체보다 해결 과정을 더 즐긴다.

성공에 대한 두려움은 타당하다. 많은 사람들에게 성공은 미지의 것이고 실패자로 낙인찍힐지도 모른다는 가면 증후군으로 이어질 수도 있다.[5, 6, 7, 8] 실패를 회피하는 사람은 창피함과 무능력하다는 생각으로부터 자신을 지키는 데 더 집중한다. 그들은 사람들이 자기 능력보다 노력을 의심하는 편이 더 낫다는 생각으로 일을 미루는데, 이는 결국 불안함과 무능력하다는 느낌으로부터 자신을 지키기 위해서다. 심지어 중요한 데드라인 전날 밤에 파티를 벌이는 등 자신의 성공에 해가 되는 행동을 하기도 한다.[9, 10] 반대로 높은 성취에 집중하는 사람은 최선을 다해 주변 환경을 통제하고 자신의 노력과 끈기, 결단력에 성공이 달려 있다는 사실을 잘 알고 있다. 그들은 모든 사람을 능가한다.

북아메리카 프로미식축구 리그 명예의 전당에 오른 러닝백 커티스 마틴은 전국 무대에 서는 것 자체가 기적이나 마찬가지인 사람이었다. 그는 무사히 집에 돌아오기도 쉽지 않았던 최악의 환경에서 자랐다. 아버지는 자식들을 학대하다가 나중에는 방임했다. 마틴은 열다섯 살 때 총부리 앞에 선 적이 있었고 열아홉 살 때는 친구와 가족 서른 명 이상이 살해당했다. 미식축구는 그가 도전은커녕 고려조차 해 볼 만한 대상이 아니었다. 살아남는 것이 우선이었다.

미틴의 엄미는 스트레스를 해소할 수 있도록 마틴에게 방과 후 프로그램을 권했다. 덕분에 마틴은 불량한 사람들과 거리를 두고 위험에서 빠져나올 수 있었다. 고등학교 때 무슨 운동이든 해 보라고 권한 사람도 엄마였다. 마틴은 자연스럽게 미식축구를 선택했고 시간이 지날수록 실력이 늘었다. 마침내 마틴은 타고난 재능과 능력 덕분에 장학금을 받고 피츠버그 대학교에 입학할 수 있었다. 당시 그에게 미식축구는 진지한 열정이라기보다 수준 높은 교육과 지낼 곳을 제공해 주는 수단일 뿐이었다.

위험한 환경에서 자랐던 마틴은 자신이 어른이 될 때까지 살 수 없을지도 모른다고 생각했다. 그러던 어느 날 교회에 가서 스물한 번째 생일까지 살 수 있게 해달라고 기도했다. 그것 자체로도 엄청난 성공이 될 것이었다. 결국 그 소원은 이루어졌고 마틴은 그때부터 삶에 대해 진지하게 생각하기 시작했다. 신이 약속을 지켰으니 스스로 자기 삶을 통제해 반드시 성공해야 한다고 말이다. 그때부터 그는 완전히 다른 사람이 되었다. 미식축구가 일상의 전부가 되었다. 마틴은 체육관에서 살다시피 하며 영양 상태와 수분 섭취량,

수면 습관까지 꼼꼼하게 관리했고 훈련에 모든 것을 쏟아부었다.

안타깝게도 대학 시절에는 부상 때문에 많은 경기에 출전하지 못했다. 하지만 그는 미식축구가 더 나은 삶을 보장해 줄 수단임을 분명히 알았고 그래서 훈련 방식과 기술을 개선하기 위해 지속적으로 노력했다. 그리고 지금까지 훈련했던 것 이상으로 자신을 몰아붙여 줄 트레이너를 만났다. 그 트레이너는 오직 목표에만 집중할 수 있도록 아무 방해물이 없는 외딴곳으로 그를 데려갔다. 펜실베이니아의 숲속에서 자신의 가능성을 믿어주는 트레이너와 함께 훈련하며 마틴의 열정에 불이 붙었고 그는 그 불을 꺼트리지 않기 위해서 무슨 일이든 했다.

마틴은 최고의 대학 선수들의 시합을 주선하는 시니어볼 조직위의 관심을 끌 수 있었다. 팀에 바로 자리를 얻지는 못했지만 훈련은 함께할 수 있었다. 그는 누구보다 많은 연습량으로 두각을 나타내기로 결심했고 마침내 그가 한 번도 경험해보지 못했던 풀백 포지션으로 시합에 나가게 되었다. 포지션에 비해 체구가 작은 편이었지만 신경 쓰지 않았다. 그는 기량 훈련에 많은 에너지를 쏟아부으며 열심히 뛰어 채용 담당자의 눈에 띄었다.

채용 담당자는 마틴의 재능을 알아보고 그가 대학 내내 훈련했던 러닝백 포지션으로 뛰는 모습도 보고 싶어 했다. 더 이상 어려울 것이 없는 포지션이었다. 마틴은 빛이 났다. 나중에 올스타 게임에서 뛰어달라는 초청을 받았고 다시 그곳에서 어느 때보다도 최선을 다했다. 결국 프로미식축구 채용 담당자도 마틴을 눈여겨보기 시작했다.

뉴잉글랜드 패트리어츠의 코치 빌 파셀스는 마틴에게 트레이너를 보내 '지옥의 워크아웃'을 시켰다. 마틴을 자세히 평가해 보기 위한 훈련이었다. 마틴은 모든 관계자들이 자신의 움직임을 돋보기로 들여다보듯 하고 있으리라는 사실을 알았다. 그는 또한 그 모든 훈련이 자신을 더 발전시키기 위한 것이라는 사실도 알고 있었다. 마틴은 자신이 가장 잘하는 것을 했다. 누구보다 더 많이 연습하는 것이었다. 충분히 노력하지 않아 실패할 일은 결코 있어서는 안 되었다. 그것이 그의 확실한 직업의식이었다.

그러던 어느 날 커티스 마틴은 뉴잉글랜드 패트리어츠가 되고 싶냐는 빌 파셀스의 전화를 받았다. 마틴은 대답했다. "네, 되고 싶습니다." 펜실베이니아 피츠버그에서 힘든 어린 시절을 보낸 소년 커티스 마틴은 프로미식축구 드래프트 세 번째 라운드에서 선발되었다.

마틴의 교회 목사님은 그에게 미식축구로 성공해 세상에 영향을 끼칠 수 있을 거라고 말씀하셨다. 그 순간부터 커티스 마틴은 그 어느 때보다도 축구를 진지하게 받아들였다. 그는 두 팀에서 11년 동안 선수 생활을 하며 딱 한 경기만 빼고 모든 경기를 뛰었다. 그는 프로 데뷔 첫해에 신인왕이 되었다. 2006년에 은퇴했고 2012년 프로미식축구 명예의 전당에 올랐다. 커티스 마틴이 처음부터 프로미식축구 결승전인 슈퍼볼을 목표로 했던 것은 아니었다. 그는 할 수 있는 한 최선을 다했고 모든 사람보다 뛰어나길 원했다. "삶에서 두려워하는 것이 곧 당신의 한계가 된다."고 마틴은 말했다. 그는 뛰어넘어야 할 장벽이 너무 많은 곳에서 자랐고 그 장벽을 넘어서기 위해 더 열심히 해야 한다는 사실을 알고 있었다. 커티스 마틴은 명예가 자신의 가장 큰 자산이 되길 원했다. 그는 확실한 직업윤리 그리고 불행했던 환경에도 불구하고 이뤄낸 성공으로 널리 알려지고 싶었다.

해결책의 일부가 되어라

그런 사람이 주변에 있다면 엄청난 영감을 얻고 많은 것을 배울 수 있을 것이다. 그들이 문제를 진단하고 다양한 해결 방식을 시도하는 모습을 지켜보는 것만으로도 교훈을 얻을 수 있다. 성공한다는 것은 모든 세대에게 롤 모델이 될 수 있는 기회가 생긴다는 뜻이다. 문제에 접근하고 해결책을 찾아가고 어려운 상황에 대처하는 그들의 방식을 모든 사람이 지켜본다. 소극적으로 반응하는지 적극적으로 대처하는지 주시한다. 이를 통해 다른 사람이 문제를 해결해 주길 기다리지 않고 자기 운명을 스스로 통제하는 법을 배우게 될 것이다.

성공한다는 것은 다른 사람들이 벅차하거나 회피하는 일을 할 수 있다는 뜻이다. 그들은 지식이나 성취의 차이를 느끼고 그 욕구를 채우기 위해 노력한다. 스스로 해결할 수 있는 문제를 다른 사람이 해결해 주길 기다리지 않는다. 올바른 해결책을 찾기 위한 노력을 주저하지 않는다. 알고 있는 지식을 새로운 방식으로 적용하기도 할 것이다.

독자들은 이 책에서 성공한 사람들이 자기 삶 자체로 해결책의 일부가 되는 모습을 볼 수 있을 것이다. 문제를 간과할 수 없었기 때문에 새로운 발견을 해낸 의사과학자, 사람들을 모아 혁신을 이끌어낸 정부 관료, 우주 여행을 재해석한 우주비행사, 자기 종목의 얼굴이 된 올림픽 챔피언, 그리고 금메달 시상대에서 장애인들에 대한 인식 변화를 촉구한 패럴림픽 챔피언을 만나게 될 것이다. 성공하는 사람들은 '안 돼/할 수 없어/불가능해'라는 말은 받아들이지 않았다.[11] 대신 그들은 그 말을 '아직'이라는 의미로 받아들였다. 해결책을 위한 그들의 욕구는 하루로 그치지 않았다. 그 하루가 시작일 뿐이었다.

자기 일을 사랑하라

신체적, 감정적, 인지적으로 창의성이 높아지면 더 행복해질 것이다. 성공한 사람들은 자기 일에 더 만족했고 직장을 그만두는 경우도 더 적었다.[12] 성공하는 사람들은 적절한 대우를 받을 때 조직에 높은 충성심을 보인다. 우주비행사들은 나사에서 몇 년, 길게는 수십 년 동안 꾸준히 일했다. 미국 프로농구와 프로미식축구 최고

선수들은 힘든 훈련과 잦은 장거리 이동에도 불구하고 한 구단에서 수년 동안 경기를 했기 때문에 누구나 아는 선수가 되었다. 프로 미식축구 명예의 전당에 오른 커티스 마틴은 십여 년 넘게 단 두 팀에서 뛰었다. 전 우주비행사 페기 윗슨은 1989년 생화학 연구자로 나사에 입사했다. 그리고 1996년 우주비행사 후보로 선발되었고 2018년 29년 동안의 나사 근무를 마치고 은퇴했다. 성공하는 사람들이 인정받고 널리 유명해진 데에는 소속에 대한 높은 충성심이 있었다.

성공한 사람들은 자신의 부족한 점을 채워줄 사람들이나 프로그램을 찾아 배움을 지속하는 데 있어서도 더 적극적이었다.[13, 14, 15, 16] 그들은 모른다거나 아직 이해하지 못했다는 말을 하기를 두려워하지 않았다. 여전히 더 배울 것이 있다고 생각했기 때문에 당연히 부족함을 인정하고 지도를 구하고 더 공부했다. 그들은 자신이 누구인지보다 무엇이 될 수 있을지에 더 집중했다.

실패하는 것보다 시도하지 않는 것을 두려워하라

성공하는 사람들은 현재의 상태가 편하고 좋기 때문에 긁어 부스럼을 만들지 않는 것이 좋다는 '현상 유지 편향'으로 힘들어하지 않는다.[17, 18] 오히려 그 반대로 도전과 변화에 자극받는다. 더 높은 수준의 능력을 개발할 수 있는 환경을 찾아 자신을 타인과 차별화 시킨다.[19, 20, 21, 22] 그들은 흥미롭고 도전적인 일에 훨씬 높은 우선순위를 둔다.[23]

시도하지 않는 것은 성공하는 사람들의 선택지가 아니다. 그들은 실패보다 시도하지 않는 것을 더 두려워한다. 그들에게는 바로 성공하지 못하는 것, 심지어 실패하는 것까지 배움의 기회가 된다. 그들은 성공이 움직이는 과녁임을 알고 있다. 성공은 궁극적인 목표가 아니다. 집중해야 할 것은 언제나 다음 목표다.

기업가, 과학자, 심지어 테러리스트 집단까지 포함한 최근의 한 연구에 따르면 일찍 실패를 경험한 사람이 일찍 성공한 사람보다 결국 더 크게 성공하는 경우가 많았다.[24] 모든 장애물에는 배울 수 있는 기회가 포함되어 있으니 눈앞의 도전을 받아들여라. 성공하려면 그 장애물을 극복할 수 있다고 믿어야 한다. 그러면 이제 집중해야 할 대상은 성공 여부가 아니라 어떻게 더 큰 성공을 이룰 것인가로 바뀔 것이다. 성공하는 사람들은 그와 같은 사고방식의 전환으로 문제를 곱씹기만 하지 않고 문제 해결에 집중한다. 지난 장애물을 극복했던 능력은 당신이 마음 먹으면 무엇을 성취할 수 있는지 알려 주는 지표가 될 것이다. 모든 장애물은 새로운 배움과 새로운 사람들, 새로운 기회로 이어진다.

답을 찾고자 하는 욕구 혹은 다음 단계로 올라가고자 하는 욕구는 성공하는 사람들의 마음속 깊은 곳에서 타오르는 불길이다. 그들은 지식에 관한 끝없는 갈증을 해결하기 위해, 어제보다 오늘 더 잘하기 위해 열심히 달린다. 그 과정은 의미 있는 경험과 기억이 되고 결국 멈추지 않는 힘이 된다.[25] 성공한 사람들은 과학적 발견부터 올림픽 메달 획득까지 놀라운 것을 성취했을 때의 자신의 상태를 정확히 기억하고 있었다. 그들은 자신이 어디에 있었는지 그리고 무엇을 느꼈는지 생생하게 떠올릴 수 있다. 그 기억은 수십 년이 지난 후에도 사라지지 않고 그들의 마음 속에 남아 있다.

성공한 사람들은 이직의 기회가 더 많았고 고위 경영진으로도 더 빨리 승진할 수 있었다.[26, 27, 28] 그들은 평균에 만족하지 않고 자기처럼 의욕 넘치고 능력 있는 사람들과 함께 할 수 있는 환경을 적극적으로 찾아 나섰다. 그리고 그 환경은 다시 그들에게 더 자극이 되어 주었다.[29] 그들은 지식을 추구하고 두려움 없이 해결책을 찾아 나서고 비슷한 사람들과 함께 장애물을 무너뜨리는 과정을 즐겼다. 그들은 비슷한 가치와 정체성을 공유하고 있었다.[30, 31]

피드백은 개선의 기회가 되므로 성공하는 사람들은 실시간 반응에 큰 가치를 둔다.[32] 피드백은 더 나아지기 위해 꼭 필요한 과정이다.[33] 모든 정보는 더 나아지고 강해지고 빨라지고 창조적이 될 수 있는 기회다. 결코 비난이 아니라 다르게 생각할 수 있는 기회다. 성공하는 사람들은 어떤 날카로운 말에서도 배울 점을 찾는다. 그들은 눈앞의 이정표 너머를 바라본다. 자신의 모든 것을 바치고 있음을 알고 더 발전하기 위해 무슨 일이든 한다.

그로우GROW 모델

성공하는 사람들은 무의식적으로 그로우 모델을 사용한다.[34, 35] 그들은 목표를 정하고 현재 상황의 한계와 기회를 인식하고 다음 단계를 전략적으로 결정하며 앞으로 나아간다. 알파벳 O에는 두 가지 뜻이 있다.

Goals(목표)	단기적 · 장기적 목표는 무엇인가? 1년, 3년, 5년 안에 이루고 싶은 것은 무엇인가?
Reality(현실)	현재 상황은 어떠한가? 무슨 일이 벌어지고 있는가?
Options(선택)	내가 할 수 있는 선택은 무엇인가? 무엇을 할 수 있는가?
Obstacles(장벽)	무엇이 내 앞을 가로막고 있는가?
Wills(의지)	이제 무엇을 할 것인가? 어떤 단계를 밟기로 결심했는가?

언제 그만둘지 결정하라

성공하는 사람들은 기회 혹은 심지어 본인이 사랑하는 직업에서 언제 물러나거나 포기해야 하는지 정확히 알고 있었다. 자신의 미래와 운명, 유산을 스스로 결정하고 통제할 수 있다는 사실만으로도 성공해야 할 이유는 충분할 것이다. 모든 운동선수들과 우주비행사들은 적절한 은퇴 시기를 알고 있었다. 이를 뼛속 깊이 느꼈고 사랑하는 그 일을 어떤 후회도 없이 그만두었다. 그리고 성공했던 그 일을 토대로 두 번째 커리어를 시작했다.

나사에서 은퇴한 우주비행사이자 잠수 기술자, 항공 엔지니어, 화가였던 니콜 스톳은 우주에서 104일을 보냈다. 그녀는 다시 우주로 날아갈 수 있는 기회 앞에서 자신에게 세 가지 질문을 던졌다.

1. 꼭 다시 우주로 갈 필요가 있는가?
2. 우주비행사라는 직업 덕분에 놀라운 장소를 여행하고 특별한 경험을 할 수 있었다. 더 이상 그런 경험을 하지 못해도 괜찮은가?
3. 창의적이고 전문적이며 인류의 삶을 변화시키는 동료들과 정기적으로 함께 하지 않아도 괜찮은가?

스톳은 지금 하는 일을 그만두고 새로운 모험을 시작할 수 있겠다고 생각했고 이를 바로 실행에 옮겼다. 그녀는 우주에 대한 사랑과 예술을 결합해 스페이스 포 아트 재단을 설립했다. 스톳은 사랑했던 일을 그만둔 것이 아니라 그동안 쌓은 지식과 경험으로 새로운 영역에 도전했다. 그녀의 열정은 새롭고 창조적인 방식으로 다시 불붙었다.

프로미식축구 리그 명예의 전당에 오른 커티스 마틴은 부상으로 2005년에 은퇴했다. 그는 십여 년 이상 경기를 뛰며 자신의 전부를 바쳤다. 마틴은 언제나 자신의 이름과 명예, 쌓아온 관계가 자신의 가장 소중한 자산이 되길 원했다. 그는 미식축구를 그만둔 후 이를 활용해 보험과 사모펀드 시장에서 새로운 사업을 시작했다.

네트워크가 순자산이다

성공하는 사람들은 자기 분야 안팎에서 방대한 네트워크를 구축한다. 그리고 그 네트워크 내 많은 이들 역시 성공한 사람들이다. 그들은 서로 이해하고 신뢰하며 질문하고 협력하고 의견을 나눈다. 성공한 사람들은 모두 그와 같은 네트워크가 멘토나 직업과 마찬가지로 다양한 가능성의 원천이라고 말한다. 그들은 그 네트워크를 활용해 강연과 투자, 컨설팅 등을 하며 전 세계를 여행한다. 성공하는 사람들은 언제나 새로운 것을 배우기 때문에 네트워크에서 사람들을 만나는 것을 즐긴다. 이는 경쟁이 아니라 동지애다. 그들은 네트워크 내 사람들과 함께 젊은 세대 교육부터 재정적 기부까지 끝없이 다른 사람을 돕고 베풀고 대의를 위해 이바지한다.

변화의 선두에 서라

성공한 사람들의 생산성은 평범한 직원들보다 400퍼센트나 더 높다.[36, 37] 그들은 조직의 생산성, 혁신, 의욕에 긍정적인 영향을 끼친다. 그 엘리트 집단의 일부가 되면 변화의 선두에 서고 마찬가지로 영향력이 큰 사람들 주변에 머물 수 있게 된다. 일이 자기 뜻대로 풀리지 않는다고 두덜거리는 사람이 아니라 문제를 해결하는 사람들과 함께 할 수 있다. 성공하는 사람과 몽상가의 차이는 다음과 같다.[38, 39]

1. 몽상가는 해야 할 일에 대해 이야기한다. 성공하는 사람은 그냥 행동한다. 몽상가는 '언젠가'에 대해 말하고 성공하는 사람은 '오늘부터' 움직인다.
2. 몽상가는 지나친 계획을 세운다. 성공하는 사람은 행동하며 변하는 상황에 맞게 계획을 조절한다.
3. 몽상가는 횡설수설 떠든다. 성공하는 사람은 명확하고 간결하게 말한다. 그들은 청중이 누구인지 알고 재빨리 핵심 메시지를 전달한다.
4. 몽상가는 서로 관련이 없는 많은 목표를 설정한다. 성공하는 사람은 하나의 목표에 몰두한다.
5. 몽상가는 듣기보다 말하는 편이다. 성공하는 사람은 말하기보다 듣는 편이다.

6. 몽상가는 장애물을 만나면 포기한다. 성공하는 사람은 장애물을 극복할 수 있다고 생각한다. '어쩌면'의 상황을 생각하지 않고 '어떻게'에 집중해 장애물을 극복한다.

다른 사람들을 도와라

당신이 성공하며 이룬 성취와 지식과 네트워크는 다른 사람들을 돕는 데 쓰일 것이다. 사람들이 당신의 말에 귀를 기울이고 당신의 행동을 주시할 것이며 당신은 모든 세대의 롤 모델이 될 수 있을 것이다. 두 번이나 미국 프로농구 챔피언이 된 자자 파출리아는 조국 조지아에 1,400명의 아이들을 가르칠 수 있는 농구 아카데미를 설립했다. 노벨상 수상자들은 정기적으로 젊은 과학자들을 고무하는 기조 연설에 나선다. 올림픽 챔피언 아폴로 안톤 오노는 동기 부여 서적을 집필했고 패럴림픽 챔피언 캔디스 케이블은 전 세계 장애인 이동권 개선을 위해 자신의 명성을 활용했다. 빌드 어 베어 워크숍 설립자이자 전 최고경영자 맥신 클라크는 새로운 기업가들을 위한 재단을 설립해 그들의 멘토가 되어 주었다. 이 책에 등장하는 사람들은 모두 겸손했고 언제나 선행을 베풀거나 롤 모델 역할을 할 수 있는 기회를 찾았다.

성공의 이면

성공이 늘 안락하고 행복한 삶을 보장하지는 않는다. 성공하고 싶다면 그에 수반되는 단점 또한 제대로 인식해야 한다. 성공하는 사람들은 모든 것을 바쳐 열정적으로 목표를 추구하므로 주변의 다른 사람들이 자신과 비슷한 정도의 관심과 노력, 주의를 기울이지 않을 때 화가 날 수도 있다. 자신의 일에 관해 정확히 알고 있는 사람이 주변에 거의 없기 때문에 정상에 올랐을 때 고립될 수 있다. 집중력이 지나쳐 사람들의 오해를 살 수도 있다. 당신이 이룬 성취로 이름이 알려지기 시작하면 질투하는 사람들도 생긴다. 그들은 성공하는 사람에게 스포트라이트가 쏟아지면 자기 자리가 어두워진다고 생각한다. 공통의 주제나 경험이 없기 때문에 가장 친했던 친구들과도 거리감을 느끼기 시작할 것이다.

누구나 성공하는 방법을 배울 수 있다는 것은 누구나 성공할 수 있는 능력이 있다는 뜻이기도 하다. 하지만 대부분의 사람에게 영향을 끼치는 학교나 직장은 우리에게 아무도 반대하지 않는 길로 가라고, 즉 중간이 되라고 가르친다. 더 많은 것을 성취할 수 있게 만들어주는 도전과 자극이 부족할 수 있다는 뜻이다. 하지만 가장 높은 자리에 오르는 사람은 그런 기회가 오기를 기다리지 않고 스스로 찾아 나선다. 다행히 인터넷을 통한 학습 기회가 폭발적으로 증가하고 있기 때문에 스스로 지식을 쌓아갈 수 있는 가능성은 무한하다.[40]

더 성공할수록 더 많은 사람들과 프로젝트가 당신의 전문 지식에 의존하게 될 것이고 결국 자발적으로 물러나는 것이 더 어려워질 수 있다. 조심하지 않으면 매 순간 일정이 가득 차게 될 것이고 이를 잘 관리하지 않으면 가족과 보내는 의미 있는 시간을 놓치게 될 수도 있다. 따라서 외부 요인이 당신의 시간과 목적을 통제하기 전에 먼저 이를 통제해야 한다.[41, 42] 외부 요인이 개입되면 금방 번아웃으로 이어질 수 있다. 성공의 부작용을 인식하는 것은 위험을 볼 수 있는 전망대에 올라 있다는 뜻이므로 성공이 당신 삶을 방해하지 않도록 적극적으로 준비하고 대비해야 한다.

성공하는 사람들은 최고가 되겠다는 마음으로 자신의 일을 시작하지 않았다. 그들은 간절히 노력하고 주변의 모든 사람들로부터 현명한 조언을 듣고 그 과정에서 언제나 배우길 원했다. 그들은 더 크게 성공할수록 다음이 무엇일지 더 간절해졌고 호기심이 생겼다. 성취해야 할 다음 단계, 이루어야 할 다음 목표, 도와야 할 다른 사람은 언제나 있었다. 그들은 영향력을 끼칠 수 있는 가장 좋은 방법을 찾기 위해 늘 노력했다. 결국 자신이 사랑하는 일을 하며 엄청난 힘과 권력을 갖게 되었다. 수십 년이 지난 후에도 그들은 자기 일에서 순수한 즐거움을 느낀다. 그리고 그 과정에서 얻은 힘과 영향력을 대의를 위해 신중하게 사용한다. 물론 평범한 삶에서도 만족을 느끼며 사는 사람은 많을 것이다. 하지만 목적 있고 의미 있는 삶을 원한다면 성공하는 삶을 꿈꿔보는 것도 좋을 것이다.

코칭을 위한 질문

1. 성공하기 위해 오늘 바로 시작할 수 있는 한 가지는 무엇인가?
2. 대의를 위해 당신의 성공을 활용할 수 있는 한 가지 방법은 무엇인가?

핵심 요약

1. 어려워서 시도하지 않는 것은 성공하는 사람들의 선택지가 아니다. 그들은 실패보다 시도하지 않는 것을 더 두려워한다.
2. 성공하는 사람들은 문제가 있거나 더 좋은 방법이 생겼을 때 가만히 있지 않는다. 언제나 더 좋고 더 빠르고 효율적인 방법을 찾는다.
3. 성공하는 사람은 변화의 최전선에 서고 싶어 한다. 그들은 현 상태를 싫어하고 새롭고 혁신적인 방법을 찾아 목표를 이뤄 간다.
4. 성공에는 몇 가지 역효과가 있다. 사람들의 오해를 사거나 더 높은 목표를 찾기 힘들거나 다른 사람들이 자신과 너무 달라 짜증이 날 수도 있다.

성공하는 사람들과 함께 일하라

우리를 피곤하게 하는 사람들이 있다. 무슨 말인지 알 것이다. 모든 해결책에 문제가 내재되어 있다고 생각하는 사람들이다. 어떤 문제도 해결하기 힘들다고 생각하는 사람들이 있는 반면 성공하는 사람들은 그냥 일을 해치운다. 그러면서 팀과 조직에 힘과 에너지를 불어넣는다. 그들은 문제의 해결 가능성은 묻지 않는다. 당연히 해결할 수 있다고 생각하고 그 '방식'에만 집중한다. 사고방식이 완전히 다른 것이다. 성공하는 사람들은 타고난 문제 해결자들이며 장애물 또한 풀어야 할 퍼즐이라고 생각한다. 그래서 그들에게는 관료적 형식주의는 최소이되 자율성은 최대인 공간이 필요하다. 그들은 효율적으로 일을 빨리 끝내는 편이지만 그러기 위해서는 방해물이 없어야 한다. 그들은 대의를 위해 끝없이 싸우지만 자신의 노력이 인정받지 못한다고 느끼면 언제든 떠날 수 있다.

모든 조직은 뛰어난 인재를 채용하고 붙잡기 위해 필요한 일은 무엇이든 해야 한다. 연구에 따르면 성공하는 사람들은 빨리 리더의 자리에 올라 최고의 성과를 도출하는 사고방식을 조직에 퍼트릴 수 있다.[1,2] 하지만 언제나 기준을 넘어서며 높은 생산성을 보이는 만큼 붙잡기 어려운 동료가 될 수 있다. 이직의 표면적인 이유는 더 높은 급여일 수도 있지만 뛰어난 직원이 회사를 떠나는 가장 큰 이유는 멘토십이 부족하거나 리더가 될 수 있는 기회가 요원해 보이기 때문일 것이다.

기준 이하의 직원들은 부족한 부분을 지적받고 상세한 계획으로 이를 개선하도록 요구받는다. 하지만 이는 첫 번째 관문일 뿐이다.[3] 평균 이하의 직원은 기준에 도달할 수 있도록 도와주는 직무능력 개발 과정을 들어야 하고 정기적으로 관리자의 확인도 받을 것이다. 하지만 늘 실력을 발휘하는 직원은 그와 같은 관심을 거의 혹은 전혀 받지 않는다. 이는 뛰어난 직원들의 생산성이 평범한 직원들보다 400퍼센트 더 높다는 점을 감안하면 몹시 안타까운 일이다.[4] 뛰어난 인재를 미래의 지도자로 인식하고 그들을 더 성장시키기 위한 프로그램이 있는 조직은 거의 없다. 그렇다면 이는 어떤 결과로 이어질까? 그들은 발전과 혁신 없는 조직을 떠나게 될 것이다. 결국 평범하거나 평균 이하의 직원들만 남는다. 물론 뛰어난 사람들을 적극적으로 붙잡는 경영 사례도 분명 있긴 하다.

뛰어난 사람들의 심리를 이해하기 위해서는 먼저 성인학습에 대해 알아야 한다. 시각이나 청각, 운동 감각 중 무엇이 성인학습에 효과적인지 알아야 한다는 뜻이 아니다. 그보다는 성인들의 상호작용이나 상황에 초점을 맞춰 이야기할 것이다. 교육학이 아이들을 위한 교수학습이론과 실제를 다루고 있다면 1968년 말콤 놀스가 개발한 성인교육론은 똑같은 개념을 성인학습자의 눈으로 살펴본다.[5, 6, 7] 성인학습자는 할 일이 많다. 자신만 책임지면 되는 사람도 있지만 대부분 배우자나 파트너, 부모와 자녀 등 타인까지 책임지고 있다. 다른 사람들에게 의존하지 않으며 자신은 물론 부양가족을 먹여 살리기 위해 일을 해야 한다. 성인들은 듣거나 읽은 것을 전부 믿지 않고 타인과의 관계에 가치를 두는 편이다.

성인학습론의 창시자 중 한 명인 말콤 놀스는 성인교육학이라는 용어를 만들었고 이를 '성인의 학습을 돕는 예술이자 과학'이라고 생각했다.[8] 놀스는 성인학습의 이해를 돕기 위한 여섯 가지 기본 개념을 정립했다. 이는 성인학습 연구의 토대가 되었고 뛰어난 인재를 더 많이 키워 내기 위해서는 이를 반드시 이해해야 한다.

1. 성인이 되면서 의존성은 줄어들고 자발성은 늘어난다. 성인들은 전통적인 교실에서 배울지 인터넷을 활용할지 스스로 선택하고 싶어 한다. 성인학습을 위해서는 존중하고 지지하

고 수용하는 문화가 장려되어야 한다. 성인들은 심리적 안정이 보장되어야 최대한의 학습 잠재력을 발휘한다.[9]

2. 성인의 풍부한 경험은 학습의 훌륭한 원천이다. 모든 경험은 배울 수 있는 기회다. 그렇기 때문에 성공하는 사람은 피드백을 비판으로 받아들이지 않고 개선의 기회로 바라본다.[10] 성인은 모든 깨달음이 자신을 더 강하고 빠르게, 효율적이고 혁신적으로 발전시킨다는 사실을 알고 있다.
3. 성인학습자의 준비 상태는 사회적 역할과 밀접하게 관련되어 있다. 성장과 혁신의 기대나 요구가 없다면 굳이 노력할 필요가 없을 것이다. 하지만 언제나 호기심 넘치고 독창적이기를 기대받는다면 배울 수 있는 기회를 더 찾아 나설 것이다.
4. 성인은 미래를 위해 축적하는 지식보다 즉시 활용할 수 있는 지식을 선호한다. 그래서 주제중심 학습보다 문제중심 접근법에 더 적절히 대응하고 그 지식이 자신의 삶과 일에 얼마나 도움이 되는지 확인하고 싶어 한다.
5. 배우고자 하는 욕구에 집중하는 내적 동기는 타인의 인정이나 승진, 수료, 수상 등의 외적 동기보다 효과가 좋다.[11, 12]
6. 성인은 배우는 이유를 알아야 한다. 유용하지도 않을 것 같은 무작위의 사실들을 단순 암기하고 싶어 하지 않는다.

위의 여섯 가지가 바로 성인학습의 주춧돌이며, 뛰어난 인재들과 함께 일하고 싶다면 이를 반드시 이해하고 실천해야 한다. 성인의 학습 능력을 최대화하려면 편안한 환경을 제공하고 학습 내용이 자신에게 왜 중요하고 자신과 어떤 관계가 있는지 이해시키고 다양한 학습 방법을 제안해야 한다. 놀스의 성인교육 원칙을 적용하지 않으면 학습 내용은 의미없는 수다나 최악의 경우 소음만 될 뿐이다. 그 기본 원칙만 잘 지킨다면 더 많은 인재들과 함께 일할 수 있을 것이고 조직의 생산성도 증가할 것이다.

성인들의 삶에는 쉬지 않고 줄다리기를 하는 두 가지 힘이 있다. 첫 번째는 자녀나 부모 돌봄, 의식주 해결 등 시간과 에너지가 필요한 '삶의 무게'다. 두 번째는 그 무게를 이겨낼 수 있게 해주는 '삶의 힘'으로 돌봄이나 청소 서비스를 이용하거나 저녁을 주문해 먹을 수 있는 능력이다. 하워드 맥클러스키는 이를 '마진 이론'이라고 했다.[13, 14, 15] 삶의 힘이 더 클수록 학습에 참여할 수 있는 여지도 커진다. 편의를 위해 지출할 수 있는 능력이 학습의 가능성을 높여준다. 성인은 가족과 직장, 공동체에서의 책임 등 때와 장소에 맞게 행동해야 하는 외적 무게와 결혼과 출산, 육아, 승진 등 특정한 나이에 이루어야 할 것들을 스스로 강제하는 내적 무게를 갖고 있다. 성공하는 사람들은 삶의 무게와 힘의 적절한 비율을 찾아 창의적으로 생각하고 협력자를 구하고 멘토의 말을 들으며 성공할 수 있는 시간을 확보한다.

뛰어난 인재를 관리하라

가장 기본적인 개념 같지만 뛰어난 사람들의 노력과 성취에는 보상이 따라야 한다. 그들의 반복적인 성과를 무시하지 말고, 그들의 성취를 무시하고도 그들과 계속 함께할 수 있으리라고 생각하지 말라. 그들은 자원봉사자가 아니라서 다른 사람들처럼 자신의 근면성과 성취를 인정받고 싶어 한다. 이는 당연한 일이며 반드시 보장되어야 한다. 조직에서 뛰어난 사람들은 다른 방식으로 생각하고 더 많이 생산하며 집단의 리더가 되는 편이다. 그래서 그들은 집단의 성과보다 개별 성과를 토대로 한 월급 체계를 선호한다. 최고의 기량을 선보이는 사람들은 경쟁력 있는 급여를 받기를 원하지만 그것이 전부는 아니다.[16]

다니엘 핑크의 연구에 따르면 성공하는 사람들의 생산성은 보너스나 월급 인상 같은 외적 가치에 좌우되지 않고 조직에 가치있는 기여를 하는지 등의 내적 동기에 좌우된다.[17] 성공하는 사람들은 창조적 혁신과 호기심, 기준을 높이는 열정의 모범을 보고 싶어 한다. 그들은 조직이 자신의 직업적 발전에, 조직 내에서 자신이 갈 수 있는 길에 투자하고 있는지 알고 싶어 한다. 그들의 발전을 위해 조직이 할 수 있는 일이 몇 가지 있다.

모든 사람이 일을 통해 가능한 많은 급여를 받고 싶어 하지만 성공하는 사람들은 연봉 인상이나 성과급 지급은 물론 회사가 자신의 성취를 꾸준히 인지하고 있는지도 확인하고 싶어 한다. 그들은 능력이 부족하거나 보통인 직원들과의 급여 차이를 통해 자신의 성과를 인정받고 있는지 확인하고 싶어 한다. 그들에게는 연봉 인상도 필요하지만 급여와 상관없는 사회적 인정과 보상도 필요하다. 성공하는 사람들은 기꺼이 탁월함을 추구하며 조직도 이를 가치 있게 여기는지 확인하려고 한다. 그들이 발휘하는 실력만큼 인정해 줄 필요가 있다. 정시 출근이나 주변 정리 정돈 등의 기본적인 활동만을 강조하지 말라. 그와 같은 기본적인 기대만 강조할 경우 그들의 신뢰를 잃을 것이다. 그들이 장애물을 넘어 이룬 더 큰 성취를 확실히 인정하라.

조직이 성공하는 사람들의 능력을 인지하듯 그들 역시 다른 사람들의 불꽃을 볼 수 있다. 뛰어난 인재가 떠오르는 인재를 가장 먼저 알아보고 돕는다.[18] 그들은 경계를 넘어서고 창조적으로 사고하고 실패를 두려워하지 않는 사람을 좋아한다. 그래서 보상과 인정이 있는 자리에 그런 사람들을 추천할 것이고 자신을 따르는 다른 능력자들과 네트워크를 구축할 것이다. 그들이 누구를 주목하는지 살펴보라. 그들이 바로 미래의 뛰어난 인재들이 될 것이다.

직원들을 참여시켜라

〈하버드 비즈니스 리뷰〉의 한 보고서에 따르면 경영진의 3분의 2가 조직 내 활동에 직원들을 참여시켜야 한다는 사실은 알지만 이를 실천하기는 힘들어했다.[19] 연구에 참여한 응답자의 4분의 1만 조직 내 활동에 활발하게 참여하고 있었다. 그럴 때일수록 능력이 뛰어난 직원들이 무엇을 원하고 필요로 하는지 파악해야 한다. 직원들에 관한 신뢰할 만한 자료를 주의 깊게 분석하라. 유능한 직원들을 참여시킬 수 있는 방법이 무엇이며 그들을 떠나게 만드는 요인은 무엇인지 파악할 수 있을 것이다.[20] 이를 토대로 성공하는 사람들의 동기를 이해하고 그들에게 투자할 프로그램을 개발하며 조직의 노력을 보여 주어라. 뛰어난 인재들은 자신이 조직의 부품이 아니라 한 명의 인간으로 대접받는지 확인하고 싶어 한다. 반드시 진심이 전달되어야 하며 그렇지 않으면 그들은 가면 뒤 조직의 본심을 파악하고 조직이나 경영진에 대한 신뢰를 거둘 것이다.

최고의 인재를 관리하는 사람은 그들이 이탈하지 않을 수 있게 만드는 방법을 알아야 한다. 다른 직원들에게 효과가 있었던 방법이 그들에게는 맞지 않을 것이다. 연구에 따르면 분야나 지위에 상관없이 뛰어난 인재들이 직장 상사에게서 찾는 공통분모는 타고난 배려심과 효율적인 의사소통 방식, 진정성, 결과 지향성, 타인을 도와 성장시키고자 하는 강한 의지였다.[21, 22]

인재를 키우기 위해서는 재능을 발견할 수 있는 리더를 찾는 것이 중요하다. 그들은 이미 최고의 실력을 발휘하고 있는 사람들에게서도 그들 스스로 인지하지 못하고 있는 가능성의 싹을 찾아낸다. 이미 성공 궤도에 오른 사람이라도 자신감을 잃거나 자신의 성취를 얕보게 될 수 있고 모든 성공이 가짜로 드러날지도 모른다는

가면 증후군을 겪을 수도 있기 때문이다.[23, 24]

노출의 기회를 제공하라

성공하는 사람들은 자신이 하고 있는 일과 해결하고 있는 문제에 대한 열성과 내적 동기를 갖고 있지만 경쟁에서 이겨 다른 사람들보다 앞서고 싶어 하는 외적 동기도 있다.[25, 26, 27] 적당한 프로젝트와 파견 근무를 제공해 그들이 경영진이나 다른 팀원들에게 돋보일 수 있도록 해 주어라. 예를 들면 태스크포스를 책임지거나 다양한 기능을 수행하는 팀을 이끌거나 데이터를 분석하거나 만연한 문제에 대한 해결책을 개발하게 만들어라. 그리고 고위 경영진 앞에서 프레젠테이션을 하게 하라. 능력 있는 직원의 이탈을 방지하고 싶다면 글로벌 팀을 이끌게 만드는 것도 좋다.[28]

성공하는 사람은 자기 일에 가치가 있는지 알고 싶어 한다. 그들은 존경받는다는 느낌을 받고 의사 결정의 테이블에 앉아야 잘 살 수 있다. 그들이 최고경영자처럼 생각할 수 있는 여건을 만들어 주어라. 그들에게 영향을 끼치지만 개입할 수는 없는 결정에 대해서는 그저 명령을 따르는 사람이 아닌 의사 결정 파트너로 대하며 충분한 맥락과 투명성을 제공하라.

자율성을 제공하라

성공하는 사람들은 문제를 해결해 나가는 맛에 산다.[29] 그들이 문제를 잘 해결하게 하려면 세세하게 관리하기보다 자율성을 보장해 줄 필요가 있다. 그들에겐 함께 책임지는 권위자는 존재하되 창의적으로 생각해 볼 수 있는 자유가 필요하다. 이것이 충족되지 않으면 자신에게 더 잘 맞는 기회를 찾아 떠나고 싶어 할지도 모른다.

창의적이고 혁신적이라는 것은 다른 사람이 너무 위험하다고 생각하는 것을 시도해 보는 것이다. 성공하는 사람들은 다른 사람들이 보거나 알아채지 못하는 연결 고리들을 만들 수 있다. 그들은 알지 못했던 것을 발견하고 다른 사람들이 가지 않는 길을 가고자 하는 열망이 있다. 성공하는 사람들에게 그 추구는 승리만큼 짜릿하며 그것이 바로 그들이 실패하는 것보다 시도하지 않는 것을 더 두려워하는 이유일 것이다. 성공으로 가는 길은 많은 실패와 장애물, 도전과 장벽으로 이루어져 있다. 성공하는 사람들은 같은 도전 앞에서 단념하지 않기 때문에 두드러질 수밖에 없다. 그들은 목표에 도달하기까지 수없이 실패하리라는 사실을 제대로 인식하고 있다. 그들은 모든 실수나 실패에서 새로운 것을 배우고 이를 다음에 적용한다.[30] 그들에게는 실패에 대한 처벌 없이 시도할 수 있는 자유가 적극적으로 장려되어야 한다.

빠른 길을 만들어 주어라

성공하는 사람들은 같은 업무를 수년 동안 계속하는 것을 싫어하고 빠른 승진 기회를 선호한다.[31] 그들은 자리를 내어줄 생각이 없는 상사 밑에 가만히 앉아 같은 일을 계속하고 싶어 하지 않는다. 성공하는 사람들은 더 빨리 승진할수록 더 어려운 과제를 해결해볼 수 있다는 사실을 알고 있다. 더 빠른 승진 기회를 제공하면 그들의 이탈을 막을 가능성도 더 커질 것이다.

조직 내에서 자리가 나면 뛰어난 사람들이 가장 먼저 채용될 것이다. 이는 그들의 성장을 돕겠다는 조직의 의지를 보여주는 것이기도 하다. 그들이 그 자리를 좋아할지 싫어할지, 외부의 일로 얼마나 바쁠지 섣불리 재단하지 말라. 결정은 그들이 내릴 것이다.[32]

추가 훈련을 제공하라

모든 포상과 학위에도 불구하고 성공하는 사람들은 언제나 새로운 것을 찾는다. 자신의 지식을 쌓고 넓힐 수 있는 기회를 찾는다. 가끔 인사과에서 제공하는 개발 프로그램은 그들에게 필요하지도 않고 그들의 흥미를 끌기에도 역부족이다. 뛰어난 인재가 더 많이 배워 커리어를 확장할 수 있는 기회를 제공하라. 대면이거나 비대면일 수도 있고 조직 외부에서 제공될 수도 있다. 유연한 업무 조건을 제공해 그들이 원하는 만큼 배우고 필요한 만큼 해낼 수 있도록 하라.[33] 뛰어난 인재는 새로운 기술을 배울 때 더 적극적이며 이를 자신의 업무에 어떻게 적용할지 즉시 파악한다. 그들은 새로운 것을 배울 때마다 맡은 프로젝트를 더 신나게 해 나갈 것이다. 업무 시간이 줄어들지도 모른다고 걱정하지 말라. 그들은 당신이 잠든 후에도 일을 마무리할 때까지 장소와 상관없이 일할 것이다.

직무 능력 개발 예산을 제공하라

뛰어난 인재들은 다양한 형태의 학습을 주도적으로 해 나가려 하고 그 성장을 적극 지지해 줄 조직을 찾는다.[34] 그들에게 직무 능력 개발을 위한 예산을 제공하라. 어떤 과정이나 콘퍼런스를 선택할지는 그들의 판단에 맡겨라. 제공되는 기회를 잘 활용하게 만들려면 그들이 정말로 그 기회를 활용해도 되는지 눈치 보지 않을 수 있는 심리적 안정과 격려가 필수적이다.[35]

이제 성인학습자에게 알맞은 학습 방법과 그들의 정보 처리 방식을 파악했다. 상황이 각기 다르기 때문에 성인학습자에게는 선택권이 필요하다. 뛰어난 인재들은 조직의 허리인 다수의 평범한 직원을 위해 만들어진 규칙에 얽매이기 싫어하며 그런 규칙은 자신을 한계까지 몰아붙이는 그들에게 효과도 없기 때문에 특히 대안이 더 필요하다. 성인학습자들은 경험의 종류에 따라 다음과 같

이 기억한다.[36]

- 읽은 것의 10퍼센트
- 들은 것의 20퍼센트
- 본 것의 30퍼센트
- 보고 들은 것의 50퍼센트
- 직접 말한 것의 80퍼센트
- 실제로 해 보면서 말한 것의 90퍼센트

돈이 들 수도 있겠지만 뛰어난 인재를 붙잡는 것이 새로운 사람을 찾는 것보다 보통 더 경제적이다. 유유상종이라는 말도 있듯이 뛰어난 인재는 뛰어난 인재로 붙잡을 필요가 있다. 끌어당김의 법칙을 생각하면 뛰어난 인재는 회사의 비전을 위해 다른 인재를 끌어당기는 데에도 기여할 것이다. 기존 자원을 최대한 활용해야 하는 오늘날과 같은 시대에 뛰어난 인재에게 투자하는 것은 더 큰 보답으로 돌아올 것이다.[37]

짐 디터트는《용기를 선택하라*Choosing Courage*》에서 리더의 자리에 있는 용감한 사람들이 직원들의 충성심을 높이고 더 열심히 일하게 만들고 조직에 득이 되는 행동을 장려한다고 말한다.[38] 인재가 넘치는 조직을 만들고 싶다면 태도와 기술 면에서 조직이 바라는 적확한 인재를 선발해야 한다. 짐 콜린스가《좋은 기업을 넘어 위대한 기업으로》에서 말했듯이 '버스에 타야 할 사람'을 뽑아야

한다.[39]

프로농구 팀 골든스테이트 워리어스의 수석 코치 스티브 커는 실력이 뛰어난 팀에 관해 몹시 잘 알고 있었다. 그는 실력이 뛰어난 여러 팀에서 뛴 적이 있으며 지금은 그들을 더 훌륭하게 만들기 위해 가르치고 있다. 그는 여섯 개의 다른 팀에서 15년 동안 뛰었고 여덟 차례 프로농구 챔피언이 되었다. 선수로서 다섯 번 타이틀을 땄고(시카고 불스 3회, 샌안토니오 스퍼스 2회) 골든스테이트 워리어스 헤드 코치로 세 번 타이틀을 땄다. 커는 1969년 이후 4회 연속 프로농구 타이틀을 딴 유일한 선수다.

헤드 코치가 되기 전, 커는 다른 팀의 코치들을 찾아가 배우는 데 많은 시간을 투자했다. 그는 또 명예의 전당에 오른 수많은 코치들의 가르침을 스스로 찾아나서기도 했다. 커는 자신이 알고 있거나 읽고 관찰한 모든 것을 전부 기록했다. 실력이 뛰어난 팀과 함께 일하며 그들이 더 위대해질 수 있도록 밀어붙이는 과정에서 그는 자신에게 효과가 있었던 몇 가지 원칙에 집중했다.

당신의 가치는 무엇인가?

자신의 가치를 팀의 문화에 어떻게 전파할지 생각하라. 팀원들이 건물에 들어올 때 무엇을 느끼길 바라는지, 그리고 이를 위해 무엇을 할 수 있을지 생각해 보라. 어떻게 팀을 꾸리고 조직 문화를 만들 것인가? 문제가 생기고 나서 해결해서는 안 된다. 미리 적극적으로 준비해야 한다. 팀원들은 리더의 인간성을 느껴야 하고 리더의 가치를 알아야 한다. 이에 앞장서지 않으면 무엇을 위해서도 앞장설 수 없을 것이다.

커는 당신의 가치가 무엇이냐는 동료 프로농구 코치의 질문을 듣고 그에 관해 한 번도 생각해본 적 없다는 사실을 깨달았다. 그는 잠시 멈춰 자신의 가치를 찾았고 이를 삶의 일부로 만들기 위해 노력했다. 커는 자신에게 무엇이 중요한지 세네 가지로 정리해 보라고 제안한다. 그 가치들을 매일 지켜나가는 방법도 생각해 보아야 한다. 자신의 가치 실현이 곧 팀의 문화에도 기여할 것이다.

가치를 묻는 질문에는 누구나 쉽게 대답하기 힘들 것이다. 남들이 듣기에 그럴싸한 답을 하게 될 수도 있다. 하지만 그것이 정말 당신의 가치일까?

그렇다면 자신이 옹호하거나 꼭 필요하다고 생각하는 가치는 어떻게 찾아야 할까? 디자이너 아이세 비르셀은《당신이 사랑하는 삶을 디자인하라*design the life you love*》에서 각자의 영웅들의 목록을 만들어보길 추천한다.[40] 그리고 당신이 그 영웅에게서 존경하는 점이 무엇인지 적어 보라. 어쩌면 당신에게도 그와 같은 특성이 있을지도 모른다. 그것이 자신의 가치를 찾는 첫걸음이 될 것이다.[41]

커는 기쁨, 열정, 경쟁, 그리고 마음 챙김이 자신의 가치임을 확인했다. 그리고 그 한가운데 농구에 대한 사랑이 있었다. 그것이 그가 애초에 농구를 시작했던 이유였고 다른 선수들 역시 마찬가지

였을 것이다. "매일 그 기쁨을 느낄 수 있도록 노력하면 언제나 초심으로 돌아갈 수 있습니다."라고 커는 말했다. "부상을 당하거나 팬들에게 조롱당하거나 팀에서 쫓겨날 때는 이를 잊기 쉽거든요."

일상의 업무에서 자신의 가치를 느낄 수 있어야 한다. 그리고 그 가치가 조직 문화의 일부가 되어야 한다. 커는 유머 감각으로 선수들에게 늘 웃음을 선사했고 음악을 듣거나 악의 없이 서로 놀리며 동지애를 키웠다. 승리는 모두 함께 축하했다. 생일을 맞은 동료에게는 어린 시절부터 지금까지의 모습을 담은 짧은 영상을 만들어 주었다. "어떤 성취도 모든 팀원과 함께 축하하기 때문에 질투는 없었습니다."

뛰어난 인재들의 멘토가 되어라

농구 팀에는 열다섯 명의 선수가 있고 선수 한 명 한 명이 전략적인 역할을 수행한다. 실력이 뛰어난 팀은 고참과 신참, 그리고 중간급 선수의 균형이 정확히 잘 맞도록 전략적으로 짜여진다. 그 안에서 권위적 계급 의식보다는 멘토십이 자연스럽게 발전한다.

열다섯 명의 선수는 각기 특별한 스토리를 갖고 있다. 누구에게나 얻을 것과 잃을 것은 언제나 있다. 모든 선수가 엄청난 압박감을 느낀다. 팀 최고의 선수들도 늘 최고가 되어야 한다는 압박에서 벗어날 수 없다. 열다섯 번째 선수 역시 자기 자리를 지키기 위해 노력한다. "최고의 선수들은 비록 쫓겨나진 않겠지만 그 자리에서 내려와야 할 수는 있을 겁니다." 커가 소리 높여 말했다.

모든 선수는 각자의 상황이 있고 팀이 최고의 기량을 선보이게 만들려면 지속적인 기름칠이 필요하다. 선수 명단 짜기가 중요하며, 멘토십이 팀의 화합과 기량 발휘에 핵심적인 역할을 한다. 훌륭한 고참 선수들이 중심을 잡아주는 것 또한 중요하다. "세 번째 선수가 보통 팀의 뼈대가 됩니다. 열심히 노력하고 실력도 좋습니다. 동시에 어린 선수들도 돌보고요." 커가 말했다.

복사해 붙이기 전략을 피하라

이전 조직에서 효과가 있었다고 해서 새로운 팀에서도 효과적이라는 법은 없으므로 복사해서 붙이기 전략은 피하는 것이 좋다. 다른 이들의 문화나 방법론을 베껴 끼워넣는 것은 실패할 가능성이 크다.[42] 문화의 역동은 집단마다 달라 잘 호환되지 않는다. 자신이 속한 조직에 어울리는 문화를 스스로 만들어야 한다. 그래야 직원들이 진정성을 느낄 것이다. 복사해서 붙이기 전략은 다른 조직에서 성공했던 전략을 새로운 조직의 문화와 역사를 완전히 무시하고 적용할 때 특히 문제가 될 수 있다. 직원들은 당신이 독창적으로 사고하지 못하고 한 가지밖에 할 수 없는 무능한 사람이라고 생각할 것이다. 그리고 당신이 다른 이들의 긍정적인 면이나 그들이 아끼는 조직 문화를 무시한다고 생각할 것이다.

무엇이 당신의 마음을 움직이는가?

자신이 어떤 사람인지, 무엇에 의해 움직이는지 알아야 한다. 무엇이 자신의 신성성과 온전함을 지켜주면서도 아드레날린을 뿜게 하는지 말이다. 자신이 어떤 사람이며 무엇을 위해 움직이는지 아는 것은 팀의 리더가 되기 위해 반드시 필요하다. 그리고 이를 당신의 팀에 접목시킬 방법을 찾아야 한다. 흥분은 전염되므로 매일 아침 출근할 때의 태도 역시 간과하면 안 된다. 팀원들은 리더의 태도를 따라 배운다. 리더가 무기력한 모습으로 어쩔 수 없이 일한다는 모습을 보이면 팀원들도 이를 느껴 전혀 영감을 받지 못하고 그와 비슷하게 행동할 것이다. 성공하는 사람들은 신나게 일하는 사람들 곁에 있고 싶어 한다. 그들이 매일 아침 즐겁게 일어나는 것도 전부 그 때문이다. 먼저 모범을 보이고 주변 사람들 또한 성공하는 모습을 지켜보아라.

경영사상가 피터 드러커는 이러한 유명한 말을 남겼다. "사람들은 보는 대로 행동한다."[43] 사람들은 리더의 행동을 그대로 따라하며 자신에게 부여되는 기대 수준에 따라서 성공하거나 실패한다. 미국의 첫 여성 장군 앤 던우디는《더 높은 기준*A Higher Standard*》에서 그 개념을 강화했다. 자신의 실수를 그냥 지나치게 되면 허용 가능한 기준선 또한 낮아진다는 것이다.[44] 그렇다면 그 반대도 마찬가지로 적용해 볼 수 있다. 수준 높은 성취를 새로운 기준으로 삼는다면 이는 모두의 기대치를 높이고 새로운 문화적 규범으로 발전될 것이다.

코칭을 위한 질문

1. 누가 당신의 영웅인가? 그들에게서 배우고 싶은 점은 무엇인가? 그것이 자신의 가치와 관련 있는가?
2. 자신의 가치를 하고 있는 일에 어떻게 접목할 것인가?

핵심 요약

1. 성공하는 사람들은 평균 수준의 직원들보다 400퍼센트 더 생산성이 높다. 모든 조직은 최고의 기량을 발휘하는 사람들을 고용하고 놓치지 않기 위해 노력해야 한다.
2. 성공하는 사람들은 자신과 자신이 하는 일의 가치를 알고 싶어 한다. 그들은 배우고 성장하고 영감을 받을 수 있는 혁신적인 조직을 찾는다.
3. 조직 안팎의 다양한 프로그램이나 파견 근무, 돋보일 수 있는 기회나 멘토를 제공하는 등 뛰어난 인재와 함께 할 수 있는 방법은 무수히 많다.
4. 성공하는 사람들은 다른 사람들이 자신을 좋아한다는 사실을 안다. 그들을 중심으로 팀을 만들기 위해서는 다양한 연차의 사람들을 골고루 모아 서로 배우고 의지할 수 있게 해 주어야 한다.

2부

성공의 네 가지 요소

4

내적 동기

성공으로 향하는 길은 결코 순탄하지 않다. 종종 지도에도 없는 길을 발견하고 그 길에서 만난 장애물을 잘 넘어서야 성공에 도달할 수 있다. 성공한 사람들은 네 가지 원칙을 한결같이 실천해 그 명성을 얻었고 그 네 가지 원칙은 멀리 돌아가고 싶은 마음이 들 때에도 그 길을 벗어나지 않을 수 있도록 도와주었다. 처음 떠올린 아이디어 자체는 혁명적이지 않았을지 모르지만 그들은 이를 오랫동안 공들여 다듬어 결국 성공할 수 있었다. 성공한 사람들이 전해주는 그 교훈을 배운다면 독자들도 성공의 길에 들어설 수 있을 것이다. 이제 자기 삶의 주인이 되어야 할 때다.

성공의 네 가지 기둥 중 첫 번째는 바로 내적 동기다. 다른 말로 하면 자기만의 북극성이라고도 할 수 있다. 모든 일이 계획대로 풀리지 않는 힘든 시기에도 왜 그 일을 해야 하는지 일깨워 주는 꺼지지 않는 열정이다. 당신의 기쁨이나 목적이고 당신을 추동하는 힘이다. 성공하는 사람은 다양한 탐색을 거쳐 결국 자기만의 열정을 찾는다. 그리고 일단 찾은 후에는 이것저것 따지지 않는다. 한 번 문 뼈다귀는 절대 놓지 않는 강아지처럼 집요해진다. 송곳도 뚫을 듯한 날카로운 집중력으로 다음 목표를 향해 정확히 돌진한다. 그 내적 동기를 찾는 것이 바로 성공하기 위해 가장 먼저 해야 할 일이자 가장 중요한 단계다.

4장에서는 자신이 무엇을 잘하고 즐기는지 탐색하면서 각자의 내적 동기를 찾아볼 것이다. 몇 가지 도구와 체계적인 과정을 소개하고 그렇게 찾은 내적 동기를 성공의 여정에 활용할 수 있는 전략을 제공할 것이다. 간단히 말하자면 자신보다 똑똑한 사람들 가까이 하기, 핵심 가치를 파악하고 지키기, 타인에게 롤 모델 되기, 마찬가지로 열정 넘치는 전문가들과 네트워크 구축하기 등이다.

당신의 동기는 어디서 왔는가?

아무 의욕이 없다고 느껴본 적이 있는가? 해야 할 일이 있지만 시작할 에너지가 없거나 시작했더라도 계속할 힘이 없다. 스마트폰으로 쓸데없는 영상을 보거나 대청소를 하기도 한다. 겨우 일을 시작하지만 이미 정신은 흐리멍텅한 상태다. '하고 싶어서'가 아니라 '해야 하기 때문에' 하는 일들이 그렇다. 그러므로 우리에게 필요한 것은 제대로 된 동기다. 동기는 두 가지 원천에서 나오는데, 바로 외적 동기와 내적 동기다. 성공하기 위해서는 올바른 동기가 필요하다.[1]

컬럼비아 대학교 티처스 칼리지에서 박사 과정을 공부할 때 학생들이 연구 시작 전 가장 마지막으로 들어야 할 수업 중 하나는 논문 계획 발표 세미나였다. 첫 수업을 시작하면서 나의 박사 과정 지도 교수이기도 했던 마리 볼프 교수님은 학생들에게 왜 박사가 되려고 하는지 물었다. 이 지난하고 가끔은 외롭기도 한 과정을 시작하려는 이유가 무엇이냐고 말이다. 인문과학 분야 박사 과정 학생들 중 절반을 웃도는 수가 결국 과정을 마치지 못하기 때문에 충분히 물을 수 있는 질문이었다.[2, 3] 학생들은 모든 수업을 수강하고 자신이 공부할 분야에 대한 거의 모든 지식을 몇 시간에 걸쳐 확인하는 논문 자격시험을 통과한다. 하지만 '수료'에서 '박사'로 바꾸기 위해 꼭 필요한 연구는 결국 하지 못한다. 나 같은 경우 교육학 박사였는데 어쨌든 수료에서 박사가 되려면 학생들은 조수석에서 운전석으로 옮겨 앉아야 한다. 무슨 수업을 듣고 어디로 가야 하는지, 무엇을 해야 하고 어떤 과정을 밟아야 하는지 미리 정해진 것은 없다. 스스로 동기를 부여하고 무엇을 할지 결정하고 일정을 조절한다. 그와 같은 독립성은 누군가에게 자유가 될 수 있지만 순서대로 정해진 수업을 듣기만 하면 되는 것을 선호하는 학생들에게는 공포스러울 수도 있을 것이다.

함께 수업을 듣는 사람들의 대답은 다양했다. 일부는 승진에 도움이 될 것 같아서 학위를 받으려고 했다. 일리 있는 선택이다. 학사와 석사의 수가 점점 많아지므로 박사 학위가 있다면 경쟁에서 돋보일 수 있을 것이다. 명예를 위해 박사가 되고 싶어 하는 이들도 있었다. 이 역시 놀라운 일은 아니다. 미국인의 2퍼센트 이하만 박사 학위를 갖고 있으므로 그 그룹에 속한다면 꽤 엘리트인 셈이다.[4] 세계적으로는 1.1퍼센트 뿐이다.[5] 새로운 것을 배우고 싶어 하는 친구들도 있었다. 그들은 자기 안에서 피어오르는 불꽃 같은 질문에 답해 줄 도구를 찾고 싶어 했다.

그렇게 우리는 모두의 동기를 공유했다. 승진이나 명예를 위해 박사가 되고자 했던 학생은 외적 동기를 갖고 있었다. 수년 후 그들 중 많은 수가 학위를 마치지 못하고 수료자로 남았다. 호기심이 넘쳤던 친구들, 문제를 해결하고 질문에 답하고 싶어 했던 친구들은 '내적 동기'를 갖고 있었고 보통 기록적인 기간 안에 무사히 학위를 마쳤다.

외적 동기는 점수, 졸업장, 학위, 업무 평가, 상금이나 보너스 같은 외적 요소로 구성된다. 바로 당신에 관한 '타인'의 판단이다. 외적 동기로 움직이면 다른 사람들의 존경이나 찬사를 받을 수 있겠지만, 그렇기 때문에 그 타인이 보상을 통제하고 결국 우리를 지배

하게 된다. 외적 동기로 움직이는 사람은 도중에 지쳐 포기하는 경우가 많았다. 그들의 목표는 그저 학위를 끝내는 것이었고 가끔 평균 수준이 되는 것이기도 했다.

내적 동기는 자신의 핵심 가치, 흥미, 도덕, 열정과 같은 내적 원천에서 샘솟는 욕구를 뜻한다. 과정 역시 즐겁고 흥미롭다. 이는 다시 창조성과 질 높은 작업으로 이어진다. 사람들은 내적 동기로 움직일 때 즐거움과 도전 의식을 느끼며 보상과 같은 외적 수단의 압력으로부터도 자유롭다.

자신의 내적 동기는 열정의 원천이 된다. 아침에 몸을 일으키고 더 많이 이루기 위해 밤늦게까지 자신을 다그칠 이유가 된다. 내적 동기가 넘치면 열정이 샘솟고 가능하면 보수 없이도 그 일을 하고 싶어 한다. 시간이 멈춘 것 같은 몰입의 상태가 된다. 일에 완벽하게 빠져든다. 시간이 어떻게 지나가는지도 모르고 배고픔도 피로도 고통도 느끼지 못하는 무아지경에 빠진다. 내적 동기가 바로 성공에 이르는 길이다.

동기는 집중력과 에너지를 제공하고 더 인내하게 만든다. 성인 학습과 사회심리학에서도 사회결정이론을 통해 동기를 살피고 이를 실현하기 위해 무엇이 필요한지 밝힌다. 사회결정이론을 고안한 에드워드 데시와 리처드 라이언에 따르면 순수한 내적 동기를 발견하기 위해서는 자신의 유능함과 관계성, 자율성에 대한 욕구가 충족되어야 한다.[6, 7, 8, 9]

잘 하는 것 선택하기

유능함은 일을 잘 해내고 성공할 수 있는 능력을 뜻한다. 손에 익지 않았거나 잘하지 못하는 것에는 쉽게 의욕이 생기지 않는다. 모든 올림픽 선수는 재능과 능력을 타고났기에 동료들보다 더 높은 수준에서 경쟁할 수 있었다. 과학자들은 학창 시절부터 과학 개념이 쉽게 이해되어 과학을 잘했다고 말했다. 넷플릭스 시리즈 〈퀸스 갬빗〉에는 주인공이 침대에 누워 천장에 체스 말의 움직임을 시각적으로 그려 보는 장면이 있다. 그녀가 몇 수 앞을 내다볼 수 있었던 것은 체스라는 복잡한 게임을 할 수 있는 능력을 타고났기에 가능한 일이었다.

관계의 질 높이기

관계성은 다른 사람들과 관계를 맺고 협력하고 의사소통하는 능력을 뜻한다. 서로 아주 잘 이해하는 사람들끼리는 말이 필요 없기도 하다. 그들은 무슨 일이 해결되어야 하는지 안다. 함께 우주선에 탑승한 우주비행사들, 코치와 선수들, 과학자와 연구생들 사이의 특별한 관계처럼 말이다.

자율성 확립하기

자율성이란 자기 삶을 주체적으로 이끌어 가고 독립적으로 결정하고 창의성을 발휘하는 데 필요한 도구와 기술을 소유하는 능력을 뜻한다. 어떤 프로젝트를 어떤 순서로 어떻게 진행할지, 누구와 함께 진행할지 스스로 결정할 수 있는가? 해야 할 일이 미리 정해져 주어지면 어떻게 반응하는가? 우주정거장에서는 모든 업무 마감 시간이 정확하게 준수되어야 한다. 우주비행사 페기 윗슨은 모든 업무를 예정 시간보다 더 빨리 완벽하게 마무리했다. 그것이 바로 엄격히 통제되는 상황에서 자율성을 발휘하는 그녀의 방식이었다.

목적의식 찾기

2009년, 다니엘 핑크는 자신의 책 《드라이브》에서 목적의식이 동기 부여에 필수적이라고 언급했는데 그것이 바로 네 번째 요소다. 목적의식은 차이를 만들거나 공을 세울 수 있는 기회와 관련이 있다. 성공한 의사과학자 한 명이 일이 너무 힘들어 가끔 그만두고 싶다는 생각이 든다며 내게 말한 적이 있다. 하지만 그럴 때마다 살릴 수 있는데 죽어 가는 환자들을 생각하면 쉽게 그만둘 '사치'를 부릴 수 없다고 했다. 결국 계속해서 환자들에게 도움이 될 치료제를 개발했다. 그것이 바로 그의 목적이자 소명이었다.

목적은 한 사람의 생명을 구하는 것이 될 수도, 수백만의 생명을 구하는 것이 될 수도 있다. 미국 대통령 조지 W. 부시는 국립보건원의 알레르기전염병연구소 소장 앤서니 파우치 박사를 비롯한 감염병 전문가들에게 '에이즈 구호를 위한 대통령 긴급계획PEPFAR'을 앞장서서 설계해 달라고 요청했다. 그 새로운 계획이 팔백만 명 이상의 목숨을 구했다. 파우치는 이 계획의 효과를 예상했고 그랬기 때문에 더 열심히 일해 결실을 맺을 수 있었다. 그는 이렇게 말했다. "몹시 중요한 역할을 했다고 느낄 때의 기분은 그 무엇과도 비교할 수 없습니다."

내적 동기를 찾는 것은 결국 마르지 않는 기쁨의 샘을 찾는 것이다. 자기 일을 사랑하는 것이야말로 열정을 발휘해 결국 성공에 도달하기 위해 꼭 필요한 일이다. 너무 당연한 말이라 올림픽 헌장에도 다음과 같이 명시되어 있다. "올림픽 정신은 노력의 기쁨을 토대로 한 삶의 방식을 창조한다."[10]

지금까지 아무도 이루지 못했던 것을 해냈을 때 느끼는 황홀감이 있다. 노벨상 수상자 마이클 브라운 박사는 이렇게 말했다. "의사과학자로서 저는 연구실에서 문제를 해결하는 바로 그 순간을 가장 사랑합니다." 바로 미지의 것을 발견하는 기쁨이다.

데이비드 긴즈버그 박사도 실험실에서 새로운 것을 발견했을 때의 그 감정을 잘 알고 있었다. 그는 학생들에게 종종 이렇게 말했다. "이것이 바로 자연의 근본 원리이자 자연의 진리이며, 이 세상에서 오직 두 사람, 자네와 나만 알고 있는 사실이지. 얼마나 멋진 일인가. 그것도 이 발견의 기쁨 중 하나라네." 긴즈버그는 그런 순간이 정말 즐겁다고 말했다. 만물의 작용에 대해 알아가는 것이야말로 자신이 하는 일의 즐거움이라고 그는 강조했다. 그는 그 기쁨의 원천인 내적 동기를 찾은 것이다.

내적 동기는 한 번에 찾을 수 없다. 어느 날 갑자기 내가 이 세상에 온 이유를 깨달을 수 있는 것은 아니다. 성공하는 사람들은 자신이 정말로 뛰어난 분야가 무엇인지, 가슴에 품은 열정이 무엇인지 깨닫기 전에 많은 것을 시도해 보았다. 내적 동기를 찾고 싶은 사람이라면 누구나 고려해야 할 점이다.

뛰어난 성공은 상금도 메달도 아니다. 스스로 선택한 일을 해내는 것이다. 더 큰 목적을 위해 존재하는 것이다. 제니스 린츠는 사람들이 흔히 문화 수도라고 하는 뉴욕에 살았다. 뉴욕에는 어디에나 박물관과 극장이 있었다. 린츠는 딸이 30개월에 청력을 상실했다는 진단을 받았을 때 세상이 무너지는 것 같았다. 그녀의 딸은 뉴욕의 그 유명한 공연들을 즐길 수 없을 뿐만 아니라 유명 박물관의 도슨트 설명도 듣지 못할 것이었다.

의사는 딸을 특수 학교에 보내라고 했지만 린츠는 완강히 반대했다. 그리고 세상에 딸을 적응시키는 대신 세상을 딸에게 맞췄다. 청력을 잃은 수백만 명에게 편리하도록 세상을 변화시킨 것이다. 돈은 거의 벌지 못했지만 그녀는 더 많은 사람이 들을 수 있는 세상을 만들었다. 한 번의 싸움, 한 번의 대화, 한 번의 프로젝트가 쌓일 때마다 세상은 청력을 잃은 사람들도 더 공평하게 누릴 수 있는 방향으로 조금씩 변해갔다.

뉴욕을 새롭게 창조하는 것이 바로 그녀의 첫 번째 프로젝트였다. 린츠는 듣지 못하는 사람들도 뉴욕의 모든 택시, 브로드웨이 극장, 국립 공원, 야구 경기장, 델타 터미널, 애플 스토어 등에 쉽게 접근할 수 있도록 만들기 위해 쉬지 않고 움직였다. 그리고 거기서 꿈을 더 키워 그 변화가 미국 전역으로 확대되길 원했다. 이를 위해 그녀는 상원 의원 엘리자베스 워런에게 보청기 독과점을 규제해 달라고 의회에서 요청했다. 더 나아가 상원 의원 그래슬리와 함께 처방전 없이 살 수 있는 보청기 판매 허가 규칙을 통과시켰다. 미국 연방통신위원회 의원 대여섯 명과 친분을 쌓아 자막 방송 기준을 조절했고 이후 그것이 전 세계 자막의 기준이 되었다. 또한 유엔 사무총장 반기문에게 듣지 못하는 사람들도 유엔에 더 쉽게 접근할 수 있게 해달라고 요청했다. 에콰도르 전 부통령이자 전 대통령인 레닌 모레노에게는 에콰도르 박물관에 청각 장애가 있는 사람에게 필요한 기술을 갖춰 그들도 전시를 즐길 수 있게 해 달라고 요청했다. 또 영국의 엘리자베스 여왕에게는 청력을 잃은 사람들 또한 버킹엄 궁전을 즐길 수 있게 해 달라고 부탁하는 편지를 썼고, 이에 합당한 조치를 취하기 시작한 버킹엄 측 직원과 대화를 나누기도 했다.[11] 린츠는 전 세계의 더 많은 사람이 들을 수 있도록 지치지 않고 자신의 목적을 추구했다.

지금은 청력 접근성 전문가가 된 린츠도 딸이 처음 청력 상실 진단을 받았을 때는 그 분야에 대해 아는 것이 전무했다. 그래서 사람들과 이야기를 나누고 공부하며 밤낮을 가리지 않고 그 문제에 대해 생각했다. 수많은 통화를 하고 회의에 참석하고 사람들과 이야기를 나누며 린츠는 침묵 속에서 고통받고 있는 자신의 딸과 전 세계 사만 육천육백만 사람들이 더 쉽게 누릴 수 있는 세상을 만들었다.[12]

내적 동기가 있어야 목표를 향해 지치지 않고 행동할 수 있다. 자연스러운 리듬을 타며 멈추지 않고 나아가게 된다. 시작도 없고 끝도 없으며 목표에 완전히 집중하면서 모든 것이 흐려진다. 모든 일과 행동과 결정이 그 목표를 향해 달려간다. 그와 같은 몰입의 상태에서는 외부의 방해물도 들리지 않는다. 한 번이라도 그런 경험이 있다면 그때 무엇을 하고 있었는지 반드시 기억하길 바란다. 그것이 바로 당신이 내면에서부터 이루고 싶은 열정을 찾았다는 증거일지도 모른다.

다양한 시도 해 보기

열정은 어느 날 갑자기 찾아낼 수 있는 것이 아니다. 내가 무엇에 끌리는지, 무슨 재능을 타고났는지, 무엇에 호기심이 생기는지 찾아내려면 다양한 시도가 필요하다. 한 가지 생각을 좀처럼 떨쳐버릴 수 없어 그에 대해 계속 생각하고 연구한다. 배울 수 있는 건 전부 배우고 끊임없이 더 많은 정보를 찾는다. 너무 재미있어서 읽기를 멈출 수 없는 책과 비슷하다. 더 배우고 싶고 더 하고 싶고 더 많이 이루고 싶다. 그 열정이 시간의 흐름도 잊게 만든다.

저명한 의사과학자 데이비드 긴즈버그는 자신의 소명을 발견하기 전에 몇 가지 다양한 시도를 했다. 어렸을 때는 미국 대통령이 되고 싶었다. 나이가 들면서 수학자가, 그 다음에는 물리학자가 되고 싶었지만 둘 다 딱 맞는 선택은 아니었다. 대학에서 연구에 몹시 흥미가 생겼고 그것이 바로 자기가 해야 할 일임을 깨달았다. 예일 대학교에 재학 중이던 긴즈버그는 젊은 조교수 조안 스타이츠 박사의 필수 과학 수업을 수강했는데 그 주제가 마음에 들었고 더 많이 배우고 싶었다. 어느 날 수업이 끝난 후 그는 스타이츠 교수의 연구실에서 연구할 수 있는지 물었고 기쁘고 감사하게도 그래도 좋다는 허락을 받았다. 긴즈버그는 새로운 문제를 발견하고 이를 새로운 방식으로 해결하는 실험실 생활을 몹시 즐겼다. 그는 연구가 아주 잘 맞았고 스타이츠 박사의 연구실에서 계속 연구하다가 졸업 후 자신의 멘토가 되어 준 그와 함께 첫 번째 논문을 발표했다.

긴즈버그는 듀크 대학교 의대에 진학해 내과 레지던트를 거쳐 보스턴에 있는 브리검 여성 병원 혈액학 펠로우십과 다나-파버 암 연구소 종약학 펠로우십을 수료했다. 임상 활동으로 바빠 연구할 시간이 없었던 그 기간 동안 그는 연구가 몹시 그리웠다. 빨리 연구를 하고 싶어 괴로울 지경이었다. 아직 답을 찾지 못한 질문들이 그의 머릿속에서 소용돌이치고 있었다.

의사들은 매일 아침 환자의 상태를 살피고 앞으로의 치료 계획을 설명하는 회진을 돈다. 긴즈버그가 젊은 의사과학자 스튜어트 오르킨 박사를 만난 것도 그 회진 도중이었다. 학부 시절 멘토를 찾았던 방법대로 긴즈버그는 오르킨 박사에게 다가가 그의 실험실에서 연구하고 싶다고 말했다. 오르킨이 허락해 준 덕분에 긴즈버그는 연구에 대한 열정을 계속 이어갈 수 있었다. 그는 쉬지 않고 배우며 실력을 쌓았고 결국 저명한 단체들로부터 자신이 흥미 있는 주제를 독립적으로 연구해도 좋다는 제안을 받았다. 결국 하워드 휴즈 의학조사관으로 임명됨과 동시에 독립연구원이 되어 탄탄한 재정적 안전망을 얻었고 자신의 열정을 더 맹렬히 추구할 수 있게 되었다.

긴즈버그는 자신의 열정을 추구하는 것이 왜 중요한지 매년 분명히 느낄 수 있었다. 아침 일찍 일어나 밤늦게까지 일하는 것이, 그 모든 실패한 실험들이 왜 가치 있었는지 말이다. 커리어 초기, 긴즈버그는 자신의 멘티 중 한 명인 혈액학 펠로우와 함께 암 투병 중인 미시건 대학교 학부생 한 명을 돌본 적이 있었다. 그 학부생은 급성 백혈병을 앓고 있었고 예후는 좋지 않았다. 두 사람은 그 학부생에게 실험적인 새로운 치료법을 적용했고, 긴즈버그가 엄청난 행운이라고 말했듯이, 환자의 경과는 몹시 좋아졌다. 그로부터 30년이 지났고 환자는 여전히 상태가 아주 좋으며 병도 지금쯤 완치되었을 것이다. 그 환자는 매해 자신이 진단을 받았던 날 긴즈버그에게 편지를 쓴다. 긴즈버그는 환자를 치료할 수 있는 그 힘이 바로 자신을 추동하는 가장 근본적인 동기라고 말했다. 자신이 사람을 살리고 있다는 깨달음이었다.

몰입 상태 찾기

내적 동기로 세운 목표를 향해 달리고 있을 때 외부의 모든 방해물은 배경음이 된다. 엄청난 집중력이 발휘되고 시간 개념이 사라진다. 당신은 몰입의 상태에 도달한다. 긍정 심리학에서 몰입이란 하고 있는 일에 완전히 빠져드는 상태다. 눈앞의 일에 완전히 집중하고 그로부터 엄청난 기쁨을 얻는 무아지경에 이른다. 시간의 흐름도 느끼지 못한다. 에고가 사라지고 모든 생각과 행동, 움직임이 물흐르듯 자연스럽게 이어진다. 몰입의 개념은 1975년 심리학자 미하이 칙센트미하이 박사가 처음 소개했다.[13] 완벽한 몰입의 상태에 도달하기 위해서는 업무 난이도와 개인이 가진 기술의 균형이 맞아야 한다. 일이 너무 어렵거나 쉬우면 몰입에 도달할 수 없다. 기술의 복잡함과 정도 역시 일에 필요한 수준과 맞아야 한다. 너무 단순하면 관심도가 떨어지고[14] 너무 복잡하면 좌절로 이어진다.

올림픽 금메달리스트 아폴로 안톤 오노는 선수 생활 내내 몰입을 추구했기 때문에 그 상태에 대해 아주 잘 알고 있었다. 그 몰입의 느낌이 내적 동기의 연료이자 가장 우수한 동계 올림픽 선수가 될 수 있었던 원동력이었다. 그는 승리를 사랑했고 패배를 증오했다. 그는 실내 쇼트트랙 스피드 스케이팅에서 두각을 나타냈고, 그것이 그의 열정이자 사랑이었으며, 그는 간절히 승리하고 싶었다. 그에게 몰입은 완벽함과 발전에 대한 집착이었다. 오노는 얼음 위에서 자신의 유능함을 느꼈고 쉽게 빠져들기 힘든 몰입의 상태에 도달했다. 자신의 두 발과 스케이트의 날, 지면과의 경계가 희미해졌다. 연습 중에는 종종 몰입의 상태에 빠졌지만 경기에서는 아니었으며, 힘들었던 선수 생활 내내 스무 번 정도 몰입의 상태를 경험했다고 그는 말했다. 그 중독성 있는 몰입의 느낌이 그를 이끌었다. 성공하고 싶다는 바로 그 내적 욕구가 그에게 동계 올림픽 선수 중 가장 많은 여덟 개의 메달을 안겨 주었다.

내적 동기 유지를 위한 전략

내적 동기에 대해 이해했으니 이제 최고의 기량을 발휘할 수 있도록 동기를 유지하기 위한 몇 가지 전략을 소개한다.

1) 자신보다 똑똑한 사람들을 가까이 하라

자신이 그 방에서 가장 똑똑한 사람이라면 자신을 과소평가하지 말고 다른 방을 찾아가라. 똑똑한 사람들 주변에 있으면 존재조차 몰랐던 기회들을 발견할 수 있다. 자신이 무엇을 원하는지는 일찍 발견할 수 있지만 이를 실현하기까지는 수년, 심지어 수십 년도

걸릴 수 있다. 꿈을 현실로 만드는 데 필요한 역량이나 지식, 기술, 태도가 부족할 수도 있다. 하지만 당신의 꿈을 이미 실현한 사람들 주변에 있기만 해도 의욕이 샘솟을 것이다.

찰스 J. 카마다 박사는 일곱 명의 우주비행사가 미국의 첫 번째 우주선에 탑승하는 모습을 본 순간 자신도 우주비행사가 되고 싶다고 생각했다. 한 교수가 젊은 카마다에게 나사의 인턴십에 관해 말해 주었고 그는 지원해 합격했다. 나사에서의 일은 아무리 해도 질리지 않았다. 그는 명석한 사람들에게 둘러싸여 있었고 그들의 모든 것을 최대한 흡수하고 싶었다. 그는 자신이 배운 모든 코드를 기록한 노트를 수십 년이 지난 지금도 간직하고 있다. 그는 엔지니어링을 배우기 위해 나사에 지원했지만 그보다 훨씬 많은 것을 배웠다. 인턴십이 끝나고 카마다는 반드시 나사로 돌아와 그들 곁에 있겠다고 다짐했다.

카마다는 학교로 돌아가 졸업을 하고 석사와 박사 과정까지 마쳤다. 1978년, 나사는 비조종사 출신도 우주비행사에 지원할 수 있도록 규정을 바꾸었고 카마다는 우주비행사에 지원했지만 탈락했다. 하지만 그는 여전히 우주 프로젝트에 관한 모든 것을 사랑했고 그곳의 똑똑한 사람들과 함께 있는 것이 좋아 나사에 남고 싶었다. 그는 나사에 꼭 필요한 기술자가 되었고 이는 그가 취득한 학위와도 꼭 들어맞는 일이었다. 그는 열냉각 샌드위치 패널에 대한 연구로 시작해 재사용 가능한 발사용 로켓 프로그램까지 연구하는 데 일생을 바쳤다. 나중에는 열구조 연구실 책임자로 우주비행선을 위한 수많은 부품 개발을 이끌었다.

카마다는 나사의 엔지니어 일을 사랑했지만 여전히 아쉬웠다. 그는 우주에 가고 싶었다. 텔레비전에서 최초의 우주비행사 일곱 명을 처음 본 순간부터 수십 년 동안 꾸어 온 꿈이었다. 첫 지원 후 18년이 지났을 때 그의 멘토가 다시 지원해 보라고 격려해 주었다. 카마다는 혼자 아이를 키우고 있었기 때문에 자신의 꿈을 실현하는 것은 더 이상 그렇게 단순한 문제가 아니었다. 그는 3학년이던 딸에게 조언을 구했고 딸은 아빠에게 멋진 모험이 될 것 같다고 말해 주었다. 두 사람은 짐을 싸 버지니아에서 텍사스로 갔다. 카마다는 반드시 우주비행사가 되고 싶었다. 그리고 2005년, 카마다는 우주복을 입고 처음으로 우주선에 올랐다. STS-114 디스커버리호였다. 2003년, 일곱 명의 우주비행사가 목숨을 잃었던 컬럼비아 우주왕복선 참사 이후 2년 만의 첫 발사였기 때문에 '리턴 투 플라이트'라고 불렸던 그 우주선의 발사를 온 세상이 지켜보고 있었다.

카마다는 자신이 늘 문제를 찾아다니는 말썽꾸러기였다고 말했다. 우주비행사로서도 다르지 않았다. 그는 언제나 문제가 될 수 있는 부분을 찾아냈다. 컬럼비아 호에서 친구들을 잃었기 때문에 반드시 그래야만 한다고 느꼈다. 결코 또 다른 재앙을 허락해서는 안 된다는 내적 동기가 확고했다. 그런데 비행 도중 카마다와 기체 역학 전문가인 그의 친구 피터 그노포가 기체에서 문제점을 발견했다. 부품이 약간 튀어나와 있었다. 두 사람은 우주 유영을 하며 속히 그 부분을 손봐야 했다. 그렇지 않으면 우주선이 불길에 휩싸일

지도 몰랐다. 카마다는 절대 그렇게 되도록 내버려 둘 수 없었고 더 이상 비행사들이 죽는 모습을 지켜볼 생각도 없었다.

카마다는 언제나 기체의 결함을 찾고 있었다. 그의 업무 평가서에는 이렇게 쓰여 있었다. "그는 티끌만큼의 실수도 용납하지 않는다." 그는 다른 선택지는 생각하지 않았다. 여러 목숨이 달려 있는 일이었다. 그의 내적 동기는 더 이상 그저 우주에 도착하는 것이 아니었다. 안전하게 우주에 도착해 무사히 우주를 탐험하는 것이었다. 카마다는 명석하고 근면하고 멀리 내다보며 생각하는 사람들과 함께 일하면서 자신의 꿈을 실현할 수 있었다.

2) 핵심 가치를 고수하라

버트 보겔스타인 박사는 존스홉킨스 의과 대학에서 일하는 선구적인 의사과학자다. 그의 부모님은 '티쿤 올람', 즉 세상을 고치라는 뜻의 유대교 핵심 가치를 어렸을 때부터 그에게 심어 주었다. 그는 그 신념에 따라 자신도 세상을 개선하는 데 기여해야 한다고 생각했고, 사람들을 도움으로서 세상을 개선하고 싶었다. 그는 대학에서 수학을 전공했고 과학에서도 두각을 나타냈다. 그리고 졸업 후 사람들을 직접 도울 수 있는 방법이라고 생각해 의대에 진학했다.

보겔스타인은 의대에 재학하며 처음으로 연구를 시작했고 그 순간 모든 것이 변했다. 그는 연구가 몹시 흥미로웠고 연구에 대한 자신의 열정도 깨달았다. 의과 대학 졸업 후 어쩌면 훈련 기간 중 가장 바쁜 시기인 인턴 첫 해에도 연구를 계속했다. 근무 시간도 길고 일은 어려웠지만 보겔스타인은 하루 종일 환자들을 돌본 후 저녁에 연구실로 가서 다른 학생들이 낮 동안 고심했던 문제들을 해결했다. 아무리 열심히 해도 질리지 않는 일이었다.

마침내 보겔스타인은 결정할 때가 왔다는 사실을 깨달았다. 그는 여름 방학이 아니면 연구에만 전념해 본 적이 없었다. 가끔 병원이 아니라 연구실에 있다가 곤란한 상황에 처하기도 했다. 그러다 박사후 과정 펠로우십으로 국립보건원에서 연구를 지속하다가 결국 그곳에서 임상보다 연구에 집중하겠다는 중대한 결정을 내렸다. 쉽지 않은 선택이었지만 자신의 열정을 따른 결정이었다.

> 연구의 성공 여부는 알 수 없다. 나는 내가 새로운 것을 발견할 수 있다고 생각할 만큼 오만하지 않았다. 그럴 수 있길 바랄 뿐이었다. 나는 연구를 즐겼지만 자신감은 부족했다. 내가 자신 있는 한 가지가 있다면 20년 후에 돌이켜 볼 때 그동안 최선을 다했다고 분명히 말할 수 있을 거라는 사실이다. 이왕 할 거라면 내 모든 것을 바쳐 제대로 할 것이다.

3) 롤 모델을 찾고 롤 모델이 되어라

열정을 찾기 위해서는 한 가지에 집중하기 전에 다양한 일을 시도해 볼 필요가 있다. 어려운 점은 내가 무엇을 모르는지 모른다는 것이다. 세상에는 접해 보지 않았기 때문에 고려해 보지도 않았던 수만 가지 선택권이 존재한다. 그런 상황에서 나보다 먼저 그 일을 해 본 롤 모델의 존재는 새로운 가능성을 포착하는 데 도움이 될 것이다.

페기 윗슨 박사는 아홉 살 때 최초의 달 착륙을 접하고 영감을 받았다. 그리고 그녀가 고등학교를 졸업할 무렵, 나사는 최초로 여성 우주비행사를 선발했다. 생화학자도 채용했는데 윗슨은 생물학과 화학 모두에 관심이 있었다. 윗슨이 열 살 때 아빠가 조종사 자격증을 취득했고, 그녀는 이렇게 생각했다. "우주비행사도 하늘을 날잖아. 나도 해 볼래!" 그리고 열두 살 때 파일럿이 되고 싶다고 엄마에게 말했다. 그러자 언니가 비웃으며 이렇게 물었다. "승무원이 되고 싶단 말이지?" 윗슨은 승무원이 아니라 조종사가 되고 싶다고 말했고 엄마는 그 원대한 꿈을 꼭 이루라고 격려해 주었다.

에너지가 넘쳤던 그녀의 대학 생물학 교수님은 윗슨에게 과학계에서 일해 보라고 동기를 부여해 주었다. 여성 과학자가 많지 않은 때였기 때문에 교수의 격려는 시의적절했다. 윗슨은 비슷한 생각을 가진 박사 과정 지도 교수를 선택했고 계속 격려를 받았다. 과학계에 몸담고 있던 주변 여성들이 있었기 때문에 윗슨도 자연스럽게 그 길을 걷게 되었다.

하지만 윗슨은 여전히 우주비행사가 되고 싶었다. 나사에 지원해 채용되었지만 우주비행사로는 아니었다. 그래도 윗슨은 포기하지 않고 십 년 동안 지원해 결국 우주비행사로 선발되었다. 나사에서 십 년 동안 맡았던 다른 일들 때문에 심지어 지휘관까지 될 수 있었다. 윗슨은 언제 어떤 상황을 마주하게 될지 모르는 미지의 조건에서 러시아와의 합동 작전인 미르 우주정거장 프로그램의 책임자가 되었다. 그 과정에서 세관에서 물건을 꺼내오는 데 도움이 될 사람들을 찾아내야 했고 엘리베이터가 고장났을 때 천문학적 가치가 있는 장비를 계단으로 조심히 옮겨야 했으며 도청 장치가 있는 곳에서 일해야 했다. 그와 같은 경험이 몇 년 후 그녀가 국제 우주정거장 지휘관으로 선발되었을 때 그녀를 그 자리에 더 어울리는 사람으로 만들어 주었다.

윗슨은 자신의 목표를 이루기 위해 수십 년 동안 쉼없이 달렸다. 어린 소녀였을 때부터 꾸어왔던 꿈이었다. 우주비행사로 선발되지 못했을 때에도 노력을 멈추지 않았다. 목표를 잊지 않고 노력해 결국 우주비행사가 되었고, 수석 우주비행사, 두 차례의 우주정거장 지휘관으로 활약했으며 결국 가장 오래 우주에 머문 미국인이 되었다.

4) 무리를 찾아라

다름은 외로움의 다른 말일 수 있다. 그럴 때 당신의 다름을 위협이 아니라 선물로 여기는 사람들을 찾으면 엄청난 힘을 얻을 수 있을 것이다. 공동의 목표를 위해 함께 일하는 사람들이 결국 궁극의 보상이다. 모두 충만한 내적 동기를 가지고 공유하는 목표를 향해 질주한다. 서로 고양시키고 자극이 되며 소속감도 느낄 수 있다.

올림픽 조정 챔피언 카린 데이비스는 열두 살 때 키가 이미

180센티미터가 넘었다. 긴 팔다리를 어색하게 흐느적거리며 다니던 어느날, 아빠와 슈퍼마켓에 갔는데 꾀죄죄한 남자가 그녀를 딱 가리키며 이렇게 말했다. "너 조정 선수 할래?" 그녀는 겁을 먹었지만 사실 그 남자는 조정 코치였고, 조정은 키가 큰 사람들에게 아주 적절한 운동이었다. 코치는 데이비스의 아빠와 이야기를 나누었고 며칠 후 그녀는 조정을 시작했다. 학교 수업 때문에 본격적인 훈련에 들어가기까지는 그로부터 1년이 걸렸다.

데이비스는 갑자기 자기와 비슷한 사람들이 모인 팀에 속하게 되었다. 사람들은 그녀를 받아 주고 소중히 여겨 주고 좋아해 주었다. 다른 조정 선수들과 함께 그녀는 알을 깨고 나와 어깨를 폈다. 그들이 바로 그녀의 사람들, 그녀가 속한 무리였다. 데이비스는 그 무리를 너무 사랑했고 그래서 대학에 진학해서도 조정을 계속하기로 마음먹었다. 그래서 학업적으로도 뛰어나고 조정도 마음껏 할 수 있는 학교를 찾았다. 그녀는 하버드에 진학해 조정 팀에 들어갔다. 그곳에서 데이비스는 소속감과 자신감을 느꼈다. 그녀는 자신의 무리를 사랑했다. 자신의 무리를 찾았기 때문에 조정을 그만둔다는 생각은 단 한순간도 들지 않았다.

데이비스를 인터뷰했던 2020년, 그녀는 네 번째 올림픽 출전을 위해 훈련 중이었다. 그녀는 이미 앞선 세 번의 올림픽에서 은메달 하나와 두 번 연속 금메달을 딴 선수였다. 매번 새로운 팀과 함께 했기 때문에 새롭게 유대감을 쌓아야 했지만 모두 언제나 손발이 잘 맞았고 공동의 목표를 위해 힘을 모았다. 서로 격려하고 고무했으며 목표했던 결과를 얻지 못한 시합 후에도 집중력을 유지할 수 있도록 도왔다. 2021년 도쿄 올림픽을 준비하면서 그녀는 새로운 팀원들에게 이렇게 말했다. "모든 것이 중요하고 또 아무것도 중요하지 않아. 한 번 못했다고 메달을 따지 못하는 건 아니야." 그런 태도와 여유는 그녀가 본업인 변호사 일도 일 년 동안 쉬면서 그토록 열심히 훈련하는 이유이기도 했다. 그녀는 가장 순수한 마음으로 조정을 사랑했고 노를 젓는 배 순간 이를 떠올렸다. 결국 그녀는 올림픽 역사상 가장 많은 메달을 딴 여성 조정 선수가 되었다.[15]

목표를 이루는 길은 몹시 힘들고 아주 외로운 여정이기도 하다. 이른 아침과 늦은 밤은 물론 오랜 시간을 공들여 일하고, 개선 방법을 찾고, 오류를 수정해야 한다. 수많은 장애물을 넘어야 하고 당연히 그 과정에서 실수도 많다. 내적 동기가 충분한 사람들은 그 모든 장애물과 돌부리, 돌부리에 넘어져 얻은 상처가 모두 여정의 일부임을 잘 알고 있다. 그들은 반드시 목표를 이루기 위해 포기하지 않고 전진했다. 그들은 자신이 하는 일을 열정적으로 사랑했고 할 수 있다면 돈을 받지 않더라도 그 일을 할 거라고 내게 말했다. 그리고 많은 이들이 실제로 그랬다.

지금까지 내적 동기가 넘치는 사람이 능력을 더욱 발휘해 결국 성공한다는 사실을 확인했다. 실력과 기회가 동등할 때도 마찬가지다. 지금까지 확인한 것처럼 차이는 바로 동기의 원천이다. 내적 동기가 충만한 사람이 외적 동기에 의해 움직이는 사람을 훨씬 능가한다. 굳이 찾아볼 필요도 없이 수많은 연구도 이를 증명한다.[16]

성공하기 위해 가장 중요한 첫 번째 단계는 바로 자신의 열정이 무엇인지 찾는 것이다. 내가 무엇을 잘하는지, 어떤 능력을 타고났는지, 어떤 일을 좋아하고 어떤 일을 미루기만 하는지, 혼자 일하기를 선호하는지, 사람들과 함께 일하고 싶어 하는지, 그렇다면 어떤 사람들과 함께하고 싶은지 생각해 보라. 이 책 3부에 수록된 열정 찾기 설문지를 작성해 보라. 당신의 열정이 어디에 있는지, 어떤 일에 내적 동기가 발휘되는지 찾을 수 있을 것이다.

의사과학자 통합 프로그램 입학생들을 관리하다 보면 종종 공부해야 할 양에 압도되어 좌절하는 학생들이 있다. 의욕을 잃은 학생들이 도움을 얻기 위해 나를 찾아오면 그들이 입학 당시 의사과학자가 되고 싶은 '이유'를 적어 제출한 에세이를 꺼낸다. 그들의 내적 동기를 확인할 수 있는 자료다. 가족 중 누군가가 암으로 사망했기 때문에 다른 사람들은 가슴 아픈 일을 겪지 않도록 암을 연구하고 싶었을 수도 있다. 어쩌면 늘 우주에 매혹되어 있었기 때문에 우주비행사가 되고 싶었을지도 모른다. 뛰어난 성공을 이룬 사람들은 자기만의 내적 동기를 찾아 지치지 않고 이를 추구했다. 그러니 언제나 잘 보이는 곳에 자신의 꿈을 적어 놓고 두 눈으로 확인하라.

시간이 지나면 내적 동기는 변할 수 있다. 인생을 살면서 다른 일에 흥미가 생길 수도 있다. 이는 자연스러운 현상이다. 새로운 내적 동기를 찾으면 같은 과정을 반복하라. 그 과정을 거치며 자문하라. 나는 누구의 목표를 위해 달려가고 있는가? 내가 정한 목표인가 다른 사람의 목표인가? 다른 사람의 꿈을 위해 살지 말라. 자기만의 내적 동기를 발견하고 몰입의 상태에 이를 때까지 열심히 노력하라. 그것이 바로 자유의 느낌일 것이다.

코칭을 위한 질문

1. 내적 동기를 찾기 위해 당신이 실천할 한 가지 전략은 무엇인가?
2. 내적 동기를 확고히 하기 위해 당신이 활용할 한 가지 접근법은 무엇인가?

핵심 요약

자신의 내적 동기를 찾고 이를 추구해야 성공할 수 있다. 내적 동기는 성공에 이르는 과정에서 만날 수밖에 없는 장애물 앞에서도 계속 나아갈 수 있는 힘이 된다.

1. 이 책에서 제공하는 도구를 사용해 당신의 내적 동기를 찾아 보라. 내적 동기는 삶의 전환기에 따라 달라질 수 있으니 자기만의 '이유'가 필요할 때면 언제든 다시 참조하라.
2. 프로젝트에 대한 사랑과 열정이 처음의 목표를 훨씬 능가할 수도 있다. 그렇다면 그것이 당신의 새로운 목표가 될 것이다. 무엇이 그 목표를 제공했는지 정확히 파악해 보라.
3. 집중할 분야를 확정하기 전에 다양한 경험을 해 보아라. 언제 몰입의 상태를 경험하고 언제 쉽게 주의가 산만해지는지 확인해 보라.
4. 4장에서 언급한 전략들을 활용해 자신의 내적 동기를 확고히 하라.

인내

역경에 어떻게 대처하는지가 성공하느냐 보통 사람으로 남느냐의 차이를 가름한다. 성공하는 사람들은 장애물에 다른 방법으로 접근한다.[1] 그들은 닥칠 것이 분명한 그 어떤 난관도 이겨 낼 수 있다고 생각한다. 어떤 장애물도 넘어서고 이겨 내고 통과하거나 피해갈 수 있다고 믿는다. 성공하고 싶다는 욕망은 시작의 좋은 원천이지만 그 마음만으로는 성공할 수 없다. 확실한 직업 윤리와 끈질긴 집념이 모두 필요하다. 의욕 충만한 인내가 가장 긍정적인 방식으로 성공에 불을 붙여 줄 것이다. 이는 목표를 이루는 과정에서 거의 모든 한계를 넘어설 수 있게 해 준다. 어떤 문제도 커다란 바윗덩어리로 바라보는 사람이 있는가 하면 아무리 큰 문제도 길가의 돌멩이로 바라보는 사람이 있다. 후자의 사람들은 그 돌멩이를 넘어설 수 있을지 없을지는 고민하지 않는다. 반드시 극복하리라고 생각하기 때문이다. 대신 언제 그리고 어떻게 그 장애물을 극복할지에 집중한다. 그들은 엄청난 집중력을 발휘해 자신이 통제할 수 있는 것을 통제하기 위해 노력한다. 그들은 문제를 해결할 수 있다는 자신감과 자기 효능감이 있다. 계산된 위험과 도전을 감수하기를 두려워하지 않고 자신의 목표를 잊지 않는다. 그들은 단순히 목표를 이루려고 한다기보다 온몸을 바쳐 목표를 향해 돌진한다. 결국 성공하는 사람들은 실패하는 것보다 시도하지 않는 것을 더 두려워한다.

스피드 스케이팅에서 다섯 개의 올림픽 금메달을 딴 보니 블레어는 처음에는 쇼트트랙 경기를 위해 훈련했다. 1980년 올림픽 평가전이 치러진 1979년 겨울, 그녀는 위스콘신에서 쇼트트랙 선수 선발전에 참가했다. 그리고 바로 다음 날 다른 경기가 있었다. 여러 명이 아니라 두 사람이 경쟁을 하며 기록을 갱신하는 스피드 스케이팅이었다. 한 번도 해보지 않은 경기였고 장비도 없었지만 블레어는 실패와 상관없이 저것도 해 보고 싶다는 생각이 강하게 들었다. 그래서 다른 선수의 장거리 전용 유니폼을 빌렸다. 그런데 함께 출전해야 할 상대편이 나타나지 않았다.

올림픽 선발전은 다음 주였고 블레어는 500미터를 47초 안에 마칠 수 있다면 승산이 있겠다고 생각했다. 그녀는 쭉 뻗은 길 끝에 있는 시계에 눈을 고정했다. 그리고 경기가 그 시계와 자신과의 싸움이라고 생각했다. 블레어는 500미터를 46.5초에 마무리했다. 한 번도 해 보지 않은 경기였지만 실패하는 것보다 시도하지 않는 것에 대한 두려움이 더 컸던 그녀는 결국 해냈다. 보니 블레어는 올림픽 선발전에 나가기로 했다. 그때 그녀의 나이는 고작 열다섯이었다.

일주일 후, 블레어는 딱 한 번 훈련했던 경기의 선발전에 참가했다. 순위 경쟁에 익숙했던 그녀에게 기록까지 신경써야 하는 스피드 스케이팅은 완전히 새로운 경기나 마찬가지였다. 그해 미국 팀은 올림픽 500미터에 다섯 명의 여자 선수를 선발했다. 블레어는 종합 8위였다. 아깝게 팀에 들지 못했지만 다음 올림픽에는 가능성이 있다는 사실을 깨달은 순간이었다. 실패하는 것보다 시도하지 않는 것을 더 두려워했기 때문에 가능했던 일이었다.

5장에서 나는 성공한 사람들이 어려운 장애물을 극복하는 데 사용했던 중요한 태도에 대해 설명할 것이다. 확실한 직업 윤리, 실패를 인정하는 겸손함과 한계를 넘어서는 대담함이 그것이다. 그들에게 안 된다는 말은 순수한 사랑과 열정, 그리고 낙관으로 더 열심히 노력할 수 있는 기회일 뿐이었다.

확실한 직업 윤리

성공하는 사람들은 자신이 만족할 수 있을 때까지 노력한다. 국립보건원 알레르기전염병연구소 소장 앤서니 파우치 박사는 미국의 방역 정책을 이끌고 있었기 때문에 코비드-19 팬데믹 기간 도중 하루에도 몇 번씩 텔레비전에 모습을 드러냈다. 로널드 레이건 대통령 때부터 이후 모든 미국 대통령에게 자문을 해왔던 그는 '빨리 퇴근해 더 재미있는 일을 하러 가고 싶다'는 생각을 한다면 아무것도 이루지 못할 것이라고 말했다. 그것은 성공하는 사람들의 직업 윤리가 아니다. 그는 여든 살의 나이에도 코로나 팬데믹 기간 동안 하루에 18시간 이상 일하는 직업 윤리를 갖고 있었다.[2] 코비드-19 팬데믹 종식을 위해 회복기 혈장을 연구했던 존스홉킨스 의과 대학 교수 아르투로 카사데발 박사는 이를 다음과 같이 완벽하게 요약했다. "단 한 가지 가장 중요한 요소는 인내입니다. 끝까지 붙들고 인내하고 포기하지 마십시오."

크게 성공하는 사람들은 타협하지 않는 직업 윤리를 갖고 있었다.[3] 해결해야 할 문제가 생기면 낮과 밤의 구분이 없어졌다. 스스로 만족할 만큼 일을 마무리하기 위해 다른 어떤 일에도 신경 쓰지 않았다. 루스 베이더 긴즈버그 대법관이 사망한 후 나는 그녀가 일과 삶에 대해 어떤 교훈을 남겼는지 알아보기 위해 그녀와 함께 일했던 직원들을 인터뷰해 〈포브스〉에 기고했는데, 모든 인터뷰어들이 비슷한 대답을 했다.[4] 그중 하나는 긴즈버그 대법관의 분명한 직업 윤리였다. 그녀는 새벽 3시에도 5분짜리 음성 메일을 남기며 일을 놓지 않던 사람이었다.

낙관적인 관점

긴즈버그 대법관의 서기로 1991년부터 1992년까지 일했던 도리 번스타인은 그녀에게서 몹시 소중한 교훈을 배웠다고 말했다.

> 긴즈버그 대법관님은 소중한 시간이나 에너지를 후회에 쏟거나 실망이 괴로움으로 악화되지 않도록 조심하셨습니다. 대법관님은 언제나 미래에 대한 희망으로 멀리 내다보시며 당신께서 할 수 있는 최선을 다하셨습니다. 그리고 대법관님의 최선은 언제나 거의 완벽에 가까웠습니다. 대법관님은 스스로 본보기가 되었고 저는 대법관님을 잃은 슬픔 또한 그녀에게 받은 특별한 교훈으로 이겨내고 있습니다. 의미 있는 일이 나를 강하게 만들고 지켜줄 수 있다는 것이 바로 대법관님의 대쪽같은 정신의 핵심이자 대법관님을 기억하는 최고의 방법입니다.

일에 대한 애정

답이 없는 질문의 답을 찾고 어떤 일의 원인을 밝혀내야 한다는 사명감이 성공하는 사람들이 목표를 향해 지치지 않고 열정을 발휘할 수 있는 원동력이었다. 국립보건원의 국립심장폐혈액연구소 소장이자 심장학자인 게리 깁슨 박사는 이렇게 말했다.

> 무언가를 추구하는 이유는 그 일을 사랑하고 그 일로 충만해지기 때문입니다. 전문 기술도 당신을 채워 주지만 그것만으로는 만족스럽지 않죠. 논문 초안이 반려되거나 새벽 3시에 실험을 해도, 보조금을 받지 못해도 계속 나아갈 수 있는 힘을 주는 것은 바로 그 일 자체입니다. 재정적 보상이 충분하지 않다고 해도 용감하게 돌진하며, 어떻게든 그 일을 할 방법을 찾게 될 겁니다.

저명한 의사과학자 데이비드 긴즈버그 박사는 이렇게 말했다. "간절함이 있어야 합니다. 어느 정도는 어쩔 수 없이 이 일에 사로잡혀 해야만 하는 상태가 되어야 합니다. 가장 성공한 사람들은 모두 그 일을 하고 싶다는 의욕과 소유욕을 가진 사람들이었습니다."

나사의 전 수석 우주비행사 페기 윗슨 박사는 기록 경신자다. 2017년 4월 24일, 윗슨은 나사 우주비행사들 중 한 번에 가장 오래 우주에 체류한 사람이 되었다. 총 534일을 기록했다! 전체적으로 볼 때 그녀는 성별에 상관없이 나사의 가장 경험 많은 우주비행사였고, 다양한 임무를 수행하며 665일을 우주에서 보냈다. 이는 화성까지 가는 것과 맞먹는 시간이었다. 그녀는 또한 국제우주정거장의 최초 여성 지휘관이 되었고 두 번이나 지휘관을 맡았다. 57세에는 최고령 우주비행사로서의 기록 또한 갱신했다.

어려서부터 경쟁을 좋아했고 우주에서 다양한 팀을 이끌었던 윗슨은 직업 윤리와 일에 대한 애정에 관해서라면 할 말이 많을 것이다. 우주에서의 임무 도중 비행사들은 우울해지기도 한다. 가족이나 친구들과 오래 떨어져 있고 좁은 공간에 늘 같은 사람들과 붙어 있으며 매 순간 지상의 관제 센터에서 업무가 전달되기 때문이다. 하지만 윗슨은 자기 일을 사랑했기 때문에 한 번도 낙담한 적이 없었다. 보급품 수급부터 화장실 수리까지 모든 일을 경쟁으로 받아들인 것이 어쩌면 도움이 되었을 것이다. (그렇다. 우주비행사들은 모든 것을 우주선 내부에서 자체 해결해야 한다.) 관제 센터로부터 진행해야 할 업무와 마감 시간을 전달받으면 윗슨은 언제나 정해진 시간보다 더 일찍 일을 마무리하려고 노력했다. 스스로 인정했듯이 윗슨은 자신과의 싸움에 익숙했고 언제나 조금 더 하라고 자신을 다그쳤다. 우주에서의 임무가 연장되었을 때도 윗슨은 불평하지 않았다. 그저 자신의 꿈에 더 다가갈 수 있는 기회라고 생각했다. 윗슨은 자기 일을 사랑했고 그것이 곧 자신의 소명이라고 생각했다.

실패와 거절

성공하는 사람에게 실패와 거절은 서로 다른 개념이다. 거절이나 안 된다는 대답은 어떻게든 우리를 평가하고 판단하는 외부에서 오는 것이다. 크게 성공하려면 외부의 거절을 딛고 다시 일어설 수 있어야 한다. 하지만 자신이 정한 목표를 이루지 못하는 것은 조금 다른 일이다. 이는 더 개인적이다. 어디서 실패했는지 확인하고 이를 넘어서려면 외부의 거절을 딛고 일어설 때보다 더 높은 수준의 회복 탄력성이 필요하다.

이길 때보다 질 때가 더 많은 경기가 있다면 바로 야구다. 통계학적으로 성공할 때보다 실패할 때가 더 많고 심지어 언제나 누군가 이에 수치를 매겨 모든 사람이 볼 수 있도록 발표해 주기까지 한다. 1969년 뉴욕 메츠가 월드 시리즈에서 승리해 '기적의 메츠'가 되기 전, 형편없는 경기 실력 때문에 그들의 별명은 '사랑스러운 패배자들'이었다. 바로 그 팀의 일원이었던 아트 샴스키는 이렇게 말했다.

> 야구에서는 이길 때보다 질 때가 더 많습니다. 팀원들에게 의지하는 법을 배우고 관계를 발전시키는 데 몹시 좋은 스포츠죠. 야구는 겸손함과 실패에서 살아남는 방법을 가르쳐 줍니다. 야구는 삶의 수많은 기술을 가르쳐주는 위대한 스포츠입니다. 우리는 야구를 사랑하고 팀원들을 깊이 존중하기 때문에 매일 온몸을 바쳐 연

습하는 겁니다.

1969년 시즌 동안 메츠의 길 호지스 감독은 같은 포지션에 우완투수와 좌완투수를 번갈아 기용하는 플래툰 방식으로 선수들을 훈련시켰다. 선수들은 자기 커리어에 썩 도움이 되지 않기 때문에 그 방식을 싫어했지만 호지스를 몹시 존경했고 그 방식의 효과도 알고 있었기 때문에 훈련에 기꺼이 따랐다. 월드 시리즈 1차전에서 메츠는 오리올스를 상대로 지고 있었다. 샴스키는 다음 타자석에서 타석에 오를 준비를 하고 있었다. 그때 오리올스의 감독이 마운드로 올라가 반대편 투수와 이야기를 나누었다. 샴스키는 예상치 못했던 시간을 더 벌게 되었고 그동안 자신의 어린 시절, 친구들과 여름내 원없이 야구만 하던 시절, 지금까지 참여했던 모든 아마추어 경기들, 힘들었던 버스 안에서의 시간들, 쉬는 날에도 하던 연습들, 월드 시리즈에서 공을 던질 수 있기까지 자신이 했던 모든 노력들을 떠올렸다. 생각해 보니 자신은 모든 아이들이 꿈꾸는 삶을 살고 있었다. 그는 그 짧은 순간 동안 지금까지의 여정을 돌이켜 보았다. 모든 기억들이 스치듯 지나갔다. 월드 시리즈에 오기까지 거쳐온 힘든 순간들이 떠올랐다. 그는 수십 년이 지난 후에도 그 순간을 생생히 기억하고 있었다. 그 자리에 서기까지 끝없는 연습과 부상과 수술이 있었다. "수많은 커브공과 엄청난 압박이 있었습니다." 샴스키는 말했다. 5만 5천 명의 관중이 경기장에서 지켜보고 있었고 10억 명의 사람들이 텔레비전으로 지켜보고 있었다. 그는 자신이 모든 공을 쳐낼 수는 없을 것이며 모든 사람이 이를 지켜보리라는 사실을 알았지만 자신이 결국 월드 시리즈에서 뛸 수 있게 된 그 기회에 집중했다. 샴스키는 본루에서 2루 땅볼로 아웃되었고 메츠는 결국 월드 시리즈에서 승리했다.

거절은 '아직'이라는 뜻일 뿐이다

안 된다, 당신은 선발되지 못했다, 당신의 제안은 효과가 없을 것이다, 당신의 보조금 신청은 거절되었다, 당신의 논문 초고는 통과하지 못할 것이다, 당신의 생각은 조금도 뛰어나지 않다. 이런 말을 들을 때 우리에게는 두 가지 선택지가 있다. 포기하고 내 길이 아니라고 생각하거나 '안 된다'는 말을 '아직은 아니'라는 말로 재해석하는 것이다. 성공하는 사람들은 후자를 선택한다.[5] '아직'이라는 말은 여전히 성공할 가능성이 있으며 결과를 뒤집고 목표를 달성하기 위해 할 수 있는 일이 더 있다는 뜻이다.[6] 그 과정이 언제 끝날지는 당신에게 달려 있다. 조금 더 계속할지 이만하면 충분한지 당신이 선택할 수 있다. 다른 사람의 선택이 아니라 바로 당신의 선택이다. 그 선택에 앞서 거절은 늘 있는 일임을 받아들여야 한다.

발달 심리학자이자 노화 전문가 데보라 하이저 박사는 안 된다는 대답에도 뜻을 굽히지 않고 양로원의 우울증 평가 방식에 혁신을 일으켰다. 하이저 박사는 대학원 재학 중 침상이 705개인 양로원으로 실습을 나왔는데[7], 직원들은 우울증 환자가 거의 없다고 했지만 하이저가 관찰하기에는 그렇지 않았다. 하루 종일 의자에 앉아 고개를 숙이고 있거나 텔레비전도, 책도, 다른 어떤 자극도 찾지 않고 그저 방에만 있으려고 하는 노인들이 많았다. 하이저 박사는 그들이 모두 우울증 진단을 받았냐고 물었고 다음과 같은 대답을 들었다. "메디케어나 메디케이드 대상 환자들을 위한 정부의 표준 측정법 미니멈 데이터 세트[MDS]에서 우울증이 아니라고 진단받았습니다."

정부에서 제공한 공식 서류의 내용과 달리 하이저는 많은 노인이 우울증을 겪고 있지만 진단을 받지 못한 채 양로원에서 점점 쇠약해지고 있다고 느꼈다. 대학원생이었던 그녀가 용감하게 문제를 제기했지만 아무도 듣지 않았다. 하이저는 그때 패배를 인정할 수도 있었지만 그러지 않기로 결심했다. 더 깊이 조사해보기 위해 노인들에게 설문을 받아도 좋다는 허락을 받고 이를 진행했다. 그리고 그녀의 발견이 수많은 노인의 삶을 변화시켰다. 700여 개 질문으로 이루어진 설문지를 분석한 결과 정부 자료와는 반대로 훨씬 많은 노인이 우울증 진단 범위에 속했다.

하이저는 심리학자들에게 우울증을 진단받은 환자들과 미니멈 데이터 세트로 우울증을 진단받은 환자들의 차이를 발견했다. 정확한 비교를 위해 '황금 기준'이 필요했던 하이저는 우울증을 가장 정확하게 진단하는 '정동장애와 정신분열병을 위한 지침서'를 집필한 사람에게 연락을 취했다. 그리고 대학원생 몇 명을 채용해 후속 연구를 진행했고 자신이 실시한 설문 결과가 양로원에서 사용하는 미니멈 데이터 세트의 결과가 아니라 그 지침서의 결과와 일치한다는 사실을 발견했다. 하이저의 연구 결과는 저널에 주요 논문으로 게재되어 출간되었으며 국제적인 상을 수상했고 양로원 노인들의 우울증을 평가하는 방식에 변화를 가져왔다.[8] 전부 대학원생 신분으로 해낸 일이었다. 그녀의 논문을 심사했던 한 명은 이렇게 말했다. "누가 황금 기준을 손볼 거라고 생각했겠습니까. 엄청난 자료를 검토했을 겁니다." '안 된다'는 말을 들었을 때 하이저는 그 말을 이렇게 재해석했다. "이걸 가능하게 하려면 어떤 전략이 필요할까?"

안 된다는 말은 사실 당신보다 그들 자신의 문제가 원인일 수도 있다. 안 된다고 말하는 사람이 그것을 가능하게 하는 방법을 모를 수도 있고 추가적인 책임을 질 수 없거나 지고 싶지 않기 때문일 수도 있다. 어떤 목표를 이룰 수 있다는 생각이 들면 이를 실현하기 위해 무엇이 필요할지 창의적으로 폭넓게 생각해 보라. 그 목표를 위해 무엇을 해야 하고 누구와 협업해야 할지 전략을 세워라. 성공하는 사람들에게 '안 된다'는 말은 '아직'이라는 뜻일 뿐이다.

한계를 인지하는 겸손함과 이를 넘어서는 대담함

올림픽 스피드 스케이팅 챔피언 아폴로 안톤 오노는 가능성이 낮을수록 더 많이 노력했다. 실패는 다음의 성공에 필요한 연료였다. "제 목표는 최고가 되는 것이었습니다. 하지만 계속 실패했기 때문에 제 자신을 다시 평가하고 더 밀어붙일 수 있었습니다. 다시는 그 실패의 맛을 보고 싶지 않았습니다. 그래서 훈련 강도를 높였습니다. 스케이트는 자연스럽게 제 발의 일부가 되었습니다."

실패는 과정의 일부다

실패와 거절은 아주 긴 여정의 첫 번째 단계일 뿐이고 성공하는 사람들은 자신이 그 긴 여정에 서 있다는 사실을 잘 안다. 헤일리 스카루파는 열네 살때부터 올림픽이 목표였다. 그녀는 중고등학교 시절 내내 하키 선수로 훈련하고 경쟁했다. 대학 때는 올림픽 선수 출신 코치에게 훈련을 받았다. 여름 방학에는 메릴랜드의 집에서 남학생 팀과 함께 훈련했다. 그리고 대학교 3학년 때 세계 챔피언십 팀에 들어갔다. 그때 최고의 기량을 맛본 스카루파는 그 맛을 계속 느끼고 싶었다.

스카루파는 대학생 때 이미 보스턴 칼리지 팀과 미국 대표 팀에서 동시에 뛰고 있었는데 대학 팀의 많은 경쟁자들을 미국 대표팀에서 만나기도 했다. 그리고 대학 졸업 후에도 하키를 계속하며 올림픽 팀에 들어가기 위해 노력했다. 2017년까지 풀타임으로 훈련했다. 결국 그녀는 40명 중 25명이 뽑힌 선발 캠프에 들어갔고, 그

때부터 그들은 최종 선발팀이 꾸려질 때까지 합숙 훈련을 진행했다. 스카루파는 그 한 번의 기회를 위해 일년을 꼬박 준비했다. 선발 캠프는 공식·비공식적으로 끊임없이 평가가 이루어지는 곳이었다. 스포츠에서 서열은 아무런 힘이 없었다. 모두 백지 상태로 평가받는 곳이었다.

신체적으로도 감정적으로도 힘든 한 주였지만 스카루파는 매일 당장 눈앞의 훈련만 생각하기로 결심했다. 그리고 자신의 전부를 바쳤다. 그 주가 끝날 무렵 코치들은 최종 선발 팀을 발표했다. 선발된 선수들은 플로리다의 탐파에 머물며 훈련을 계속하고 선발되지 못한 선수들은 집으로 돌아갈 것이다. 스카루파는 결국 최종 선발 팀에 들지 못했다. 올림픽에 나갈 수 없게 되었고 그녀의 꿈은 산산조각났다.

스카루파는 절망했다. 일년 동안 자신의 삶을 멈추고 훈련에 전부를 쏟아부었지만 결국 목표를 이루지 못했다. 그녀는 메릴랜드의 고향집으로 돌아왔고 개 산책시키기나 영상 제작 등의 단기 일자리를 전전하며 이제 무엇을 해야 할지 고민했다.

9월의 어느 날, 훈련 캠프에서 전화가 왔다. 부상을 당한 선수들도 있고 기대에 못 미치는 선수들도 있으니 48시간 내에 탐파로 날아와 2주 간의 비공식 평가를 받아보겠냐는 말이었다. 스카루파는 최종 선발팀에서 탈락한 후 거의 훈련을 하고 있지 않았기 때문에 최고의 기량을 선보일 수 없을 것 같았다. 하지만 예상치 못했던 그 두 번째 기회를 포기하고 싶지 않았다.

스카루파는 플로리다로 날아가 훈련 캠프에서 최선을 다했고 2주 후 보스턴의 집으로 돌아왔다. 3주 안에 세 번째 공식 평가를 위해 호출될 수도 있고 아닐 수도 있었다. 스트레스가 엄청났다. 그녀는 제 실력을 보여줘 올림픽 팀에 선발될 수 있길 바라며 집으로 돌아와서도 고된 훈련을 계속했다. 기본 훈련의 강도를 높였고 프로 하키 팀과 경기를 하며 실력을 높였다. 추수감사절 즈음 그녀는 다시 돌아오라는 전화를 받았다. 다시 제대로 평가받기 위해 스카루파는 플로리다로 날아갔다.

몹시 긴장되었고 감정도 오락가락했다. 최선을 다하겠지만 결과는 자신이 통제할 수 없는 일이었다. 그래서 그때 다짐했다. 지금까지 자신이 할 수 있는 모든 노력은 다 했으니 통제할 수 없는 것은 놓아버리고 순수하게 즐기며 경기를 하기로 말이다. 그 경험을 즐길 생각이었다. 통제할 수 있는 것에 집중하고 통제할 수 없는 것은 놓아버리기로 마음가짐을 바꿨다.

12월, 스카루파는 올림픽 팀에 선발되었다. 한 달 후 그녀는 비행기를 타고 대한민국 평창으로 날아갔고 며칠 후 팀원들과 함께 금메달을 목에 걸었다. 스카루파는 자신의 목표를 한 순간도 잊지 않았다. 올림픽 팀에 선발되지 못했을 때 잠시 주춤했지만 포기하지는 않았다. 첫 번째 평가와 비공식 평가, 그리고 최종 평가 사이의 몇 주 동안 그녀는 마침내 깨달았다. 한 번 실패했다고 다음에도 기회가 없을 거라는 뜻은 아니었다. 그러니 거절받은 후에도 계속해서 준비할 것이다. 행운은 준비와 기회가 만나는 곳에 있기 때문이다.

4장에서 나사의 우주비행사가 되기까지 10년 동안 도전했던 지휘관 페기 윗슨에 대해 이야기했다. 그녀의 동료 우주비행사 찰리 카마다 박사 역시 우주비행사에 한 번 지원해 탈락했지만 18년 후 다시 도전했다. 그들이 각각의 거절, 잘못된 출발, 부정적인 결과에서 배운 교훈과 그 모든 어려움을 극복하고 다시 정신을 붙든 방법이 분명히 보여준다. 그것이 바로 그들의 성공 비결이다.

실패와 거절이 너무 일상적이었던 노벨상 수상자 로버트 레프코위츠 박사 역시 이렇게 말했다. "실패와 거절은 우리의 영원한 동료입니다." 레프코위츠는 국립보건원에서 일할 당시 그 어떤 실험에서도 빛을 보지 못했던 오랜 기간이 있었다.

> 어느 날 점심을 먹으며 이렇게 모든 일이 안 풀릴 수는 없다고 한탄할 때 선배 연구원이 이렇게 말해주었습니다.
>
> "이보게, 최고의 과학자와 지극히 평범한 사람의 차이가 뭔지 아는가?"
>
> "모릅니다."
>
> "평범한 사람은 하는 일의 1퍼센트에서 빛을 볼 것이네. 하지만 슈퍼스타들은 그래도 2퍼센트에서 빛을 볼 수 있지."

2012년 레프코위츠의 노벨상 수상 후, 노벨상 측은 40여년 전 국립보건원 시절 그의 멘토 중 한 명을 인터뷰했다. 레프코위츠에 따르면 그 멘토의 주요 임무 중 하나는 "레프코위츠가 심각한 우울증에 깊이 빠지지 않도록 지키는 것"이었다고 한다.

전 세계에서 가장 저명한 의사과학자 중 한 명인 버트 보겔스타인 박사는 성공하려면 실패를 견디는 능력이 필요하다고 말한다. "굳센 의지, 실패를 견디는 능력, 멀리 내다볼 수 있는 마음가짐이죠. 머지않아 성공하려면 그 모든 것이 필요합니다. 물론 시간이 조금 더 걸릴 수는 있겠지만요."

2016년 생명과학 분야 브레이크스루 상을 수상한 헬렌 홉스 박사도 이에 동의했다. 그녀 또한 엉뚱한 이유로 문제에 집착하지 않아야 한다고 조언한다. "해결할 때까지 문제를 붙들고 있는 태도가 필요합니다. 동시에 언제 그 문제에서 손을 떼야 할지도 알아야 하고요." 의사과학자들을 가르쳤던 많은 교수들도 보상 유예 능력이 성공에 필수적이라고 말한다. 레프코위츠와 보겔스타인, 홉스 박사의 말은 성공한 사람들의 모든 인터뷰에서 지겹도록 반복될 정도로 진실이다.

실패하는 것보다 시도하지 않는 것을 더 두려워하라

성공하는 사람들은 실패에 대한 두려움보다 시도하지 않는 것에 대한 두려움이 더 크다. 시도해서 잃을 것은 없다고 생각하고 티끌만한 발전이라도 미래를 향한 전진이라고 생각한다. 헤일리 스카루파가 올림픽 무대에 서기까지의 여정에도 잘못된 출발과 깨진 꿈, 양손으로 붙잡은 기회가 가득했다. 그녀는 결과가 어떻게 나오든 일단 시도해야 한다고 온몸으로 느꼈다. 성공하는 사람들은 자기 일의 목표와 속도, 내용과 방법, 그리고 결과에 대한 평가까지 많은 측면에서 높은 통제력을 발휘한다.

가끔은 계산된 위험을 감수할 필요도 있다. 버트 보겔스타인 박사는 수년 동안의 임상 훈련을 마치고도 환자들을 보기보다 연구에만 집중하기로 결정했다. "어떻게 보면 제 일을 두고 도박을 했는지도 모르겠습니다. 지금도 마찬가지지만 연구와 임상을 병행할 때 임상 분야에서 자리 잡기가 훨씬 쉬웠을 테니까요. 하지만 일단 해 본다면 온 힘을 다해 해 보고 싶었습니다." 적어도 시도는 해 보아야 한다고 그는 느꼈다.

위험은 이를 헤쳐 나가고자 하는 용기 앞에서는 소용이 없다. 보겔스타인은 이렇게 말했다. "조금씩 발전하는데 안주하는 연구가 아니라 혁명적인 발전에 필요한 연구를 하기 위해서는 용기가 있어야 합니다." 지속적으로 지식을 쌓고 다른 사람들이 보지 못하는 점들을 서로 연결해야 한다. 더 많이 알수록 더 많이 연결할 수 있다. 그렇게 되면 실패에 대한 두려움을 무릅쓰고 결국 시도할 수 있게 된다.

통제할 수 있는 것을 통제하라

성공하는 사람들은 정해진 한계를 뛰어넘어 자신의 열정을 추구한다. 그들은 피할 수 없는 모든 실패와 거절을 겪으면서도 자신이 통제할 수 없는 것에 시간과 에너지를 낭비하지 않는다. 그리고 자신이 통제할 수 있는 것에 모든 에너지를 쏟는다. 성공하는 사람들은 할 수 있다는 자신감과 자기 신뢰가 있기 때문에 장애물을 극복할 수 있는지는 고민하지 않는다. 그 대신 눈앞의 장애물을 언제 어떻게 극복할지에 집중한다.

2020년, 올림픽 조정 챔피언 카린 데이비스는 네 번째 올림픽 출전을 위해 훈련하고 있었다. 팬데믹 때문에 1년이 미뤄진 올림픽은 2021년에도 개최 여부가 여전히 불투명했다. 그녀는 아주 잠깐 그만둘 고민도 했지만 올림픽 개최 여부는 자신이 통제할 수 있는 문제가 아니었다. 통제할 수 있는 것은 오직 자신이 매일 무엇을 할 것인가였다. 그녀는 매일 그날 하루만 생각하며 도쿄 올림픽을 위한 훈련을 계속하기로 결심했다. "일정이 바뀌면 저도 제가 바꿀 수 있는 것을 바꾸겠지요. 제가 통제할 수 없는 것에 대해 걱정하며 낭비할 시간은 없으니까요. 지금 알고 있는 정보에 따라 행동하고 정보가 바뀌면 또 그에 맞게 조절하면 됩니다."

미힐 바르트만은 네덜란드의 조정 선수이자 올림픽 챔피언이다. 고등학교 때 조정을 시작했지만 군에 입대해서 선수 생활을 잠시 멈춰야 했다. 당장 물에 뛰어들 수는 없었지만 여전히 체력은 관리할 수 있었다. 그는 고된 하루 근무가 끝나고 체육관에 가서 훈련했다. 그것이 그 시기에 그가 할 수 있는 전부였다. 배를 탈 수도 시합에 나갈 수도 없었지만 체력을 관리하며 자신이 통제할 수 있는 것을 통제한 것이다.

실패를 극복하기 위해서 가끔은 유연성이 필요하다. 노벨상 수상자 마이클 브라운 박사는 연구 파트너이자 동료 노벨상 수상자 조지프 골드스타인 박사와 함께 세포막 효소를 분리하는 실험을 하고 있었다. 학생들과 펠로우들 모두 힘을 모았지만 불가능해 보이기만 했다. 그래서 그들은 그 문제를 내려놓았다가 기술과 기계가 더 발전한 5년 후에 다시 시도했다. 그제야 문제를 해결할 수 있었다. "대부분의 경우 인내가 정말 중요합니다. 다른 일들이라도 계속 시도하세요. 우리 펠로우들은 문제가 생기면 이메일로 이를 해결할 아이디어들을 함께 나눕니다. 무슨 일이든 마구잡이로 하다 보면 무언가 해결되기도 합니다." 노벨상 수상자에게 듣는 꽤 훌륭한 조언이다.

점들을 연결하라

아는 것과 이해하는 것, 그리고 받아들이는 것에는 차이가 있다. 우리 모두 많은 것을 알고 있으며 이를 사실로 받아들인다. 하지만 만물의 작용 방식에 대한 이해를 넘어 그 문제를 다른 방식으로 해결하거나 상상해 보는 태도가 바로 성공하는 사람들과 다른 모든 사람을 구별한다. 미시건의 의사과학자 데이비드 긴즈버그 박사는 이를 다음과 같이 직설적으로 표현했다. "일이 어떻게 돌아가는지 알아야 합니다. 운전석에 앉아 엑셀레이터를 밟고 출발하면서 그 작동 원리를 모른다? 우리는 과학자들입니다. 절대 그래서는 안 되죠."

2017년 생명과학 분야 브레이크스루 상을 받은 베일러 대학교의 의사과학자 후다 조그비 박사 역시 성공하기까지 쉽지 않은 길을 걸었다. 소아신경과 전문의인 조그비 박사는 호기심과 인내심이 없었다면 오늘날 레트 증후군에 관한 가장 저명한 학자가 되지 못했을 것이다. 어려운 케이스들을 사랑했던 조그비는 의사과학자가 될 생각은 없었다. 호기심이 많고 탐구를 즐긴다는 생각은 했지만 분자 수준으로 연구가 진행되는 기초 과학보다는 직접 환자를 진료하는 임상연구에 집중할 생각이었다. 신경과 훈련을 받던 1980년대 초, 그녀는 심각한 질병을 가진 많은 환자들을 보며 몹시 좌절해 있었다. 그 당시 의사들은 많은 병이 어쩌면 유전 질환일지도 모른다고 생각했지만 원인이 무엇인지, 어떻게 치료해야 하는지는 아직 알지 못했다.

어느 날, 조그비는 레트 증후군을 겪는 소아 환자를 만났는데 환자에 대한 관심만큼 복잡한 마음이 들었다. 조그비는 레트 증후군이 퇴행성 질환이 아니라 진행성 질환인 이유를 이해할 수 없었다. 1980년대에는 발달상의 문제가 있으면 태어날 때부터 비정상이었기 때문이라고 생각했다. 그게 아니라면 정상적으로 태어났다가 테이-삭스병이나 바텐병처럼 상태가 악화되는 것이 자연스러웠다. "태어날 때는 정상이었는데 나중에 퇴행이 생기는 경우는 보기 힘들었습니다." 조그비가 말했다. "우선 정상적으로 자라다가 발달이 지체되기 시작하는 경우는 있지만 퇴행하는 일은 없습니다. 임상적 관점에서 쉽게 이해되지 않았습니다. 몹시 당혹스러웠죠."

그 다음 주 조그비는 진찰할 수 있는 환자를 선택할 기회가 있었다. 그녀는 뇌성마비 진단을 받은 환자를 선택했다. 그 당시 신경과 전문의들은 신경학적 장애의 원인을 모를 때 뇌성마비라고 진단하는 경향이 있었기 때문에 그 진단이 부정확한 것일 수도 있다고 그녀는 생각했다. 진찰실로 들어간 조그비는 손을 비틀고 있는 젊은 환자를 보았다. 그때 조그비의 머릿속에서 종이 울렸다. 그 환자가 레트 증후군일지도 몰랐다. 벵트 하그버그 박사의 논문에서 처음 보고되었지만 미국에서는 한 번도 보고된 적 없는 레트 증후군 환자를 일주일 사이에 두 명이나 보게 된 것이다.

조그비는 레트 증후군이 여아들 사이에서 더 흔할지도 모른다고 생각했다. 그래서 소아신경과에서 자원봉사를 하고 있는 여성단체에 문의해 특정 진단을 받은 여아 환자들의 기록을 확인했다. 조그비는 서른다섯 장의 차트를 받아 꼼꼼히 확인했고 레트 증후군의 기준에 부합하는 차트 여섯 개를 발견했다. 그리고 그 여섯 명의 환자를 자신의 병동으로 초대했다.

이는 그녀의 획기적인 발견의 여명이나 마찬가지였다. 그녀는 몇 년 후 저명한 〈뉴잉글랜드 의학저널〉에 그 결과를 보고했다. 새로운 질병에 관한 논문을 읽고 환자들이 몰려왔고 조그비 박사는 국립보건원의 지원을 받아 연구를 계속할 수 있었다. 환자들은 모두 여아였고 비슷한 증상을 보였다. "그렇다면 이 병을 유발하는 유전자가 분명히 있을 것이다." 이후 그녀는 그들을 위해 자기 삶을 바쳤다. 그 모든 여정은 그녀가 호기심을 갖고 자기 앞의 점들을 연결했기 때문에 가능했다.

베트남 전쟁 동안 국립보건원에서 일하면서 노벨상을 받은 마이클 브라운과 조지프 골드스타인 박사 역시 1장에서 언급했던 남매에게 문제가 있다는 사실을 발견했다. 무시할 수도 있었지만 두 사람은 이를 끝까지 붙들고 해결했다.

호기심이 꼭 필요합니다. 사물을 이해하고자 하는 마음이 있어야 합니다. 단순히 지식을 흡수하고 이미 알고 있는 원칙들을 적용하는 것도 나쁘지 않습니다. 하지만 호기심이 있다면 답을 찾고 싶을 겁니다. 충분히 무시할 수 있었던 아이들에게 우리가 호기심을 가졌던 것처럼 말입니다. 그 아이들은 정말 멋진 것을 보여주었습니다. 엄청나게 높은 콜레스테롤 수치에는 유전적 원인이 반드시 있었을 것이고 우리는 그에 대한 답이 필요했습니다.

그 호기심이 질문에 대한 답을 찾는 수년 동안의 여정으로 이어졌다. 그리고 그 여정의 끝에는 노벨상이 있었다.

흡수하거나 방수하거나

성공으로 가는 길은 실패와 우회로, 갖은 시련과 고난으로 가득하다. 성공으로 한달음에 달려간 사람은 그 누구도 없다. 인내는 어두운 시간을 견뎌내는데 꼭 필요한 요소다.

성공으로 가는 길에는 무수한 거절과 부정적인 반응, 놓쳐버린 기회, 심지어 질투가 만연하다. 성공하는 사람들은 '방수'하는 법을 배운다. 우리는 장애물을 만났을 때, 보조금을 받지 못했을 때, 날카로운 비판을 받았을 때 선택의 기로에 선다. 방수하는 대신 이를 스폰지처럼 '흡수'해 버릴 수도 있다. 그러면 모든 말이 머릿속에서 떠나지 않을 것이다. 밤에도 자지 못한 채 걱정하고 머리는 점점 더 복잡해질 것이다. 불면증에 걸리거나 심장에 통증을 느끼거나 내면으로 침잠해 침묵에 빠지거나 천천히 우울해지고 위축될 것이다. 흡수해 버리는 태도는 모든 부정적인 반응과 행동을 자석처럼 끌어당긴다. 안타깝게도 이는 시간이 지나면서 점점 더 무거워져 그 상태로는 더 나아갈 수 없게 된다. 그 무게와 복잡한 마음 때문에 결국 일을 그만두거나 더 큰 성공은 포기하게 된다.

반대로 방수하는 법을 배우면 모든 부정적인 발언과 행동은 그저 스쳐 지나가고 다른 사람들의 판단에 잠 못 이루는 일도 없을 것이다. 아서 레빗은 평생 압력 밥솥처럼 긴장이 가득한 곳에서 일했다. 그는 월스트리트에서 16년을 일한 후 1978년 미국증권거래소 회장이 되었다. 1993년, 클린턴 대통령이 그를 증권거래위원장으로 임명했고 2001년까지 그 자리를 지키며 미국 역사상 최장기 증권거래위원장이 되었다. 자신의 일을 속속들이 사랑했던 레빗은 대부분의 일을 자신의 뜻대로 해나가는 편이었다. 장애물이나 부정적인 생각에 부딪힐 때 어떻게 했냐는 질문에 그는 이렇게 대답했다. "나쁜 일들도 분명 있었지만 저는 그냥 굴려 보내버립니다." 그것이 바로 방수다.

타인의 의견과 반응 때문에 생각을 멈추거나 일을 방해받아서는 안 된다. 컬럼비아 대학교 티처스 칼리지 시절 친구이자 미 육군 대령 트레비스 J. 돌란은 늘 내게 이렇게 말했다. "아무도 안 죽었어. 조급해 하지 말고 멀리 봐." 그 현명한 조언은 그때부터 내 마음에 깊이 새겨져 있다. 사람들이 부정적인 피드백이나 장애물, 나쁜 소식으로 힘들어할 때 나는 이렇게 말한다. "그들이 자릿세를 내주는 것도 아니니, 그들이 당신 머릿속에 한 자리를 차지하게 내버려 두지 말아요." 한 마디로 흡수하지 말고 방수하라는 뜻이다.

코칭을 위한 질문

1. 당신이 기꺼이 열정을 바쳐 결실을 맺고 싶은 한 가지 아이디어나 프로젝트는 무엇인가?
2. 실패나 거절에 맞서기 위해 당신이 지금 할 수 있는 한 가지 행동은 무엇인가?
3. 당신이 지금 통제할 수 있는 한 가지는 무엇인가?

핵심 요약

실패와 거절은 무슨 일을 하든 자연스럽게 겪는 과정이다. 성공은 갑자기 가능해지지 않는다. 우리가 보는 성공한 사람의 모습은 빙산의 일각일 뿐이다. 중요한 것은 수면 아래에 있는 것이다. 성공의 네 가지 요소 중 하나는 끈질긴 인내, 포기하거나 내려놓지 않는 근성이다. 그와 같은 특성을 익힌다면 성공에 더 가까워질 것이다.

1. 당신이 완전히 이해해서 처음부터 끝까지 해낼 수 있는 프로젝트를 찾아라. 그리고 그 노력이 열매맺는 마법을 확인하라.
2. 누군가 당신에게 안 된다고 말하면 '아직' 안 되는 것뿐이라고 생각하라. '아직'이라고 생각하면 정말로 끝낼 시기는 스스로 결정할 수 있다.
3. 실패는 자연스러운 과정이며 배울 수 있는 기회다. 모든 도전에서 배울 점을 찾고 이를 미래의 역량 강화를 위해

사용하라.

4. 실패하는 것보다 도전하지 않는 것을 더 두려워하라. 시도하지 않으면 성공할 기회도 없다. 최악의 경우 무슨 일이 일어나겠는가. 시도 자체만으로도 충분하다.
5. 통제할 수 있는 것에 집중하라. 통제할 수 있는 일을 어떻게 처리할지 고민하는 데 시간과 노력을 들여라. 자료와 변수가 바뀌면 그에 맞춰 조정하라.
6. 점들을 연결할 방법을 찾아라. 어떤 사실들과 사람들이 연결될 수 있는지 지속적으로 검토하라. 사람들이 간과하는 것도 놓치지 말라. 사람들이 있는지도 모르는 문제의 해결책을 찾아라.

탄탄한 기초

전 세계의 가라테 도장에 가 보면 많은 사람들이 품새를 연습하고 있을 것이다. 품새는 손과 발의 움직임이나 회전 등을 스스로 연습할 수 있도록 짜 놓은 일련의 동작들이다. 매트에 올라선 사람이라면 기술 수준에 상관없이 수업 시작 전에 누구나 품새를 연습한다. 기본 자세와 기술을 연습하며 다양한 움직임을 시각화한다. 흰 벨트를 맨 초급자든 검은 벨트를 맨 상급자든 그날 훈련을 시작하기 전에는 누구나 같은 품새를 진행한다. 기본 품새를 완벽하게 따라하지 못하면 그 동작을 토대로 하는 더 복잡한 자세와 기술을 배울 수 없다. 기본 훈련은 크게 약진할 수 있는 방법의 발견으로 이어지기도 한다. 몸으로 익힌 기술은 근육에 기억되어 미세한 변화를 통해 조금씩 성공에 도달하게 해 준다.

전설의 농구 선수 코비 브라이언트는 해 뜨기 전에 체육관에 가서 기본 훈련을 하는 것으로 유명했다.[1, 2] 브라이언트는 누구도 따라올 수 없는 자기 실력을 잘 알면서도 월계관을 썼다고 결코 쉬지 않았다. 미국프로농구 최고의 선수가 된 후에도 아침 일찍 체육관에서 100점을 올릴 때까지 연습했다. 고등학교 재학 시절 시작했던 이른 아침 훈련을 프로농구 선수 생활 내내 지속한 것이다. 어려운 기술을 꾸준히 연마해야 위대한 성취로 이어진다. 훈련은 일상이지만 이에 전념하는 것은 또 다른 일이다.

2019년, 피터 랫클리프 경은 일생에 한 번 받을까 말까 한 전화를 받았다. 생리학·의학 분야 노벨상 수상 소식을 알리는 전화였다. 그리고 몇 시간 후 노벨상 엑스(구 트위터) 계정은 랫클리프가 연구실 책상에서 연구자금 확보를 위해 유럽연합 시너지 그랜트EU Synergy Grant 신청서를 작성하는 모습을 보여 주었다.[3] 그는 커리어 초기부터 신청서를 작성했고 노벨상 수상 후에도 이를 지속했다. 큰 상을 받으면 기분이 좋고 든든하지만 이는 결코 최종 목표가 아니었다. 성공하는 사람들은 언제나 자신의 다음 목표에 집중했다. 최고의 상태로 다음 목표를 향해 전진하기 위해 그들은 끊임없이 자신의 기본 역량을 강화했다. 기초가 콘크리트처럼 단단하지 않으면 그 위에 쌓아 올린 제국은 언제라도 무너질 수 있다.

성공한 사람들은 쉬지 않고 기본기를 강화한다. 의사과학자들은 여전히 실험을 구상한다. 올림픽 선수들은 고등학교 때부터 했던 기본 훈련을 여전히 반복한다. 그들은 언제나 출발점으로 되돌아가 기본을 강화하고 거기서부터 더 쌓아가고 확장해 나간다.

6장에서는 올바른 질문, 멘토의 지지, 탄탄한 팀워크, 전문가들과의 네트워크 등을 통해 기초를 탄탄히 하는 방법을 알려줄 것이다.

기본을 마스터하라

올림픽에 세 번 참가한 배구 챔피언 라이언 밀러는 공을 통제하는 것이 배구에서 가장 중요한 기술이라고 말한다. 점프나 블로킹도 아니고 공을 통제하는 것 말이다. 밀러는 열한 살 때 뒤뜰에서 형과 배구를 시작했다. 그들은 몇 시간 동안 '페퍼'라는 기본 훈련을 했다. 다양한 변형이 있지만 페퍼는 결국 배구공을 통제하는 기술 훈련이다. 밀러는 형과 서너 발자국 떨어져 선 다음 형에게 공을 패스했다. 형이 다시 공을 토스해 주면 밀러가 스파이크를 하고 형이 이를 올려 차 주면 밀러가 다시 형에게 공을 토스한다. 이번에는 형이 스파이크를 하고 밀러가 공을 차올린다. 그렇게 계속 공을 주고받았다. 밀러는 십대 초반, 뒤뜰에서 해가 질 때까지 그 훈련을 했고 올림픽 국가대표 팀에서도 같은 훈련을 계속했다.

1) 체계적으로 접근하라

기본 훈련은 운동 선수들에게만 필요한 것이 아니다. 닐 카티알은 미국 연방 대법원 재판에서 마흔네 차례 변론을 했는데 이는 미국 역사상 소수 민족 변호사 중 가장 많은 횟수였다. 대단한 경력에도 불구하고 그는 모든 재판이 몹시 긴장된다고 말한다. 수많은 눈동자들 앞에서 그는 자신의 명성이 늘 경각에 달려 있다고 느꼈다. 하지만 카트얄에게는 능력을 최대한 발휘하기 위해 모든 재판 전에 실행하는 네 가지 절차가 있었다. 처음 대법원에서 변론을 할 때도 그 절차를 따랐고, 그 후의 모든 재판과 마흔네 번째 재판 전에도 이를 실행했다. 모든 경우의 수에 대비하는 카트얄만의 방식이었다. 첫째, 그는 가능한 모든 질문에 대한 답이 정리되어 있는 바인더를 들고 재판장에 들어간다. 변론 도중에는 바인더를 펼쳐 보지 않지만 그걸 갖고 있다는 사실 자체로 마음이 놓였다. 그 바인더의 내용을 꼼꼼하게 준비하는 과정 자체가 곧 완벽한 준비나 마찬가지였다.

둘째, 모의재판을 여러 번 진행해 본다. 첫 번째 재판 전에는 열다섯 차례의 모의재판을 진행했다. 지금은 경험이 쌓인 덕분에 여섯 번 정도로 줄었다. 중요한 것은 그가 여전히 모의재판을 진행한다는 것이다. 그는 자신이 재판 내용과 절차를 다 알고 있으며 그래서 열심히 준비할 필요가 없다고 느낀 채 재판에 들어간 적이 한 번도 없었다. 여전히 똑같은 준비를 한다. 반복 횟수는 줄어들었을지 모르지만 여전히 체계적인 준비 절차를 거친다.

셋째, 중요한 변론 전날 저녁, 아이들 방으로 가서 아이들이 이해하기 쉽게 사건에 대해 설명해 준다. "사건의 핵심을 파악해 더 쉽게 접근할 수 있도록 만들어 주는 방법입니다." 카트얄이 말했다. 그는 맨 처음 대법원에서 변론할 당시 유치원생이었던 아이들이 십 대가 된 지금도 여전히 아이들에게 사건에 대해 이야기해 준다. 그리고 재판장의 노란 메모지에 아이들의 이름을 적어 놓고 자신이 왜 이 싸움을 하고 있는지 떠올린다. 아이들과 함께 있다는 심리적 안정감을 느끼는 것이다.

마지막은 법정에 들어설 때 듣는 플레이리스트다. 집중력 향상과 기분 고양에 도움이 된다. 노래를 듣는 동안 방해되는 모든 소리가 사라진다. 이제 그는 준비가 다 되었다. 귀에 들리는 음악과 손에 든 바인더만 있으면 대법원에서 또 한 번의 변론을 시작할 만반의 준비가 된 것이다.

카트얄이 대법원에서 변론한 모든 재판의 준비 과정은 똑같았다. 그는 모든 재판에 모든 질문에 대한 답이 적힌 바인더를 들고 들어간다. 모의재판을 반복하고, 아이들이 이해하기 쉽게 설명하며 가장 중요한 요소를 파악하고, 자신에게 꼭 맞는 플레이리스트를 들으며 만반의 준비 상태가 된다. 또 한 번 목표를 이루기 위해 체계적으로 접근하는 방법이다.

2) 약점이 없는 것이 최고의 기술이다

1984년, 스콧 해밀턴이 올림픽 피겨스케이팅에서 금메달을 목에 걸었다. 미국이 24년만에 딴 금메달이었다. 해밀턴이 금메달을 따기까지의 여정은 결코 쉽지 않았다. 그는 그 자리에 서지 못할 수도 있었다. 생후 6주만에 입양된 그는 어렸을 때 많이 아파 네 살부터 여덟 살까지 입퇴원을 반복했고 그러느라 제대로 자라지 못했다. 연달아 오진을 받으며 6개월 밖에 더 살지 못할 거라는 말도 들었지만 그의 엄마는 이를 믿지 않았다. 그의 부모님은 해밀턴이 평범한 어린 시절을 누릴 수 있게 집 가까운 곳에 새로 생긴 아이스 스케이트장에 그를 보내 주었다.

해밀턴은 매주 토요일 아침 아이스 링크에 가서 자유롭게 스케이트를 탔다. 건강한 아이들과 함께 노는 것은 몹시 즐거웠다. 실력이 매주 향상되었고, 수년 동안의 병원 생활 때문에 스포츠 팀에서 매번 가장 늦게 선발되던 해밀턴은 처음으로 자신감을 느낄 수 있었다. 해밀턴의 스케이트 실력은 뛰어났다. 또래 아이들 중 최고였다.

본격적으로 스케이트를 타기 시작한 그는 마침내 미국 피겨스케이팅 챔피언십에서 1위를 차지했다. 시작은 순조롭지 않았지만 스케이트에 대한 그의 사랑은 조금도 줄어들지 않았다. 그런데 열여덟 살이 되었을 때 갑자기 엄마가 돌아가셨다. 절망한 해밀턴은 언제나 조건 없이 자신을 보살피고 사랑해 주었던 엄마 없이 어떻게 살아갈 수 있을지 막막했다. 하지만 그 어느 때보다 더 열심히 훈련해 엄마에게 자랑스러운 아들이 되기로 결심했다. 해밀턴은 새로운 마음으로 다시 훈련을 시작했다. 그리고 그때까지 하지 못했던 점프를 마침내 해낼 수 있었다. 상황이 좋아지고 있었다.

해밀턴은 세계 랭킹 5위였고, 이제 간절히 바라던 1위를 노려볼 수 있게 되었다. 그는 피겨스케이팅보다 프리스케이팅을 더 잘했는데 그것이 그의 약점이었다. 피겨는 스케이트 날로 정확히 원을 그려야 하고 날의 방향이 잘못되면 점수가 삭감되었다. 해밀턴은 자신이 가장 싫어하는 것과 사랑에 빠질 수 있는 방법을 찾아내기로 결심했다. "최고의 강점은 약점이 없다는 것이다."라고 그는 말했다. 그는 낮이나 밤이나 스케이트를 신고 연구했다. 그는 스케이트의 핵심 기술을 완벽히 해내기로 결심했다. 금메달을 방해하는 유일한 장애물이 바로 그것이었기 때문에 반드시 해내야 했다. 해밀턴의 실력은 점점 나아졌고 자신도 변화를 느끼기 시작했다. 그는 매일 아침 3시간을 얼음 위에서 보내며 쉬지 않고 훈련했다. 시합에서 승리하고 싶다면 기본 기술을 완벽하게 익혀야 했다.

결국 그는 사라예보 올림픽 시상대 가장 높은 곳에 기분 좋게 설 수 있었고 피겨스케이팅 금메달을 딴 네 번째 미국 남성이 되었다. 처음에는 싫어했고 자신의 약점이기도 했던 그 기술로 해밀턴은 올림픽 피겨스케이팅에서 1위를 차지했다. 끊임없는 기본 기술 연마가 금메달을 안겨준 것이다.

브로드웨이 스타들은 모든 공연에서 온몸을 사용한다. 노래하고 춤추면서 흠잡을 데 없이 연기하려면 어떤 부분도 부족하지 않게 기본 기술을 끊임없이 연마해야 한다는 뜻이다. 빅토리아 클라크는 2005년 〈라이트 인 더 피아자*The Light in the Piazza*〉로 토니상 여우주연상을 수상했다. 브로드웨이에서 상을 받을 만큼 멋진 공연을 시작하기 전, 그녀는 38년 동안 무대에 서기 전에 해 왔던 기본 훈련을 여러 차례 반복한다. 필요한 것이 바뀌고 목소리가 변하면서 기본 연습의 내용은 진화했지만 목표는 변치 않고 그대로였다. "스토리텔러는 이야기가 빠져나갈 수 있는 통로를 늘 '열린 상태'로 준비해 놓아야 합니다." 클라크가 말했다. 그녀는 목소리 뿐만 아니라 자신의 몸 전체가 도구라고 생각했다. 체력과 유연성, 폐활량을 키우기 위해 에어로빅을 했고 춤추면서 노래도 할 수 있도록 걷거나 달리면서 노래하는 연습도 했다. 배우 경력이 쌓일수록 신체적 유연성은 줄어들었고 에어로빅 훈련 속도는 느려졌지만 연기를 시작했던 첫해부터 해왔던 기본 몸풀기 훈련을 무대에 서기 전에 여전히 진행한다.

처음 연기를 시작했을 때의 발성 훈련은 복잡한 음계와 다양한 모음으로 이루어져 있었다. 토니상을 수상했다고 발성 훈련을 그만두지는 않았지만 복잡했던 음계와 모음이 언제라도 목소리 상태를 확인할 수 있는 '아'의 두 음계로 축소되긴 했다. 배우라면 누구나 토니상 수상이라는 빛나는 목표를 마음속에 품고 있을 것이다. 그래서 끊임없이 기본 기술을 연마해 부족한 점을 극복하려고 노력한다. 성공하는 사람들은 변해 가는 새로운 요구에 맞춰 자신의 루틴을 수정하거나 다듬어 나가는 방법을 잘 알고 있다.

올림픽 챔피언이든 토니상 수상 배우든 변호사든 성공하는 사람들은 모두 기본기를 탄탄히 하고 자신의 약점을 극복하는 데 특별히 집중했다.

올바른 질문을 던져라

내가 박사 과정을 시작하며 어떤 주제로 논문을 쓸지 고심하고 있을 때 나의 멘토 버트 샤피로 박사님은 다음과 같은 현명한 조언을 해주셨다. "중요한 주제를 선택해라. 흥미롭기만 한 주제 말고." 나는 그 후로 그 말씀을 마음 깊이 새기고 다녔다. 과학자로서 교수님은 올바른 질문을 던지는 것이 성공에 가장 중요하다는 사실을 알고 계셨고 그 조언은 정확히 내게 꼭 필요한 것이었다. 나는 우리 시대의 가장 성공한 의사과학자들을 연구하기로 했다. 수년 전 들었던 교수님의 조언 덕분에 지금 이 책과 수많은 기조연설, 〈포브스〉, 〈하버드 비즈니스 리뷰〉, 〈사이콜로지 투데이〉, 〈네이처〉 등 다수의 저널에 실린 논문들이 탄생할 수 있었다.

그렇다면 올바른 질문은 어떻게 찾을 수 있으며 그것이 왜 그토록 중요할까? 시작하는 사람들은 질문을 통해 빈 곳을 발견하거나 다른 사람들이 정확히 찾지 못하는 해답을 찾을 수 있을 것이다. 정보나 지식, 이해, 혹은 기술이 부족한 곳이 어디인지 살펴보라. 어떻게 그 빈 곳을 채울 것인가? 가장 효과가 좋은 방법은 무엇일까? 당신의 말과 행동이 생각보다 훨씬 큰 변화를 가져올 수 있다는 사실을 이해하면 꼭 필요한 올바른 질문을 찾는 데 도움이 될 것이다.

다른 훌륭한 의사과학자들과 마찬가지로 존스홉킨스의 버트 보겔스타인 박사 역시 실험을 구상하고 결과를 해석하는데 하루에 여섯 시간에서 여덟 시간을 쓴다. "그것이 바로 제가 연구를 시작하게 된 이유였습니다. 저는 가설을 세우고 실험하고 이를 증명하는 것을 좋아합니다. 실험실 물건들을 갖고 노는 것이 좋아요. 회의는 싫습니다." 그가 말했다. 대학원생들과 박사후 과정 펠로우들을 거느리고 있으면서도 보겔스타인은 처음 연구를 시작했을 때의 그 마음가짐을 잃지 않고 있었다.

의사과학자들은 해결해야 할 정확한 문제를 끊임없이 찾는다. 어떤 문제를 찾느냐가 당신의 미래를 좌우한다. 미국의 전염병 전문가 앤서니 파우치 박사 역시 중요한 문제를 찾아내야 한다고 강조한다. 그래서 그는 미국의 에이즈, 에볼라, 사스, 지카, 코로나 바이러스 해결을 위해 언제나 앞장섰다. "중요한 질문을 던지십시오. 사소한 것에 흥미를 느끼는 것도 좋습니다. 저만 좋아하는 것일 수도 있지만 저는 언제나 중요한 영역 안에서 질문을 던지려고 노력했습니다. 그리고 그 질문은 영향력을 끼칠 수 있는 대답으로 이어져야 합니다." 파우치는 말했다.

호기심을 가져라

올바른 질문을 던지기 위해서는 당당한 호기심이 필요하다.

그 문제는 어떻게 일어났는가?
내가 그 일을 하면 어떻게 될까?
누가 그 말을 했는가?
그 문제는 왜 해결되지 않는가?

그 문제는 왜 이런 식으로 해결되고 있는가?

'왜 아무도 이 문제를 해결하지 않았지?'라는 질문이 떠올랐다면 무언가 찾아냈다는 뜻이다.

벤 넬슨은 10년 동안 지켰던 스냅피시의 최고경영자 자리에서 내려오고 싶었다. 무에서 의미 있는 유를 창조하고 싶었지만 무엇이 지신의 다음 모험이 될지는 아직 알 수 없었다. 하지만 머릿속에서 굴리던 아이디어들은 계속해서 교육 분야로 수렴되었다. 문제는 사업성이었다. 전 직장 상사에게 그 고민을 털어놓자 그가 몇 가지 근본적인 질문을 던졌다. 그 질문을 통해 넬슨은 교육을 변화시킬 수 있는 방법에 대해 더 깊이 생각하게 되었다. 부모님 모두 학자였던 넬슨은 대학이 바뀌어야 교육이 변할 거라고 생각했다. "고등 교육을 변화시키면 다른 모든 것이 변할 겁니다. 고등학교들은 대학 입시를 준비합니다. 고등학교가 무엇을 원하는지는 중요하지 않죠. 중요한 것은 대학이 누구를 받아들일 것인가 입니다." 넬슨이 말했다. 그는 고등 교육을 어떻게 개선할 수 있을지 계속 고민했다.

저명한 생화학자인 넬슨의 아버지 네이선 넬슨 박사는 80대의 나이에도 여전히 실험실에서 연구를 하고 계셨다. 어린 넬슨은 아버지가 명망 있는 과학자이기는 했지만 최고의 교육자는 아니라고 느꼈다. 반대로 넬슨의 어머니는 과학자이자 재능 있는 교사로 학생들을 가르쳤다. 그는 어머니 같은 교사들을 찾아 다음 세대의 대학생들을 가르치고 싶었다. 너무 신나 도저히 멈출 수 없는 생각이었다. 그는 최고 수준의 교수법을 선보이는 고등 교육 기관을 만들고 싶었다.

넬슨은 교육의 본질에 가까운 최고급 고등 교육 기관을 꿈꾸며 2천5백만 달러의 벤처 자금으로 미네르바 프로젝트에 착수했다. 그는 어떻게 하면 더 잘할 수 있을지 끊임없이 자문했다. 어떻게 해야 더 영향력을 끼칠 수 있을까? 낭비되고 있는 것은 무엇인가? 그는 2년 동안 고등 교육을 낱낱이 분해하고 그 핵심을 파악해 다시 세웠다. 입학 조건과 입학 과정, 커리큘럼과 수업 방식, 강의 구성을 새롭게 상상했다. 전통적인 캠퍼스가 아니라 전 세계가 그들의 캠퍼스가 되었다. 학생들은 캘리포니아의 샌프란시스코에서 입학해 다음 3년 동안 전 세계 여섯 개의 다른 도시들을 옮겨다니며 공부했다. 상주해야 하는 캠퍼스도 없었고 체육관이나 카페테리아도 없었다. 학생들은 세상에 속해 어른이 되는 법을 배웠다.

미네르바 프로젝트는 벤 넬슨이 던진 수많은 질문 덕분에 시작될 수 있었다. 그는 기존의 상태가 마음에 들지 않았고 자신의 기술과 네트워크를 사용해 이를 개선했다. 호기심을 발휘해 영향력을 끼칠 수 있는 새로운 방법을 찾았다. 올바른 질문은 과학에만 필요한 것이 아니다. 경영에서도 올바른 문제를 해결하고 있는지 고민해야 한다. 아직 충족되지 않은 요구가 있는가? 사람들과 이야기를 나누고 질문을 던지고 어디에 공백이 있는지 파악하라. 그리고 그 공백을 메꿔라.

멘토 팀을 꾸려라

멘토십에 관한 자료에 따르면 멘토의 도움을 받은 사람이 그렇지 않은 사람보다 능력도 좋고 수입도 많았다.[4,5,6] 모든 답을 알고 태어나는 사람은 없다. 오히려 우리는 우리가 무엇을 모르는지 모른다. 그러므로 성공하기 위해서는 우리 생각을 듣고 그 의견에 숨을 불어넣어 주고 위험한 상황에 내처하는 법을 일러 주는 사람들을 곁에 두는 것이 반드시 필요하다. 성공한 사람들은 모두 멘토가 있었고 멘토가 단 한 명이 아니라 여러 명인 경우도 있었다. 그들은 주변의 많은 사람들로부터 새로운 관점과 기술, 아이디어에 대한 조언을 들을 수 있었다. 멘토는 업계 선배이거나 후배일 수도 있으며 수준이 비슷한 동료일 수도 있다. 성공한 사람들은 커리어 초기부터 멘토들의 도움을 받았고 성공을 이룬 후에도 지속적인 조언을 들었다. 오랜 기간 멘토가 되어준 이들이 시간이 지나며 친구가 되기도 했다. 신뢰가 넘쳤기 때문에 수년 동안 이어질 수 있는 관계였다. 성공한 사람들은 그들을 한없이 지지해 주면서도 자신을 넘어서는 것 역시 경계하지 않는 멘토들을 찾았다. 그들은 멘티에게서 엄청난 가능성을 발견하고 멘티가 위대해질 수 있도록 이끌어 주었다.

제프리 프리드먼 박사는 체중 조절 호르몬 렙틴을 발견해 상을 받은 의사과학자다. 그는 연구실을 꾸리고 연구생들을 채용하면서 자신의 멘토인 록펠러 대학교의 짐 다넬 박사를 찾아가 조언을 구했다. 시행착오를 중시하는 연구실 운영 방식이 어느 정도까지는 효과가 있었지만 새로운 의견이 필요하다고 생각한 것이다. 두 사람은 연구실을 운영하고 연구생들을 격려하는 것에 대해, 과학에 대해 이야기를 나누었다. 두 사람의 연구실은 수년 동안 같은 층에 있었고 연구실 합동 모임을 하기도 했다. 이후에 연구 대학과 진로가 바뀌기는 했지만 두 사람의 멘토링 관계는 변함없었다.

의대나 대학원에서 연구실 운영하는 법, 팀을 이끄는 법, 예산이나 공간 운영 등에 대해 가르쳐주지는 않는다. 다른 과학자들처럼 프리드먼 역시 다른 사람들을 관찰하거나 조언을 구하며 다양한 방법을 시도해 보았다. 연구실을 꾸릴 때 꼭 필요한 인재를 데려오는 것이 얼마나 중요한지 그가 처음부터 알고 있었던 것은 아니었다. 게다가 제 역할을 못하는 사람이 가져올 역효과도 과소평가하고 있었다. 그가 처음 꾸린 팀원들 중 중요한 역할을 하는 사람도 있었지만 그렇지 않은 사람도 있었다. 프리드먼은 최악의 경우가 의미 있는 기여를 하지 못하는 사람과 한 팀이 되는 것이라고 생각했지만 알고 보니 사람들은 다양한 방식으로 팀의 전반적인 노력에 해를 끼칠 수 있었다. 그들 때문에 잘못된 실험은 처음부터 다시 시작해야 했다.

그런 사람들은 팀원들에게 부정적인 영향을 끼치면서 연구실 전체에 해가 되기도 했다. 불만을 품은 한 사람이 팀장을 깎아내리면서 팀 전체가 나쁜 영향을 받기도 했다. 프리드먼도 연구실의 대학원생들과 박사후 과정 연구생들이 서로 반목한다고 느꼈던 적이 있었다. 자기도 모르게 악순환의 덫에 걸려 있었다. 더 훌륭한 팀원들을 채용하고 싶었지만 새로 들어올 사람들이 기존 구성원들과 미리 이야기를 나누면서 문제가 생기기 시작했다. 기존 구성원들이 새로운 이들에게 상황이 좋지 않으니 들어오지 말라고 하는 것이다.

프리드먼은 미흡한 연구실 운영 때문에 자신의 커리어가 끝날지도 모른다고 생각했다. 한 번 나쁜 소문이 나면 쉽게 사라지지 않는다. "새로운 팀원들이 들어온다고 해도 안 좋은 소문의 여파는 상황이 정리된 후까지 한참 계속되고 새로운 명성을 쌓기까지는 두 세대나 그 이상이 걸립니다." 프리드먼이 말했다.

프리드먼은 연구 팀을 정비하고 멘토와 이야기를 나누었다. "더 이상 그대로 둘 수는 없었습니다. 그들도 자기 뜻대로 하겠죠." 그가 다넬 박사에게 말했다. 그는 마음속으로 그들을 지우고 프로젝트에 헌신했던 서너 명의 뛰어난 연구원에게 이렇게 말했다. "그들도 하고 싶은 대로 할 자유가 있습니다. 하지만 프로젝트는 우리 것입니다." 그날부터 프리드먼은 연구실에서 주인의식을 발휘하기 시작했다. 그의 멘토 짐 다넬 박사는 나중에 그에게 이렇게 말했다. "그때 처음으로 나도 자네가 해낼 거라고 생각했네."

다넬은 고민은 들어주었지만 답은 주지 않으면서 프리드먼에게 중요한 교훈을 주었다. 프리드먼은 이렇게 말했다. "연구실의 성공 여부가 전적으로 내 손에 달려 있다는 사실을 언젠가는 깨달아야 합니다." 다넬은 수십 년의 경험을 토대로 그 말을 해줄 수도 있었지만 프리드먼이 스스로 깨닫지 않았다면 그 어떤 조언도 힘을 발휘하지 못했을 것이다.

나는 20년 이상 의사과학자 프로그램을 운영했기 때문에 프리드먼의 학생들도 많이 알고 있다. 그들은 박사 학위를 따고 연구실을 떠난 지 수년이 지났지만 아직도 프리드먼에게 조언과 의견을 구한다. 프리드먼은 자신이 받은 멋진 멘토십의 가치를 알고 이를 후배들에게 베풀고 있다. 옆에서 조언을 해주며 멘티들이 문제를 파악하고 이를 해결할 수 있도록 돕는다. 멘티는 스스로 일을 해결해야 하고 멘토는 그 과정에서 올바른 길에 빛을 비춰주는 역할을 한다.

1) 의외의 인물도 멘토가 될 수 있다

우리 부모님 세대는 나보다 나이도 많고 더 현명하며 내가 가고자 하는 길을 이미 걸은 사람이 멘토가 되어야 한다고 생각했다. 하지만 최근에는 자신과 달라 다양한 관점을 제공해 줄 수 있는 사람을 찾는다. 멘토가 반드시 당신보다 유명하거나 성공한 사람이어야 하는 것은 아니다. 나와 내 커리어에 긍정적인 영향을 끼칠 수 있는 사람이라면 누구나 성공 여부와 상관없이 멘토가 될 수 있다.

조 자코비는 1992년 바르셀로나 올림픽 카누·카약 부문에서 금메달을 목에 걸었다. 자코비는 십대 후반에 지역 선수 팀이 훈련하는 강에서 즐겨 배를 타던 성격 좋은 동네 친구 스티브 파크를 만났다. 자코비는 막 훈련을 마치고 노를 저어 기슭으로 돌아가고 있었는데 그때 파크가 보트에서 혼자 연습을 하고 있었다.

자코비는 보트에서 내려 친구이자 팀메이트, 전 세계 챔피언이었던 레키 할러와 함께 뭍으로 올라갔다. 할러는 파크가 노 젓는 모습을 몇 분 동안 지켜보다가 자코비에게 이렇게 말했다. "기억해. 꼭 자기보다 훌륭한 사람한테만 배울 수 있는 게 아니라 누구한테도 배울 수 있어."

파크는 강에서 훈련하는 올림픽 선수들이나 세계 챔피언들보다 나이가 훨씬 많았다. 이미 사십 대 중후반의 직장인이었고 다른 책임도 많았다. 파크는 그저 건강을 위해 노를 젓고 있었다. 하지만 그의 노력은 세계 챔피언들에게도 돋보였다. 자코비는 훈련 방식이나 공동체의 분위기에 누구나 긍정적으로 기여할 수 있다는 사실을 깨달았고 코치들과 팀 동료들을 넘어 다양한 사람들을 만나기 위해 적극적으로 노력했다. 선수 생활에서 은퇴한 지 수년이 지났지만 그는 여전히 자신에게 긍정적인 영향을 끼칠 수 있는 다양한 사람들을 만나려고 노력한다.

2) 자신보다 자신을 더 믿어주는 멘토를 찾아라

니콜 스톳은 나사의 케네디우주센터 전 소장 제이 호니컷이 아니었다면 결코 우주비행사에 지원하지 않았을 것이다. 고등학교를 졸업할 때 이미 조종사 자격증을 갖고 있었던 스톳은 빨리 비행하고 싶어 대학을 졸업할 날만 기다렸다. 그러다 나사에 대해 알게 되었고 케네디우주센터의 우주왕복선 프로그램 엔지니어로 나사에 취직했다. 그리고 십여 년 가까이 나사에서 일하며 우주왕복선에 탑승하려면 무엇이 필요한지 샅샅이 알게 되었다. 옆에서 지켜보니 우주비행사들도 자신처럼 대부분의 시간을 우주가 아니라 지상에서 보내고 있었다.

그래서 어쩌면 자신도 우주비행사가 될 수 있을지도 모르겠다고 생각했다. 그 전에는 자신과 다른 특별한 사람들만 우주비행사가 될 수 있을 거라고 생각했다. 아무도 너는 우주비행사가 될 수 없다고 말한 적 없었지만 그저 너무 불가능하고 비현실적인 일처럼 느껴졌었다. 그러다 실제 우주비행사들이 무슨 일을 하는지, 그 일이 자신의 일과 얼마나 비슷한지 알게 된 것이다. 학력이나 경력에 있어서도 스톳은 다른 우주비행사들과 크게 차이가 나지 않았다.

스톳이 마음을 굳힌 결정적 계기는 멘토와의 대화였다. 스톳의 멘토는 당장 지원서를 작성하라고 권했다. 그녀에게 필요했던 적극적인 권유였다. 지원서 작성이 그녀가 통제할 수 있는 유일한 일이기도 했다. 스톳은 멘토들의 격려가 없었다면 결국 지원서를 제출하지 못했을 거라고 말했다. 멘토들은 스톳의 생각보다 그녀의 능력을 높이 사주었다. "할 수 있겠어? 쉽지 않을 거야."라고 말하는 사람은 아무도 없었다. 아무도 그녀의 능력에 의문을 품지 않았다. 멘토들은 그녀가 스스로 통제할 수 있는 유일한 일을 하라고, 즉 지원서를 작성해 제출하라고 격려해 주었다. 돌이켜보면 너는 할 수 있다는, 믿을 만한 누군가의 확신이 필요했다고 스톳은 생각했다. 혼자서라면 하지 못했을 것이다. 스톳은 두 번의 시도 끝에 우주비행사로 선발되었고 우주에서 104일을 보냈다.

제이 호니컷은 1988년 스톳을 처음 만났을 때부터 쭉 그녀의 든든한 멘토가 되어 주었다. 스톳은 늘 생각하라는 그의 말을 마음에 새기고 있었다. "중요한 것은 못 하는 이유가 아니라 해내는 방법이야." 모든 문제에는 답이 있다고 호니컷은 가르쳤다. 아직 답을 찾지 못한 것뿐이다. 더 창조적으로 생각하게 만들어주는 훌륭한 조언이었다. 스톳은 그와 같은 생각에서 자유로움을 느꼈고 일을 하며 마주한 무수한 문제와 딜레마도 이를 통해 해결했다. 스톳에게 지원서를 작성하라고 가장 먼저 등을 떠밀어 준 호니컷은 수십 년이 지난 지금 스톳과 좋은 친구로 지내고 있다.

다른 사람들과 함께 일하며 배워라

종이도 네 귀를 들어야 바르듯, 다른 사람들과 함께 일하는 법을 배우는 것이 성공과 실패를 가름한다. 늘 자기만의 방식으로 일할 수는 없다. 성공으로 가는 길은 결코 혼자 갈 수 없다. 성공하기 위해서는 도와줄 사람들과 함께 비전을 공유해야 한다. 이를 더 빨리 깨달을수록 성공을 가로막고 있는 장애물을 더 빨리 넘어설 수 있을 것이다.

1) 가장 목소리 큰 사람이 되지 말라

대릴 로스는 브로드웨이에서 122개가 넘는 크고 작은 공연을 제작했다. 여섯 차례 토니상을 수상한 〈킹키 부츠〉와 토니상 수상 후 다시 제작된 〈더 노멀 하트〉도 그녀가 제작한 작품들이다. 그녀의 작품 중 일곱 개는 퓰리처상을 수상했다. 연극이 무대에 오르려면 수많은 단계에서 아이디어를 현실로 만들어줄 사람들이 필요하다. 극작가, 배우, 감독, 무대 감독들은 그 과정에 필요한 창조적 팀의 일부일 뿐이다.

커리어 초기, 로스는 뮤지컬 〈닉 앤 노라〉를 제작했지만 실패했다. 그녀는 제작 팀이 작품에 대한 비전을 공유하지 못했기 때문에 실패했다는 사실을 깨달았고 그 경험을 토대로 처음부터 다시 시작했다. "협력할 수 있는 능력이 극단에서 가장 중요한 요소입니다." 로스가 말했다. "대본을 읽는 단계에서부터 뜻을 맞추지 못하면 이는 무대에서 그대로 드러납니다."

로스는 자신이 관심 있는 분야나 주제로 제작할 공연을 찾았다. 의미 있으면서도 자신의 마음을 울리는 이야기여야 했다. 그녀가 제작한 작품들은 모두 그런 특성을 공유하고 있었다. 로스는 성별, 가족 관계, 자신의 뿌리인 유대교 전통, 그리고 힘 있는 여성들의 이야기에 끌렸다. 성공하기 위해서는 작품에 열정이 담겨야 한다고 그녀는 믿었다.

공동 작업을 잘하기 위해서는 훌륭한 사람들과 전문가들을 고용해야 한다고 로스는 생각했다. "변호사, 매니저, 감독, 연출 등 당신보다 더 훌륭한 사람들을 곁에 두어야 합니다." 그녀는 말했다. 그녀는 말하기보다 더 많이 듣는다. 다른 사람들의 의견을 듣는 것이 가장 목소리 큰 사람이 되는 것보다 훨씬 효과적이라는 사실을 깨달았기 때문이다. 그것이 바로 대릴 로스가 지금까지 지속적으로 보강하고 있는 탄탄한 기본기였다.

2) 협업과 소통 능력을 강화하라

협력하는 방법을 진정으로 아는 사람들이 있다면 바로 우주비행사들일 것이다. 수석 우주비행사들은 지원자들이 다른 비행사들과 얼마나 잘 협력할지 늘 고민한다. 나사의 수석 우주비행사였던 페기 윗슨 박사는 언제나 팀원들을 하나로 묶어 줄 사람들을 찾았다. 우주 임무에는 협력이 너무 중요했기 때문에 윗슨은 나사의 우주 비행 훈련을 강화했다. 우주비행사들은 기술적인 측면은 부족하지 않았지만 협동력이나 의사소통 능력 등을 지칭하는 소프트 스킬을 강화할 필요가 있었다. 윗슨은 긍정적인 예와 부정적인 예를 충분히 보여주며 우주비행사들에게 의사소통, 팀워크, 자기 돌보기, 팀 돌보기, 리더십과 팔로우십 등의 훈련을 시켰다.

윗슨은 협력과 팀워크, 의사소통 능력이 핵심이라고 생각했기 때문에 우주비행사들을 데리고 아웃도어 리더십 캠프에 참여하기도 했다. 우주비행사들은 리더가 이끄는 두 팀에 각각 속해 34킬로그램의 장비를 메고 일주일에 걸쳐 하이킹을 했다. 이는 신체적으로 몹시 힘든 일이었다. 매일 밤 당일 수행한 임무를 보고하는 시간을 가졌고 리더들은 위험이 닥칠 때까지 팀원들에게 무엇을 해야 하는지 말해주지 않았다. 의사소통 훈련에 집중하기 위해서였다. 한 팀에게는 지도가 있었고 다른 팀에게는 지도가 없었기 때문에 두 팀은 효과적으로 소통해야 할 수밖에 없었다. 이는 한 팀에게는 자료가 있고 한 팀에게는 자료가 없는, 우주비행사들과 관제센터 사이의 관계와 비슷했다.

윗슨은 수석 우주비행사가 된 후 맥스웰 공군 대응팀 훈련도 도입했다. 군사 훈련 프로그램을 우주비행사들의 상황에 맞게 변형한 것으로 다양한 장애물을 넘을 때마다 리더가 바뀌며 진행되는 훈련이었다. "팀이 일단 어떤 식으로 협력할지 파악하면 리더는 중요하지 않습니다." 윗슨이 말했다. 리더십과 팔로우십, 협동심, 의사소통 기술을 강화해 어떤 문제가 발생해도 해결할 수 있는 방법을 훈련하는 것이다. 그 과정에서 우주비행사들은 서로 신뢰하는 법을 배웠다. 문제 해결 방식보다 협력하는 방식에 집중하는 훈련은 교실에서는 결코 배울 수 없는 것이었다.

네트워크를 구축하며 커리어를 쌓아라

성공한 사람들은 모두 커리어 내내 구축해 온 광범위한 네트워크가 있었다. 네트워크는 그들의 사회적·정치적 자산이자 그들의 통화다. 시간이 지나면 네트워크 구성원들은 믿을 수 있는 친구가 된다. 그들은 지속적으로 새로운 사람들을 만나고 직업적 관계를 발전시켜 나간다. 그들의 네트워크는 끊임없이 진화한다.

바이오레퍼런스 연구소 대표 조나단 코헨 박사는 미국에서 세 번째로 규모가 큰 코비드-19 검사 시설을 운영한다. 팬데믹 초기에 그는 회사를 두 배로 키웠고 미국 프로농구 협회와 프로축구 협회, 다수 대학의 코로나 검사 입찰을 따냈다.[7] 코헨의 커리어가 늘 순탄했던 것은 아니었다. 그는 오랫동안 힘든 훈련을 거쳐 혈관 전문의가 되었다. 마흔에 종합 병원의 외과 과장이 되었고 이후 이사를 거쳐 의료총책임자가 되었다. 대통령 후보 존 케리의 건강보험 고문이었으며 헬스케어 개혁을 외치며 뉴욕 부지사에도 출마했다. 결국 뉴욕 주지사 데이비드 패터슨의 선임 자문 위원이 되어 모든 의료 정책과 전략을 책임지게 되었다. 주정부 일을 그만둔 후 퀘스트 다이아그노스틱스의 고문으로 있다가 바이오레퍼런스 연구소의 대표이사가 되었다.

코헨은 학계와 정계, 과학계를 넘나들며 일했다. 각각의 경험을 통해 새로운 기술을 배우고 더 많은 사람과 연결되었다. 한 자리가 다음 자리로 연결되었고 모든 기회는 이전의 경험이 있었기 때문에 가능했다. 관계를 쌓고 잘 유지한 사람들은 나중에 다시 그에게 도움이 되었다. "시간이 지나면서 깊고 탄탄한 네트워크가 만들어졌습니다. 사람들은 좋은 사람 곁에 있고 싶어 하고 훌륭한 동료와 함께 일하고 싶어 합니다." 코헨은 말했다. 폭넓은 커리어 덕분에 그는 다양한 분야의 많은 사람을 만났다. 그는 여러 사안에 대한 자기만의 관점이 있었고 사람들은 그가 이를 위해 나설 거라는 사실을 알았다. 코헨은 일년에 서너 번씩 사람들에게 안부를 묻는다. 관계를 이어가는 것이 중요하다고 생각하기 때문에 자리에 앉아 종종 연락처를 훑는다.

나는 강연을 하게 될 때마다 너무 어리거나 경험이 없다고 해서 네트워크를 만들 수 없는 것은 아니라고 말한다. 동료들은 함께 성장하며 누구도 영원히 학생이거나 주니어 매니저로 남지는 않을 것이다. 루스 베이더 긴즈버그 대법관이 세상을 떠난 직후 〈포브스〉에 기고하기 위해 그녀 밑에서 일했던 서기관들 몇 명을 인터뷰한 적이 있다.[8] 긴즈버그 대법관이 모임을 만들어 그동안 함께 일했던 모든 직원을 매년 초대했기 때문에 많은 이들이 서로 잘 알고 있었다. 갓 로스쿨을 졸업하고 긴즈버그 대법관 밑에서 잠시 일했던 사람들도 수십 년 동안 그 모임에 꾸준히 참여했다.

폴 왓포드는 미연방 제9순회 항소법원 판사다. 그는 1995년에서 1996년 사이 긴즈버그 대법관 밑에서 일할 때 필 와이저를 만났고 와이저는 지금 콜로라도 법무장관이 되었다. 그들은 긴즈버그 대법관이 역사적인 미국 대 버지니아 판결문을 쓸 때 함께 일했다. 폴 왓포드와 필 와이저는 이십 대 때 대법원 직원으로 만났지만 지금은 각각 판사와 법무장관이 되었다. 동료는 함께 성장한다.

2003년, 피터 아그레 박사가 노벨 화학상을 수상했다. 노벨상 수상자들은 서로와 서로의 연구에 대해 모두 잘 알고 있다고 그는 말했다. 수상자들은 매년 여름 린다우 노벨상 수상자 회의에 초대받는다. 서로 이야기를 나누고 회포를 풀면서 다음 세대와 과학에 대해 논할 기회도 갖는다. 전 세계에서 모인 600명의 학부생, 박사 과정, 박사후 과정 학생들이 참가해 친분을 쌓고 노벨상 수상자들과 네트워크를 쌓는다.

지속적으로 연마하는 탄탄한 기본기는 성공으로 가는 길에 꼭 필요한 요소다. 어떤 분야에서든 성공한 사람들은 월계관을 썼다고 해서 걷고 쉬지 않는다. 그들은 약점을 극복하고 강점을 더 탄탄히 하기 위해 열심히 노력했고, 자신을 지지해주고 도와주는 많은 이들의 도움을 받아 결국 성공을 이루었다.

코칭을 위한 질문

1. 네트워크를 확장하거나 직업적 관계를 발전시키기 위해 지금 연락할 수 있는 사람은 누구인가?
2. 강화할 수 있는 당신의 약점 한 가지는 무엇인가?
3. 당신을 믿어 주고 당신의 멘토가 되어줄 수 있는 한 사람은 누구인가?

핵심 요약

1. 지위나 경력에 상관없이 지속적으로 기초를 강화해야 한다. 기본을 체계적으로 익히고 강화해 결코 무뎌지게 만들지 말라. 기본이 확실하지 않으면 절대 탄탄한 커리어를 쌓을 수 없다.
2. 호기심을 갖고 질문을 던지며 논리의 허점을 찾아라. 간과되고 있거나 놓치고 있는 부분은 무엇인가? 흥미로운 문제보다 중요한 문제에 집중하라.
3. 멘토가 있는 사람은 멘토가 없는 사람보다 더 능력이 있고 보수도 많다. 새로운 관점을 나눠주고 혼자서는 할 수 없는 일을 해내라고 격려해주는 멘토들의 팀을 꾸려라.
4. 사람들과 효율적으로 함께 일하는 방법을 배워라.
5. 직업적 관계를 쌓아가기 시작하라. 흥미로운 사람들과 네트워크를 쌓고 유지하라.

지속적인 학습

나는 의사과학자 통합 프로그램을 이십 여년 이상 운영했다. 내 학생들은 8년 동안 엄격한 수련을 거쳐 두 개의 학위를 취득한다. 입학률이 3.5퍼센트로 스탠포드보다 더 합격하기 어려운 과정이다. 내 학생들은 최고 중의 최고, 엘리트 중의 엘리트였다.

가끔 학생들이 사무실로 나를 찾아오는데 어느 날 한 학생이 귀에 헤드폰을 끼고 왔다. "무슨 음악을 듣니?" 가장 좋아하는 밴드나 음악가에 대한 답을 기대했는데 놀랍게도 그는 유명 과학자의 인터뷰를 듣고 있었다. 그는 과학 팟캐스트를 종종 들으며 다른 사람들의 업적과 효과가 있거나 없는 다양한 연구 방법, 그들의 아이디어와 그들이 넘어야 했던 장애물 등에 대해 듣는다고 했다. 나는 그 학생에게 매료되었다.

내가 이 책에서 인터뷰한 성공한 사람들 중 다수는 수년 전, 심지어 수십 년 전에 공식 교육을 마친 사람들이었다. 많은 사람들이 고급 학위를 받았다. 하지만 학위나 수상, 그에 따른 유명세가 그들이 배움을 시작하는 최종 목표는 아니었다. 오히려 시작이었다. 배움은 더 멀리 탐구하고 더 많은 질문을 하고 더 많은 점을 연결하는 지속적인 과정이다. 끊임없이 배우면 더 빠르고 더 확실하고 더 나은 방법으로 다르게 생각할 수 있게 된다. 그리고 이는 전통적인 교실에서는 배울 수 없는 것이다.

빌 게이츠, 워런 버핏, 마크 큐반 같은 성공한 억만장자들은 하루에도 몇 시간씩 독서를 통해 새로운 지식을 습득하는 것으로 유명하다.[1] 독서가 그들 성공의 직접적인 비결은 아니었지만 그들은 다른 사람들로부터 배울 수 있다는 사실을 두려움 없이 인정했다.

독서는 새로운 것을 습득하는 여러 방법 중 하나일 뿐이다. 성공한 사람들은 흥미로운 주제나 인물들에 대한 강연이나 팟캐스트를 들으며 배움을 지속한다. 그들은 선후배나 동료를 막론하고 다양한 사람들로부터 새로운 관점을 얻거나 조언을 구한다.[2]

그 새로운 관점과 조언이 곧 배움의 핵심이다. 성공하는 사람들은 지식을 축적하고 역량을 강화할 수 있는 미세한 변화를 끊임없이 시도한다.[3] 변화는 다양한 인풋과 피드백을 통해 이루어진다.[4]

그들은 피드백을 두려워하지 않고 적극적으로 찾아나선다.[5] 피드백은 비판이 아니라 더 나아질 수 있는 기회일 뿐이다.

성공하는 사람들은 타인의 관점을 중시하고 멘토들로부터 조언을 구한다. 그들에게는 한 명이 아니라 조언을 구할 수 있는 다수의 멘토가 있었다.[6, 7] 멘토들의 가치를 알기 때문에 다른 사람들의 멘토가 되어 자신이 받은 만큼 베푸는 데에도 많은 시간과 노력을 기울인다. 그들은 멘티의 성공이 결국 자신의 성공임을 잘 알고 있다.

7장에서는 성공하는 사람들이 교실 바깥에서 어떻게 배우는지 알려줄 것이다. 모든 경험은 배울 수 있는 기회이며 만나는 모든 이들로부터 무언가는 배울 수 있다. 성공하는 사람들은 직접적인 관찰이나 행동을 통해, 다른 사람들과 이야기를 나누거나 과거의 경험을 토대로 언제나 더 배울 수 있다는 사실을 잘 알고 있다. 그리고 언제나 열린 마음으로 더 배우려고 나섰다.

학습 방향 수립하기

모든 주제에 관해 포괄적인 지식을 갖는 것은 불가능하다. 너무나 많은 새로운 지식과 뉘앙스와 근거가 점점 더 빠른 속도로 나타나고 있다. 그렇기 때문에 자신이 어떤 부분에서 성장하고 기회를 포착할 수 있는지 아는 것이 성공을 위해 몹시 중요하다.

1) 후배들에게도 배울 수 있다

크리스토퍼 월시 박사는 하버드 의과 대학의 의사과학자이자 보스턴 아동병원의 유전학 분과장이다. 그는 최고의 과학 협회에서 많은 상을 수상했고 명망 있는 의학 협회 회장도 역임했다. 그는 의학 박사와 철학 박사 학위를 취득한 후에도 여전히 배움을 지속했고, 재능을 타고났으면서도 자신의 부족함을 인정하고 타인으로부터 배우려고 했다. 배우고자 하는 의지와 누구에게서든 배울 수 있는 능력이 그의 성공 비결이었다.

월시는 신경과학 박사 학위를 받고 신경학 레지던트로 근무했다. 십여 년 간의 수련을 통해 의사과학자가 된 후 박사후 과정 펠로우십을 하면서 분자생물학을 더 배워야겠다고 생각했다. 그리고 이를 위한 가장 좋은 방법은 최고의 분자생물학자를 찾아 그의 연구실에서 그가 시키는 모든 일을 하는 것이라고 생각했다. 마침 최고의 분자생물학자는 대학을 졸업한 지 2년 밖에 되지 않은 신참이었다. 세계적으로 유명했던 의사과학자 월시는 열 살 이상 어린 후배에게 분자 생물학에 대해 배웠다. 누구나 그럴 수 있었던 것은 아니었겠지만, 지식은 다양한 방식으로 습득할 수 있다고 월시는 생각했다. 마음을 열기만 한다면 말이다. 월시는 업적을 쌓기 위해 부족한 지식을 채워야 한다고 생각했고 이를 위해 가장 효과적인 방법을 찾아 활용했다. 지식을 확장할 수 있다면 분자 생물학을 배우는 방법과 이를 가르쳐 주는 사람의 나이는 큰 의미가 없었다.

2) 자기만의 학습 계획을 수립하라

2009년, 조나단 자비스는 미국 국립공원 관리청의 열여덟 번째 청장으로 임명되었다. 국립공원 관리청장은 1976년 워싱턴 D.C.에 있는 국립공원 관리청 임시 계약직으로 입사했던 그가 오를 수 있는 최고의 자리였다. 그는 가장 하급 공무원으로 입사해 만이천 달러의 연봉을 받으며 일했다. 하지만 그 일을 사랑했고 그 일을 계속하고 싶었으며, 이를 위해서는 다양한 근무지를 돌아야 했다. 결국 그는 아홉 번이나 근무지를 옮기며 승진을 거듭했다.

생물학 학사였던 자비스는 어떻게 국립공원 관리청장이 되었을까? 어떻게 2만 명의 정규직과 임시직, 단기계약직원들과 27만 9천 명의 자원봉사자를 이끌고 국토의 8천5백만 에이커 이상을 뒤덮고 있는 423개의 국립공원을 관리하고 280억 달러가 넘는 예산을 다룰 수 있게 되었을까?

"국립공원 관리청에 리더십 개발 프로그램이 없어서 제가 직접 만들었습니다." 자비스가 말했다. 자비스는 근무를 마친 후 워싱턴 대학교에서 리더십 개발을 위한 야간 수업을 들었다. 그리고 새로운 리더십 이론이나 기술을 배울 때마다 직원들에게 이를 활용했다. 그리고 서른아홉에 관리자로 승진한 후에도 새로 배운 내용을 실천하면서 리더십과 경영 능력을 쌓아 나갔다. 자비스는 늘 더 많이 배우고 싶었다. 그래서 중앙정부의 관리자 훈련 프로그램에 지원했다. 다양한 분야와 주제에 대해 식견을 넓히고 배우는 것의 가치를 인식했기 때문에 퇴근 후에는 다양한 경험을 쌓았다. 자선 단체에서 일하며 사람들이 돈을 기부하는 방법과 이유에 대해 배우기도 했다. 워싱턴 주립공원 관리공단 선임 연구원으로 인종 불평등 과정을 듣기도 했다.

그 모든 배움이 하나로 모여 자비스의 성공으로 이어졌다. 다양한 프로그램을 수료한 자비스는 하와이와 사모아 등지의 58개 국립공원을 감독하는 북서태평양 제도 국립공원 관리소장이 되었다. 그리고 그 자리에서 7년 동안 근무한 후 2009년 오바마 대통령의 지명으로 국립공원 관리청장이 되었다.

모든 대화는 배울 수 있는 기회다

사람들과의 대화는 새로운 생각을 배우고 문제를 해결하고 가능한 기회를 찾을 수 있는 훌륭한 방법이다. 맥신 클라크는 빌드 어 베어 워크숍의 창립자이자 최고경영자가 되기 전, 전 세계적인 신발 할인점 페이리스 슈즈의 회장이었다. 그렇다면 클라크는 어떻게 신발을 팔다가 곰인형을 만들게 되었을까? 행운은 준비와 기회가 만나는 곳에 있다는 말이 있다. 클라크는 주변의 모든 사람들과 관계를 쌓고 그들에게 기회를 잡는 법, 성공하는 전략과 실패하는 전략, 약한 고리와 공급망, 리더십과 경영 등에 대해 배우며 착실히 준비했다.

클라크는 대학 졸업 후 메이 백화점에서 일을 시작했다. 그런데 몇 주 만에 상사에게 건강 문제가 생겨 클라크가 그 일을 맡게 되었다. 갑자기 많은 것을 빨리 배워야 했다. 그녀는 처음 맡은 자리에서 주변의 모든 사람들과 이야기를 나누며 재고 관리와 구매 관리, 취약한 지점과 특별히 신경 써야 할 점 등에 대해 전부 배웠다. 클라크에게 모든 대화는 더 많은 것을 배우고 중요한 점을 파악하고 절차나 과정상 채워야 할 부분을 찾아낼 수 있는 기회였다. 또한 숨겨진 커리큘럼이라고 부르는 암묵적 규칙과 전통들에 대해서도 배울 수 있었다.

클라크가 초심자로 만들어 낸 성공적인 결과는 눈에 띄었고, 그녀는 본사와의 긴 인터뷰 후 업계의 요직인 미주리주 세인트루이스에 있는 본사에서 근무할 것을 제안받았다. 클라크는 패셔니스타는 아니었지만 같은 여성들이 무엇을 좋아하고 필요로 하는지 잘 알고 있는 워킹 우먼이었다. 그녀는 워킹 우먼들과 이야기를 나누고 들으며 살아있는 대화를 통해 최신 유행의 흐름을 민감하게 예측할 수 있었다.

결국 그녀가 진행 중이던 프로젝트가 페이리스 슈즈의 구매로 이어졌다. 두 회사의 리더들은 클라크를 잘 챙겨주었고 그녀는 모든 기회를 동원해 그들과 이야기를 나누며 그들의 지혜와 전문지식을 흡수했다. 그들은 신발 사업에 대한 모든 것을 가르쳐 주었고 핵심 투자자들을 소개시켜 주었으며 그녀의 끊임없는 호기심과 질문에도 답해 주었다. 더 많은 시간을 함께 보낼수록 두 사람은 클라크의 직업 윤리와 강단, 뛰어난 능력을 알게 되었다. 그녀는 평범한 직원은 아니었다. 열심히 일하며 엄청난 성과를 내고 그 과정에서 넘치는 질문과 소통으로 끊임없이 배우는 호기심 넘치는 사람이었다. 키는 작았지만 내려다볼 수 없는 사람이었다. 결국 1992년, 클라크는 페이리스 슈즈 회장이 되었다. 빌드 어 베어를 설립할 때 역시 그 대화의 기술로 고객이 원하는 것을 파악해 장난감 시장에 성공적으로 진출할 수 있었다.

공동체를 찾아라

캔디스 케이블의 삶은 스물한 살이던 어느 날 새벽 4시, 타호 호수에서 완전히 바뀌었다. 음주 운전자가 낸 끔찍한 자동차 사고로 하반신이 마비된 것이다. 사고가 일어났던 1975년, 그녀는 휠체어를 타고 다니는 사람을 한 명도 본 적 없었고 이제 혼자라는 생각에 갑자기 외로워졌다. 게다가 어디든 쉽게 다닐 수도 없었다. 사고 2년 전, 재활법 504조가 발효되어 연방 정부의 지원을 받은 모든 건물은 장애가 있는 사람을 위한 경사로나 그들에게 필요한 기술, 언어 등을 제공해야 했다. 하지만 안타깝게도 이를 강제하는 법은 없었기 때문에 케이블은 기본적인 이동을 위해서도 많은 고생을 해야 했다. 길을 건널 수 있는 휠체어 경사로도 거의 없던 시절이었다. 그 소외로 인한 상처와 자신의 가치를 잃었다는 생각에 긍정적이었던 그녀의 성격도 점차 사라졌다.

지역 대학에 입학한 케이블은 장애학생 지원센터에서 기숙사 입주를 신청했다. "그곳에서 제 사람들을 만났습니다." 케이블이 말했다. 케이블은 기숙사에서 다른 장애가 있는 학생들을 만났고 외로운 마음이 해소되었다. 그런데 그 새로운 친구들은 그녀가 한 번도 생각해보지 못했던 운동을 하고 있었다. 케이블은 친구들과 더 많은 시간을 보내고 싶은 마음에 여러 스포츠를 시도해 보았고 그중 휠체어 레이싱이 마음에 들었다. 그리고 친구들과 출발선과 결승선을 공유하며 5킬로미터 레이싱을 완주했고 그 과정에서 온전한 소속감을 느꼈다.

케이블은 자신의 공동체를 찾았다. 그 소속감과 연대감 덕분에 케이블은 선수로서의 쉽지 않은 삶을 시작할 수 있었다. 케이블은 스포츠를 경쟁으로 바라보지 않았다. 그보다는 자신과의 싸움이었다. 케이블은 공동체의 지원으로 계속 경기에 나갔고 결국 장애인 올림픽까지 출전하게 되었다. 나중에는 하계 장애인 올림픽 뿐만 아니라 동계 장애인 올림픽의 알파인 스키와 크로스컨트리 스키까지 포함해 총 아홉 차례 올림픽에 출전했다. 심지어 휠체어 레이스가 올림픽 시범 경기 종목이었을 때도 출전해 두 개의 메달을 획득했다. 장애인 올림픽 메달은 이미 열두 개였고 그중 여덟 개가 금메달이었다. 케이블은 동계, 하계 장애인 올림픽 모두에서 메달을 딴 최초의 미국 여성이 되었으며 그밖에도 수많은 최초의 기록을 세웠다. 지금은 자신의 명성을 활용해 사람들을 만나거나 단체에서 일하며 장애인 인권 개선에 앞장서고 있다. 전부 스무 살 때 대학

사무실에 가서 도움을 요청했기 때문에 시작된 일이었다.

다양한 각도에서 질문에 접근하라

국립보건원의 국립심장폐혈액연구소 소장이자 심장학자인 게리 깁슨 박사는 사람들과 대화를 나누며 과학적 질문의 답을 찾는다. 하버드 의과 대학 신입생 시절부터 깁슨은 아프리카계 미국인들의 고혈압 비율이 높은 이유가 궁금했다. 깁슨은 임상적, 과학적, 공공 의료적 접근을 포함해 모든 각도에서 그 질문을 바라보았다. 유전체염기서열 전문가들과 정기적으로 이야기를 나누면서 조언을 구하기도 했다. 더 많은 사람들과 이야기를 나눌수록 질문에 대한 답을 찾을 가능성도 높아졌다. 그는 모든 사람이 퍼즐의 작은 조각 하나씩을 갖고 있을지도 모르므로 딱 맞는 사람을 찾아 그 모든 답을 합칠 수만 있다면 수백만의 삶에 영향을 끼치는 문제를 해결할 수 있을 거라고 생각했다. 그에게 사람들과의 대화는 전국민의 건강에 관한 문제였다.

관찰로도 많은 것을 배울 수 있다

사람들은 보통 말하기 바빠 잘 듣지 못한다. 말없이 그저 관찰하며 모든 것을 흡수할 때 느끼는 마법 같은 고요함이 있다. 사람들이 어떻게 자신의 의견을 제시하고 공간을 장악하는지, 어떻게 자기만의 기술을 선보이는지 등 그들의 상호작용을 관찰해 보라. 신체 언어와 단어 선택, 어조 등 모든 것이 도움이 될 수 있다.

미들베리 대학 스키 선수였던 크리스토퍼 와델은 사고를 당해 하반신이 마비되었다. 그리고 지금은 장애인 올림픽 스키 선수이자 휠체어 레이서로 네 번의 동계 장애인 올림픽과 세 번의 하계 장애인 올림픽에 출전해 열세 개의 메달을 목에 걸었고 그중 다섯 개가 금메달이었다. 그는 또한 킬리만자로산을 등반한 최초의 하반신 마비 산악인으로 〈하나의 혁명One Revolution〉이라는 다큐멘터리 영화의 주인공이기도 하다.

매사추세츠에서 자란 와델은 어렸을 때 오직 스키만 탔다. 여섯 살 때부터 롭 브로드풋의 코치를 받았는데 코치는 산 아래쪽에 앉아 와델에게 기술을 향상시킬 수 있는 여러 방법을 일러 주었다. 와델은 45분 동안 리프트를 기다리는 대신 친구들과 걸어서 산에 올라가다가 십대 스키 우상들이 내려올 때면 잠시 멈춰 그들을 구경하기도 했다. 와델은 그들의 자세를 보며 상체와 두 팔을 고정하는 데 도움이 되는 방법 등을 찾아보기도 했다. 빨간 깃발과 파란 깃발을 어떻게 피하는지, 최대 속도를 유지하며 어떤 경로로 어떻게 게이트를 통과하는지 자세히 관찰했다. 스타팅 게이트에서는 선수들이 스틱을 뒤로 차는 자세를 관찰하며 운동 감각을 익혔다. 코치한테 배우거나 책에서 읽을 수도 있었지만 와델에게는 선수들을 지켜보며 그들의 움직임을 그대로 따라하기 위해 노력하는 것도 좋은 방법이었다. 선수들은 종종 경쟁자들의 영상이나 자신의 경기 영상을 보며 개선할 부분을 찾는다. 그것이 모두 눈앞에 있었기 때문에 와델은 영상을 볼 필요가 없었다.

그는 대학 입학 후 선수로 활동하며 그 생활을 즐겼지만 스무살 때 자신이 사랑하던 슬로프에서 사고를 당해 하반신이 마비되었다. 그는 몇 달 동안 병원에서 괴로워했다. 훌륭한 선수들은 모두 경기에 나가기 전 자신이 훈련하는 모습과 경기에 출전하는 모습을 머릿속에 그려 본다. 와델 역시 병원 침대에 누워 슬로프에서의 자기 모습을 전부 자세히 떠올려 보았다. 그는 다시 슬로프로 돌아갈 수 있는 방법을 찾고 싶었다.

봄이 되어 학교로 돌아온 와델에게 대학 스키 코치는 장애인용 모노스키를 권했다. 몇 년 전, 암 후유증 때문에 한 다리로 모노스키를 타는 선수를 봤기에 그게 무슨 뜻인지는 알고 있었다. 바로 그 순간 그는 장애인 스키의 얼굴이 되어 사람들에게 무엇이 가능한지 보여주기로 결심했다.

새로운 것을 어떻게 배우느냐는 내 질문에 가장 잘 대답해 준 사람은 레트 신드롬을 연구해 상을 받은 의사과학자 후다 조그비 박사였다. "저는 과학을 배웠지만 모든 것을 관찰하고 파악하는 방법도 배웠습니다. 저는 언제나 두 눈을 크게 뜨고 연구실로 출근합니다. 모든 것을 보고 관찰하기 위해서요."

경험을 통해 배워라

영화 〈쿨 러닝〉을 봤다면 자메이카 봅슬레이 팀의 놀라운 이야기를 알고 있을 것이다. 눈커녕 얼음조차 구경해 보지 못한 자메이카 남성 네 명이 힘을 모아 동계 올림픽에 출전하는 이야기다. 네 명 중 세 명은 자메이카가 거의 석권하고 있는 육상 선수가 되고 싶었고 나머지 한 명은 축구 선수였다. 마침 그때 자메이카 운동 선수들을 세계 최고라고 생각하던 미국인 두 명이 그들에게 새로운 스포츠를 시켜보며 이를 확인해 보고 싶어 했다.

자메이카에는 손수레 경기가 있었는데 두 미국인은 그 경기가 봅슬레이와 비슷하다고 생각했다. 그리고 출발선에서 봅슬레이를 잘 밀려면 단거리 주자가 필요하다고 생각했다. 단거리 선수 중 종목을 바꾸고 싶어 하는 선수는 없었기 때문에 미국인들은 군대로 눈을 돌렸다. 켄 반스 대령은 육상 중거리 선수 데본 해리스 대위가 1988년 서울 올림픽 출전을 목표로 하고 있다는 사실을 알고 있었다. 반스는 해리스에게 자메이카의 새로운 봅슬레이 팀에 합류해 보라고 설득했다. 반스는 팀을 만들었고 자메이카 봅슬레이 팀의 초대 선수 중 한 명이 된 해리스는 하계 올림픽 육상 훈련 대신 1988년 캘거리 동계 올림픽 준비에 돌입했다. 창작이 가미되긴 했지만 영화에는 진실도 담겨 있었다. 해리스와 그의 팀은 불리한 상황 속에서 직접 경험해 보며 배울 수밖에 없었다.

해리스는 군 복무로 바빴기 때문에 예선을 위해 충분히 훈련할 시간이 없었다. "저는 스포츠 팀이 아니라 군대에 있었습니다." 그가 말했다. 심지어 그는 축구를 하던 장거리 선수였다. 봅슬레이에는 단거리 주자의 폭발적인 힘이 필요했다. 하지만 해리스는 간절히 올림픽에 출전하고 싶었다. 그것이 그의 꿈이었다. 그래서 그는 매일 트랙으로 가서 단거리 달리기를 훈련했다.

자메이카에서 봅슬레이는 완전히 새로운 경기였기 때문에 해리스는 누구와 한 팀이 될지도 알 수 없었다. 그 분야에서 이름 있는 사람도 없었기 때문에 그는 전지훈련을 떠날 때가 되어서야 다른 선수들을 만날 수 있었다. 올림픽 넉 달 전인 1987년 9월, 해리스는 공항에서 다른 팀원 세 명을 소개받았다. 그리고 코치와 함께 뉴욕주의 레이크플래시드로 갔다. 그들은 그곳에서 아이스 링크와 봅슬레이를 처음 보았다.

6주 후 그들은 봅슬레이를 대여해 캐나다 캘거리로 갔다. 자메이카 팀이 봅슬레이 트랙을 처음 본 순간이었다. 안타깝게도 고소공포증이 있던 해리스는 마찬가지로 봅슬레이가 처음이었던 조종수 뒤에 앉았다. 그들이 출전 준비가 되었는지 알 수 있는 방법은 오직 하나였다. 그저 해 보는 수밖에 없었다. 그들은 그날 밤 트랙을 타고 세 번을 내려와 보았다. "무서웠습니다." 해리스가 말했다. 지금까지 닥치는 대로 책을 읽고 코치들과 이야기하고 지난 시합 영상들을 보았지만 봅슬레이 기술을 가장 잘 배울 수 있는 방법은 직접 봅슬레이에 올라타 트랙을 내려와 보는 것밖에 없었다. 급조된 팀이었지만 재능이 있었고 폭발력도 무시무시했다. 결국 그들은 여러 차례 올림픽에 출전할 수 있었다.

리 코커렐은 월트 디즈니 월드 리조트의 운영담당 부사장이다. 그는 4만 명의 직원들, 다른 말로 디즈니 캐스트 멤버들을 관리하고 있다. 또한 리조트 호텔 스무 개, 테마파크 네 개, 워터파크 두 개, 쇼핑과 엔터테인먼트 빌리지를 관리하고 있다. 코커렐은 디즈니에 위대한 리더 전략을 도입해 7천 명의 리더를 키웠다. 그는 언제나 결과를 내고 승진을 제안받아 '도베르만'으로 불렸다. "하룻밤만의 성공이 아니라 35년 만의 성공입니다."

코커렐의 이야기가 모범이 되는 이유는 많다. 그는 디즈니에서 일하기 전까지 한 번도 디즈니랜드에 가본 적이 없었고 대학 학위가 없었음에도 승진을 거듭해 최고급 관리자가 되었는데 이는 몹시 드문 일이었다. 그는 오클라호마에서 실내 수도 시설도 없이 가난하게 자랐다. 그 대신 농장의 별채가 있었고 코커렐은 학교에 가기 전에 젖소의 우유를 짜야 했다. 그가 살던 동네에서 교육은 결코 우선순위가 아니었다. 그래도 대학에 입학했지만 입학 후 무엇을 해야 할지 몰라 2년 만에 그만두고 군대에 갔다.

제대 후 워싱턴 힐튼 호텔에서 웨이터로 일하다가 회계사 사무실에 지원해 보기로 결심했다. 대학 때 회계 수업에서는 D를 받았지만 의외로 회계 업무에서 능력을 발휘했다. "저는 하면서 배웁니다." 그는 일하면서 배우는 와중에 책도 읽고 오디오 테이프로 수업도 들었다.

그러다 메리어트 호텔로 이직했고 그곳에서 17년 동안 시행착오를 거치며 승진을 거듭해 식음료 부문 부사장이 되었다.

디즈니는 파리 디즈니랜드를 개장하며 코커렐에게 식음료 부문을 맡겼고 그는 얼마 지나지 않아 호텔을 총괄하게 되었다. 그리고 플로리다 올랜도로 돌아와 디즈니 경영의 가장 높은 자리에 올랐다.

코커렐은 대학 학위가 없는 상태가 불안했고 그래서 다른 사람들보다 더 오래 더 열심히 일했다. "저는 훌륭한 상사 밑에서는 물론 형편없는 상사 밑에서도 배웠습니다. 관찰하고 듣고 사람들과 이야기를 나누고 새로운 것들을 시도해 보면서 배웠습니다." 그가 말했다. 그의 성공 비결은 공식 교육 제도 바깥에서 자신에게 필요한 모든 것을 배울 수 있는 능력이었다. 그와 같은 비정형 학습 능력이 미래의 성공에 꼭 필요한 핵심 요소다.[8, 9]

국립보건원의 국립알레르기전염병연구소 소장 앤서니 파우치 박사는 코로나 바이러스 대응 경험이 없었다. 하지만 그는 미국의 수많은 전염병과 유행병에 대처해 왔다. "방법을 배우는 것이 아닙니다. 그냥 하는 겁니다. 그에 대한 수업을 들을 수도 없고요." 파우치는 말했다. 직접 해보는 경험의 기술과 예술이 바로 성인학습의 핵심이다.[10, 11, 12]

다른 사람의 멘토가 되어라

멘토십은 성공에 꼭 필요한 요소로 이 책에서도 두 장을 할애해 멘토십에 대해 언급했다. 성공한 이들은 멘토의 도움을 받고 다시 다음 세대의 멘토가 되어 자신이 받은 만큼 베풀었다. 성공한 사람들은 거의 모두 받은 만큼 베푸는 태도를 갖고 있었다. 그들은 멘티의 성취가 곧 자신의 성공이라고 생각했다. 그들은 개인부터 집단까지, 소규모부터 대규모까지 다양한 상황에서 멘토의 역할을 수행했다.

멘토링의 방법은 다양하지만 목표는 언제나 멘티의 성공을 돕는 것이다. 노벨상 수상자 로버트 레프코위츠 박사는 멘티들과 최대한 많은 시간을 보낸다. 그는 자신이 어떤 문제를 연구하기로 했는지, 왜 그것을 연구하기로 했는지, 얼마나 연구하고 어느 시점에 그만둘지 결정하는 자신의 거의 모든 사고 과정을 멘티들이 관찰하게 한다. "저는 한 번도 팀을 이끌거나 프로그램을 진행하거나 학장을 맡아 본 적이 없습니다. 저는 실험실에서, 사무실에서, 동료들과 서로 지켜보며 함께 일하는 것이 좋습니다." 그가 말했다. 그는 호기심 넘치는 멘티들에게 새로운 관점도 거리낌 없이 배웠다. 이는 종종 새로운 질문과 발견으로 이어졌다.

2003년 우주 왕복선 비극 이후, 나사의 기술자들은 우주 궤도에서도 문제를 규명하고 내열 타일을 교환할 수 있는 수리 방법과 도구 세트를 개발했다. 잘 알려지지 않았지만 그 프로젝트는 나사 건물이 아니라 창고에서 개발되었다. 나사의 기술개발 팀 선임 고문인 우주비행사 찰스 카마다 박사가 그 프로젝트를 맡았고 2년 후 그 혁신적인 해결책을 실험하기 위해 우주선에 직접 탑승했다.

카마다는 창고에서 느꼈던 혁신과 즐거움, 창조적 사고를 부활시켜 새로운 세대가 과학과 기술, 엔지니어링, 수학을 사랑하게 만들고 싶었다. 사람들은 자신이 속한 조직의 딱딱한 규칙과 절차, 전통을 답답해하고 있었다. 카마다는 자유롭고 창의적으로 생각할 수 있을 때만 발전이 가능하다고 생각했고, 그래서 에픽교육재단이라는 비영리 단체를 설립했다.[13] 그는 전 세계 수천 명의 중고등학생과 대학생들에게 지금까지와는 다른 방식으로 거대한 장애물을 함께 넘어가라고 격려했다. 학생들은 기술자, 의사, 과학자, 교육자, 우주비행사 등으로 이루어진 '찰리 네트워크 친구들'의 멘토링을 받았다. 그들은 다음 세대가 전 세계에서 가장 어려운 문제들을 가장 혁신적인 방법으로 해결할 수 있도록 자신들의 경험을 나누어 주었다. 그 과정에서 카마다는 현대 교육 제도의 부족한 점에 대해, 그리고 자신이 채워줄 수 있는 부분에 대해 알게 되었다. 아이들은 강제성이 없어야 더 혁신적인 생각을 할 수 있었고 그것이 카마다 같이 노련한 베테랑들에게도 도움이 되었다.

맥신 클라크는 빌드 어 베어 워크숍을 이끌고 있을 때 '허거블 히어로즈'라는 멘토링 프로그램을 개발했다. 그녀는 팀원들과 함께 사회정의에 관심있는 기업가 10명을 절차에 따라 선발했다.[14] 선발된 기업가들은 장학금의 형태로 7천5백 달러를 받았고, 기업의 이름으로 자신이 선택한 자선단체에 2천5백 달러가 기부되었다. 젊은 기업가들은 하루 동안 직업 개발 훈련을 함께 받으며 서로 친분을 쌓았다. 백여 명이 넘는 기업가들이 그 프로그램을 거쳐 갔고 클라크는 아직도 그중 다수와 연락을 하고 지낸다. "얻기 위해서는 먼저 쌓아야 한다."고 그녀는 말한다.

2013년 6월, 맥신 클라크는 빌드 어 베어 최고경영자 자리에서 내려와 삶의 다음 챕터에 집중하기 시작했다. 바로 멘토링이다. 클라크 역시 멘토들에게 많이 의지했다. 빌드 어 베어를 설립하기 전, 오랫동안 멘토들의 도움을 받아 결국 페이리스 슈즈 회장 자리에 오를 수 있었다. 요즘 클라크는 여성과 소수 집단 기업가들을 멘토링하고 공교육을 재정립하는 데 집중하고 있다. 그녀는 언제나 미래의 멘티들을 찾아다닌다. 방대한 네트워크의 전문가들과 친구들이 소개해 준 이들을 멘티로 삼기도 하고, 링크드인이나 인스타그램 등 다양한 경로를 통해 적극적으로 멘티를 찾아나서기도 한다. 흥미로운 기사나 포스팅을 읽고 기업가에게 연락하기도 한다.

2012년, 클라크는 기존 기술을 새롭게 적용해 장난감을 만드는 여성 3인에 관한 기사를 신문에서 읽었다. 모두 독특한 회사였다. 그녀는 각 회사의 웹 사이트를 찾아가 자신이 누구인지 밝히고 돕고 싶다는 이메일을 보냈다. 빌드 어 베어의 설립자가 먼저 보낸 이메일을 받는다고 생각해 보라! 그중 한 명은 엔지니어였는데, 어렸을 때 장난감이 없어서 어쩔 수 없이 엔지니어에게 필요한 생각들을 하게 되었다는 사실이 클라크는 마음에 들지 않았다. 여성 엔지니어는 언제나 부족했기 때문에 클라크는 그녀와 그녀의 회사에 투자하기로 결심했고 그녀의 사업이 성장하는데 도움이 될 지인들도 수소문해 움직였다.

클라크는 어느 날 친구에게 순수 예술을 다양한 영역으로 확장해 보려고 노력하는 화가 제이미를 소개받았다. 제이미는 웨딩 부케를 자기만의 독특한 기법으로 그려 주는 일을 시작한 상태였다. 코비드-19가 기세를 떨치며 결혼식이 소수의 사람만 초대해 뒷마당에세 소박하게 치르는 것으로 변하자 충분히 수익성이 있겠다고 생각한 클라크는 제이미에게 부케뿐만 아니라 웨딩 케이크도 그려 보라고 권했다. 제이미는 클라크의 말을 들었고 사업은 성장하고 있었으며 케이크 그림도 곧 주문 받을 수 있게 되었다

제이미는 생활비가 몹시 비싼 캘리포니아주 샌프란시스코에 살고 있었다. 그러다 클라크의 권유로 고향 미주리주 세인트루이스로 돌아가 투자 목적으로 집을 구매해 한쪽에 스튜디오를 만들었다. 투자와 거주와 작업 공간을 동시에 해결한 것이다. "멘토링의 핵심이 바로 격려입니다." 클라크가 말했다. 그 생각으로 클라크는 제이미의 고객이 되어 주었고 웹 사이트를 최적화하는 데 도움을 주었고 고객들에게 제안할 상품들을 추천했고 사업 규모를 키우는 방법을 알려주었다. 고객들의 수요가 늘어나 제이미의 독특한 기법을 배울 수 있는 사람들이 필요해지자 클라크는 지역 예술 학교 교장에게 제이미를 소개해 학생들이 제이미의 기법을 배울 수 있도록 도와주었다.

"멘티를 격려하고 나의 네트워크를 소개해 그들의 사업 확장을 돕습니다." 클라크가 말했다. 지금 클라크는 열다섯 명의 젊은 사업가들에게 적극적으로 멘토링을 해 주며 그들의 소규모 사업 성장

을 돕고 있다. 클라크는 자신이 돕고 있는 새로운 사업에 대해 배우고 더 크고 좋은 것을 제공하기 위해 사람들을 연결시켜 줄 새로운 방법을 늘 찾는다. 클라크는 자신이 해 왔던 모든 일에서 배웠고 덕분에 빌드 어 베어도 그만큼 성장시킬 수 있었다.

네덜란드의 조정 선수 미힐 바르트만은 다수의 올림픽 메달을 획득한 후 올림픽 코치는 물론 무슨 일이든 시작할 수 있었다. 하지만 그는 조정을 통해 대학생들의 멘토가 되어 더 큰 영향을 끼치기로 결심했다. 하버드에서 코치로 활동하던 중, 바르트만은 선수들과 함께 시합에 참가하기 위해 장시간 버스로 이동하고 있었다. 바르트만은 졸업을 앞둔 학생 옆에 앉아 그에게 졸업 전 마지막 시즌의 목표가 무엇인지 물었다. 그는 당황스러운 표정으로 특별한 계획은 없다고 말했다. 바르트만은 그에게 멘토가 필요하다고 생각했고 그래서 그 젊은 선수에게 자신을 위한 계획을 세워보라고, 무엇을 이루고 싶은지, 무엇을 남기고 싶은지 생각해 보라고 권했다. 그리고 그 학생은 졸업식에서 목표를 세우고 이를 실현하라고 격려해준 바르트만에게 감사했다. 1년 후, 그는 동문 모임에서 다시 바르트만을 찾아왔다. 목표를 세우라고 해주었던 그에게 다시 한 번 진심으로 고맙다는 말을 전하기 위해서였다. 바르트만의 조언 덕분에 그는 지속적으로 성과를 낼 수 있었다. 바르트만은 이렇게 말했다. "다른 사람들에게 베풀 때 충만함을 느낍니다. 그 과정에서 배운 것이 너무 많으며, 여러분이 경험해 봐야 할 것도 너무 많습니다. 제가 많은 것을 더 일찍 알았다면 지금과는 달랐을 겁니다." 그는 자신의 학생들에게 한 번에 하나씩 전부 가르쳐 주려고 노력한다. 동시에 학생들에게서 매일 새로운 것을 배운다.

성공한 사람들은 모두 적극적으로 다른 이들의 멘토가 되어주었다. 그들은 그 과정에서 의식적으로든 무의식적으로든 새로운 것을 배운다. 그들은 다음 세대가 마주할 기회와 불안, 스트레스 요인을 파악하고 이는 다시 그들의 일에 영향을 끼친다. 그들은 다른 이들을 돕고 대의를 추구하는 데 자신의 탄탄한 기반을 주저없이 활용한다.

성공하는 사람들은 새로운 지식과 관점, 문제를 바라보거나 해결하는 새로운 방법을 갈망한다. 그들은 새로운 정보에 관한 해소되지 않는 갈증을 느끼고 언제나 더 배울 수 있는 기회를 찾는다. 자신이 이룬 성취와 학위, 수상에도 불구하고 그들은 다른 이들에게 묻고 그들의 답을 듣고 새로운 생각을 흡수한다. 자신이 모든 답을 아는 것은 아니기 때문에 끊임없는 질문이 필요하다는 사실을 그들은 잘 알고 있다.

코칭을 위한 질문

1. 새로운 지식을 얻는 방법 중 당신이 가장 좋아하는 방법은 무엇인가?
2. 정기적으로 배움에 활용하는 책이나 기사, 팟캐스트, 영상이나 웨비나Webinar가 있는가?

핵심 요약

성공하는 사람들은 졸업을 하거나 학위를 딴 후에도 배움을 멈추지 않는다. 배움은 다양한 형태로 지속될 수 있다. 그들은 모른다고 인정하는 것을 두려워하지 않는다. 그들에게는 모르는 것보다 알려고 노력하지 않는 것이 더 나쁜 것이다. 그들은 실패를 두려워하기보다 노력하지 않는 것을 더 두려워한다. 지속적인 배움과 성장을 위해 다음 전략을 활용해 보라.

1. 제도 교육 바깥에서 배울 수 있는 기회는 무수히 많다. 새로운 지식을 배우고 흡수할 기회를 찾아라. 다양한 세대의 흥미로운 사람들과 이야기를 나누고 팟캐스트를 듣고 테드 토크를 시청하고 책과 기사를 읽어라.
2. 흥미로운 사람들과 충분한 대화를 나눠라. 조직에 대해, 조직 내 사람들과 절차에 대해 더 잘 알게 될 것이다. 숨겨진 커리큘럼 또한 파악할 수 있다.
3. 다른 사람들을 관찰하면서도 많은 것을 배울 수 있다. 주

변 사람들이 어떻게 행동하고 소통하고 의견을 제시하는지 살펴보라. 그들이 자신의 일을 어떻게 성취해 나가는지 지켜보라.

4. 새로운 시도를 두려워하지 말고 경험을 통해 배워라. 새로운 아이디어나 프로젝트를 과감하게 시도해 보라. 질문을 던지고 지식이 부족한 곳을 찾아라. 모든 경험이 곧 배움의 장이다.
5. 자신과 비슷한 사람들을 찾아라. 더 많이 성취할 수 있도록 부추기고 격려해 줄 사람들을 곁에 두어라.
6. 성공하는 사람들은 멘토로부터 큰 도움을 받는다. 그리고 다른 이들의 멘토가 되어 자신이 받은 것을 다시 베푼다. 그들은 멘토로서 멘티의 성취가 곧 자신의 성공이라고 생각한다.

3부

성공을 최적화하라

당신의 열정은 무엇인가

성공하는 사람들은 평범한 사람들보다 400퍼센트 더 많이 성취한다.[1] 성공 가능성을 높이고 싶다면 그 첫 단추는 내가 어디에 열정을 발휘하는지 찾고 그와 관련된 직업을 갖는 것이다. 8장에서 독자들은 내가 무엇을 잘하는지, 또 무엇을 즐기는지 찾아내는 방법을 배우게 될 것이다. 그리고 시간과 에너지를 최대로 활용해 짧은 시간에 효율적으로 두 배의 일을 마치는 법을 알게 될 것이다.

열정 찾기 설문지

자신이 이미 무엇을 잘하는지 알고 있을 수도 있다. 그렇다면 당신의 열정은 어디에 있는가? 잘하는 것과 하고 싶은 것의 차이를 인식하는 것은 몹시 중요하다. 회계 업무를 잘하거나 대중 연설을 잘한다고 그에 대한 열정이 있다는 뜻은 아니다. 흥미롭지 않은 일을 계속하는 것은 번아웃과 분노로 이어지는 고립된 길일 뿐이다. 반대로 잘하는 일에 헌신하고 노력할 때 성공 가능성이 높아진다.[2]

자신의 소명을 찾으려면 몇 가지 일을 해볼 필요가 있다. 잘하는 일은 몇 가지 있겠지만 내면에서부터 기쁨을 느끼는 일은 한 가지일 것이다. 케일라 해리슨은 유도 6단 검은띠로 올림픽에서 두 번 연속 금메달을 따 미국에 최초의 유도 금메달을 안겨주었다. 해리슨은 어려서부터 댄스와 티볼 등 다양한 수업을 들었는데 그중에 유도가 있었다. 해리슨은 유도가 마음에 들어 다른 수업은 전부 그만두었다.

해리슨은 유도에 모든 것을 쏟아부었다. 그녀는 유도를 사랑했고 유도도 그녀를 사랑했다. 해리슨은 딸 수 있는 모든 메달을 땄다. 하지만 두 번째 올림픽 금메달 이후 유도에 관한 자신의 열정이 사그라들고 있다는 사실을 깨달았다. 해리슨은 최고가 되기 위해서는 온 마음을 다해 그 일을 사랑해야 한다는 사실을 알고 있었고 그래서 새로운 열정을 찾기 시작했다. 결국 더 큰 열정을 찾았는데 그것은 바로 종합 격투기였다. 해리슨은 언제나 다섯 단계쯤 앞서 생각해야 하는 격투기의 전술을 즐겼다. 그리고 프로페셔널 파이터스 리그의 최초 여성 챔피언이 되었다. 그녀는 격투기를 사랑했고 다른 일을 하는 자기 모습은 상상도 할 수 없었다.

일단 열정을 찾으면 이를 추구할 수 있는 신체적, 감정적 공간을 만들어야 하고 그것이 단지 요즘 흥미있는 것인지 혹은 장기적으로 해 나갈 것인지 결정해야 한다. 그리고 최고의 기량을 발휘할 수 있는 방법을 배워야 자신이 찾은 열정에 불을 붙여 이를 지속할 수 있을 것이다.

연구에 따르면 사랑하는 일을 하는 데는 20퍼센트의 시간만 사용하면 된다.[3,4] 즐기는 일이 무엇인지 찾으려면 내가 개발한 '열정 찾기 설문지'를 해보라. 먼저 종이를 한 장 가져와 세 칸을 그린다.

열정 찾기 설문지인 표 8.1을 보면 어떻게 하는지 알 것이다.

표 8.1 열정 찾기 설문지

내가 잘하는 것	잘 못하거나 즐겁지 않은 것	할 수 있다면 보수가 없어도 할 것
조직 운영	보조금 신청서 작성	소셜 미디어 포스팅
네트워킹	예산 수립	흥미 있는 사람들 인터뷰
공감	서류 작성	글쓰기
보조금 신청서 작성	문서 편집	여성들과 이야기 나누며 그들을 돕기
동기부여와 의욕고취, 타인의 자존감 높여 주기	정규 시험	여성들을 위한 멘토링

여성들을 위한 멘토링	자동 이메일 구축	기조 연설
세부 사항까지 꼼꼼하게 행사 계획하기	인보이스 송신과 사후 관리	코칭
글쓰기	진지한 대화	직장 여성들을 위한 모금 사업
사람들의 이유와 의도 파악하기	조직 운영	
여성들을 위한 코칭	위기 경영	
기조 연설	엑셀	

첫 번째 칸: 잘하는 것을 전부 기록한다

첫 번째 칸에는 잘하는 것을 전부 기록한다. 즐기는지 아닌지는 상관없다. 그냥 잘하는 일이면 된다. 보조금 신청서나 보도자료 작성, 소셜 미디어 포스팅을 잘하는가? 엑셀 프로그램으로 자료분석하는 법에 대해 모르는 것이 없는가? 사람들 앞에서 말을 잘하거나 교사나 멘토의 역할을 잘 수행하는가? 프로젝트 기획이나 실행이 당신의 장점인가 아니면 다른 사람에게 맡기는 편인가? 생각하는 사람인가, 분석하는 사람인가, 아니면 행동하는 사람인가?

잘하는 것에 대해 생각할 때는 어떤 상황에서 최고의 기량이 발휘되는지 파악하는 것이 중요하다. 대답할 때는 다음과 같은 요소도 고려하라.

- 어떤 사람들과 일할 때 가장 실력을 발휘하는가?

- 어떤 사람들과 관계를 가장 잘 맺는가: 대학생, 주니어 매니저, 혹은 고위 경영진?
- 어떤 직종의 사람들과 가장 관련이 있는가: 우주비행사, 의사, 변호사, 혹은 마케팅 팀?
- 어떤 조건에서 최고의 기량이 발휘되는가?
- 혼자일 때 더 잘하는가, 집단으로 함께 일할 때 더 잘하는가?

목표는 내가 어떤 조건에서 최고의 기량을 발휘하는지 파악하는 것이다. 목록은 구체적으로 작성할수록 좋다. 예를 들면 다음과 같다. "나는 과학에 흥미가 있는 여대생들에게 멘토링을 해 주는 것이 즐겁다. 나는 한 번에 다섯 명씩 소규모 집단으로 그들을 돕는다." 새로운 기술을 잘 가르치는지, 기회를 붙잡을 수 있도록 그들의 마음을 잘 열어주는지, 혹은 성공할 수 있다는 자신감을 잘 심어주는지 꼼꼼하게 따져 보라.

두 번째 칸: 잘 못하거나 재미없는 것을 전부 기록한다

잘 못하거나 즐기지 않는 것을 전부 기록한다. 잘 못하면서 동시에 재미없는 것이 아니라 둘 중 하나에만 해당되어도 기록한다. 첫 번째 칸에 적은 것처럼 보조금 신청서 작성은 잘할 수 있지만 즐기지는 않을 수 있다. 그렇다면 두 번째 칸에도 적어 넣는다. 자신에게 물어보라. 지금 자리에서 재미가 없거나 내가 잘하지 못하는 것 같아 그만둘 수 있는 일이 있다면 무엇일까?

재미없는 일에 대해서는 주변 환경도 함께 생각하는 것이 중요하다. 두 번째 칸을 채우면서 고려해야 할 요소는 다음과 같다.

- 어떤 일을 자꾸 미루게 되는가?
- 어떤 일이 지겹거나 에너지를 고갈시키는가?
- 혼자 일하는 것이 좋은가, 다른 사람들과 함께 일하는 것이 좋은가?

첫 번째 칸처럼 구체적으로 작성하라. 스포트라이트나 대중연설, 무대에 서는 것을 즐기지 않는다면 두 번째 칸에 기록하라. 글쓰기가 타고난 장점이 아니라면 그것 역시 적어라. 직장에서 일상적으로 해야 하는 일 처리가 힘든가? 집단 작업이 힘들다면 그것도 적어라. 침묵을 견디기 힘들다면 그것도 마찬가지다. 하면서 기쁘지 않아 다른 사람에게 미루고 싶은 일을 전부 적어라.

목표는 최고의 기량을 발휘하기 힘든 상태나 조건을 파악하는 것이다. 예를 들면 다음과 같다. "나는 상호작용 없이 혼자 해야 하는 일을 싫어한다. 나는 하루 종일 책상에 앉아 표를 보고 있거나 절차대로 서류를 작성하는 일이 싫다."

세 번째 칸: 보수가 없어도 할 것 같은 일을 기록한다

일에서든 일상에서든 할 수 있다면 보수가 없어도 할 것 같은 일을 전부 적어라. 어쩌면 이미 아무 보상이나 인정 없이 하고 있는

지도 모른다. 두 번째 칸에서 미루는 일은 어쩌면 세 번째 칸에 적은 일 때문일 수도 있다. 소셜 미디어에 창의적인 콘텐츠를 올리거나 청중의 부러움을 살 파워포인트를 만들 수도 있다. 행사 기획이 재미있거나 서로 필요한 사람들을 연결시켜주는 일이 좋을 수도 있다.

어떤 일이 즐거운지 생각할 때 중요한 것은 해야 해서가 아니라 하고 싶은 일이어야 한다는 점이다. 세 번째 칸을 채울 때는 다음 질문을 참조하라.

- 쉬는 날에는 무엇이 하고 싶은가? 그 대답으로 내가 무엇을 바라는지 알 수 있을 것이다.
- 어떻게 시간을 보내는가?
- 누구와 함께 시간을 보내는가? 혼자인가 아니면 특정 집단과 함께인가?
- 일이나 사생활에서 적극적으로 참여하는 봉사 활동이 있는가?
- 어떤 집단에 속해 있는가? 동창회, 종교 모임, 정치 집단 혹은 부모 모임인가?
- 어떤 일이라면 기꺼이 봉사하거나 내가 다른 사람보다 더 잘할 것 같다고 느끼는가?
- 사람들이 나에게 늘 부탁하거나 맡기는 일은 무엇인가?
- 새로운 일에 대한 아이디어는 보통 어디서 얻는가?
- 아이디어를 곧장 실행하는 편인가 아니면 브레인스토밍을 하

거나 생각을 구체화해줄 사람에게 도움을 청하는 편인가?
- 숫자들이 차곡차곡 정리된 표를 좋아하는가?

몇 주에 걸쳐 즐거운 일을 찾으며 목록을 완성해 보라.

이제 초안을 작성했으니 표를 들고 다니며 생각나는 대로 더하고 뺀다. 친구나 가족, 직장 동료에게 당신이 무엇을 잘하거나 재능을 타고난 것 같은지, 당신이 무엇을 미루거나 별로 신경 쓰지 않는 것 같은지 물어보라. 사람들이 당신의 조언과 전문 지식을 얻기 위해 찾아오는 주제가 무엇인지도 살펴보라.

목표는 기쁨과 성취감을 느낄 수 있는 활동을 찾는 것이다. 예를 들면 다음과 같이 정리될 수 있다. "나는 내가 잘 아는 사람들과 함께 아이디어를 실현하며 일할 때 신이 난다. 나는 사람들을 모아 새로운 프로젝트에 대한 아이디어를 나누고 이를 널리 알리는 것, 특히 멋진 소셜 미디어 콘텐츠 만들기를 잘하고 즐긴다."

열정 찾기 설문지와 현재의 일

그렇다면 지금 맡고 있는 일을 어떻게 조절할 수 있을지 생각해보자. 하고 싶은 새로운 일을 시작할 수 있도록 덜어낼 수 있는 일이 있는가? 최근에 마음이 가는 일을 해볼 수 있는 모임이나 위원회가 있는가? 소셜 미디어 전문가라면 부서나 모임, 직장에서 소셜 미디어 콘텐츠를 만들어 볼 수 있을 것이다. 젊은 여성들 멘토링을 좋아한다면 조직 내에서 젊은 여성 직원들에게 당신의 분야를 소개할 프로그램을 만들 수 있을 것이다. 좋아하는 일을 위해 약간의 시간을 투자하는 것만으로도 두 번째 칸의 일들이 덜 지겨워질 것이다. 세 번째 칸의 프로젝트에 도움이 되는 일이라면 특히 그럴 것이다.

열정은 시간이 지나면서 바뀌므로 열정 찾기 설문지를 필요할 때마다 주저하지 말고 작성해 보라. 가족 구성원의 변동이나 이사, 질병, 사랑하는 사람의 죽음이나 전 지구적 팬데믹 같은 삶의 변화들이 우리의 흥미와 우선순위에 영향을 끼칠 수 있다. 변하는 열정에 따라 자신도 변해야 한다. 가장 중요한 것은 어떤 일이 흥미롭고 무엇이 내 열정에 불을 붙이는지 밝히는 것이다.

다음 목표를 찾아라

열정을 찾았다면 이제 성공에 도달하기 위한 목표와 계획을 세울 시간이다. 나는 '십 년 후에는 뭘 하고 있을 것 같아요?'라는 질문을 별로 좋아하지 않는다. 내가 원하는 직업이 미래에는 존재하지 않을 수도 있다. 많은 사람이 코비드-19 팬데믹을 거치며 기존에 갖고 있던 장기적 목표를 재평가해야 했을 것이다. 어쩌면 목표가 현실적이지 않았거나 아직 생기지도 않은 직업과 관련된 일이었는지도 모른다. 좋은 예가 있다. 십 년 전에는 어느 조직에든 소셜 미디어 전담 직원이 없었을 것이다. 이제는 그 분야에 대한 학위를 가진 사람이 소셜 미디어를 전담하고 있으며 디지털 커뮤니케이션을 위한 부서가 따로 있을 정도다.

그렇다면 우리는 잘못된 목표에 집중하고 있는지도 모른다. 그러니 무엇이 될지보다 무슨 일을 할지, 어떤 문제를 해결하기 좋아하는지 생각해 보는 것이 중요하다. 그에 대한 확실한 답은 다음 질문들을 통해 찾을 수 있을 것이다. 열정 찾기 설문지에서 이미 답했던 질문도 있을 것이다.

- 사람들과 함께 일하기 좋아하는가 아니면 비교적 혼자 일하는 것이 편한가?
- 사람들의 말소리나 형광등에서 나는 고요한 소리같은 생활 소음을 좋아하는가?
- 데이터 정리하기를 좋아하는가 아니면 유행을 파악하거나 짧은 영상 같은 창의적 콘텐츠 제작을 좋아하는가?
- 문제를 찾아내고 해결책을 떠올리거나 계획 세우기를 좋아하는가?
- 생각하는 사람인가 아니면 행동하는 사람인가?

어떤 일을 하고 싶은지 찾고 싶다면 위와 같은 질문에 반드시 답해 보아야 한다. 이는 특정 직업보다 어떤 종류의 일을 어디서 누구와 함께 하고 싶은지에 관한 것이다.

세 번째 칸의 능력과 기술을 최대한 많이 활용할 수 있는 역할을 찾아 보라. 기억하라. 그 일들은 시간을 20퍼센트만 들여도 될 것이다. 그렇다면 두 번째 칸의 문제들도 그만큼 여유 있게 해결할 수 있을 것이다. 예를 들어 보조금 신청서를 잘 쓰지만 별로 하고 싶지 않다고 해보자. 하지만 자신의 열정을 발휘할 수 있는 프로젝트의 자금을 충당하기 위해 작성해야 한다면 개인적으로 더 공을 들일 것이고 그에 따라 의욕도 증가할 것이다.

스포트라이트를 싫어하더라도 거대 미디어 회사와의 인터뷰가 새로 만든 모임을 소개하고 기부금을 받을 수 있는 기회가 된다면 이를 감수하면서라도 참석할 것이다. 모임을 널리 알릴 수 있다는 생각에 심지어 들뜨기까지 할 것이다.

목표를 선언하고 쟁취하라

위와 같은 질문에 대한 답이 힘찬 도움닫기가 되어줄 것이다. 중요한 것은 궁극적인 목표가 아니라 바로 '다음' 목표를 찾는 것이다. 공동경영자나 이사, 혹은 부교수가 되고 싶은가? 목표를 선언하고 이를 위해 노력하라. 그 사이에 다섯 계단이 있다면 아직 맨 위의 계단에 대해서는 걱정하지 말라. 이루고 싶은 다음 목표에 온전히 집중하라.

다음 목표를 정했다면 이를 이루기 위해 해야 할 일이 무엇인지 파악해야 한다.[5] 학위가 하나 더 필요한가? 새로운 기술을 배워야 하는가? 특정한 사람들을 만나야 하는가? 역시 목표를 선언하고 이를 위해 노력하라. 다음에 무엇을 해야 할지 일단 파악했다면 계획을 세워라. 학위를 따야 한다면 어떤 학위를 딸 것인가? 입학을 위해 GMAT이나 GRE 같은 정규 시험을 봐야 하는가? 그렇다면 지원할 학교를 찾으며 시험 공부에 돌입하라.

새로운 기술을 배워야 하는가? 배울 수 있는 방법을 찾아라. 누가 가르쳐줄 수 있는가? 책을 읽거나 영상을 보면 되는가? 온라인 수업으로 가능한가? 새로운 기술을 배우고 숙달하기 위해 해야 할 일이 무엇인지 파악하라.

새롭게 만나야 할 사람들이 있는가? 어떻게 만날지 생각해 보았는가? 가족이나 친구, 직장 동료나 지인이 소개해 줄 수 있는가? 만나야 할 사람을 소셜 미디어에서 팔로우하고 그들의 콘텐츠에 관심을 표시하라. 지나치다고 느껴질 정도는 아니지만 그들이 당신의 이름을 반복적으로 볼 수 있을 정도로는 충분해야 한다.[6]

왜 어떤 사람은 많은 것을 이루고 어떤 사람은 출발대에서 출발조차 못 하는지 궁금해한 적이 있는가? 어떤 목표에 집중하는지가 결과의 차이를 가져온 것일 수도 있다. 최종 목표 달성까지의 속도를 높이려면 바로 다음 목표에만 집중해 체계적으로 접근해야 한다.

목표를 지속하는 힘

열정을 찾고 목표를 세우는 것이 첫 번째 전략이다. 좋아하는 일을 위한 시간과 에너지가 없으면 성취감을 느끼기는 힘들 것이다. 그리고 다음 단계는 좋아하는 일에서 가능성을 발휘할 수 있도록 기술을 탄탄히 하는 환경을 창조하는 것이다.[7, 8] 이를 위해서는 목표와 직접적으로 관련 없는 행동을 거의 모두 내려놓아야 한다. 다음 표를 완성해 보자.

표 8.2는 목표 찾기 설문지로 열정 찾기 설문지와 비슷한 구조다.

목표: 회사에서 부장으로 승진한다

표 8.2 목표 찾기 설문지

나의 활동	다음 목표에 도움이 되지 않으므로 그만두어야 할 활동	몸과 마음에 좋은 활동
다양성 태스크포스	참여만 하는 각종 위원회	다양성 태스크포스
신입 직원 환영 위원회	IT 프로그램 베타 테스터	여성 멘토링 그룹
새 IT 프로그램 베타 테스터, 웹 사이트 리뷰어	웹 사이트 리뷰어	합창단
새로운 기준의 운영 절차 리뷰	복지 위원회	목요 농구 리그
복지 위원회	프레젠테이션 슬라이드 리뷰	
여성 멘토링 그룹	신입 직원 환영 위원회	

마케팅과 회계 부서간 소통	모든 부원들의 프레젠테이션 슬라이드 리뷰	
모든 부원들의 프레젠테이션 슬라이드 리뷰		
연 1-4회 만나는 12명 위원회 소극적 구성원(준비 필요 없음)		
모든 예산 회의 참석		
모든 전략 회의 참석		
승인 태스크포스		

도달해야 할 다음 단계: 경영전문대학원 진학, 생산성 지표 달성, 콘퍼런스 발표와 관련 논문 기고로 그 주제에 관한 전문가로 알려지기

첫 번째 칸: 하고 있는 모든 활동

공적이나 사적으로 참여하고 있는 모든 활동이나 위원회, 태스크포스, 특별 프로젝트를 비롯한 모든 모임을 기록한다. 아주 구체적이어야 한다. 일 년에 한 번 만나는 모임도 빼놓지 않는다. 온라인으로 진행되고 이메일로만 소통하는 모임 역시 마찬가지다. 하나도 빼놓지 말고 전부 기록하라.

시간이 거의 들지 않는다고 생각하는 활동도 마찬가지다. 시간은 걸리지 않아도 준비 시간과 이동 시간은 필요할 것이며 어쩌면 한참 몰입하고 있을 때 집중력을 무너뜨리는 요인이 될 수도 있다.

아무 일도 없고 전화도 온라인 미팅도 없는 날의 자유로운 그 느낌을 잘 알 것이다. 몹시 귀하고 소중한 그 시간에 많은 일을 해낼 수 있다. 그러니 무슨 일이 있어도 자기만의 시간을 확보할 방법을 찾아라.

두 번째 칸: 도움이 되지 않아 그만 두어야 할 활동

목록을 사세히 검토하라. 얼마나 많은 모임과 위원회, 태스크포스, 특별 프로젝트에 적극적으로 혹은 소극적으로 참가하고 있는지 한 번도 제대로 살펴본 적은 아마 없었을 것이다. 분명 두 자리 숫자일 것이다. 정규직으로 일하고 개인적인 일도 처리하면서 그 모든 활동에 온전히 헌신하는 것은 사실상 불가능하다.

자신의 목표에 도움되지 않는 일을 찾아보아라. 그 관계가 분명히 보이지 않는다면 잠시 그 일을 그만두어보는 것도 좋다. 영향력 있는 사람들과 함께할 수 있다는 이유로 각종 모임을 시작하는 경우도 많다. 정기적으로 사람들과 교류하며 모임 내에서 적극적으로 활동하는 구성원이 아니라면 그 안에서의 역할이 얼마나 오래 갈지 의문을 가져보는 것도 좋다. 내가 나오지 않으면 이를 눈치챌 사람들이 있을 것인지 생각해 보라. 존재감이 별로 없는 모임이라면 마음 편히 그만두어도 좋을 것이다.

어떤 모임은 최고의 디딤돌이 될 수도 있지만 커리어가 발전할수록 높이 올라갈 새로운 언덕이 필요하며 이전 모임은 더 이상 유용하지 않을 것이다. 그런 모임 역시 그만둘 수 있다.

모임의 취지는 좋으나 조직적이지 않아서 구성원들의 역할을 정리하는 데 대부분의 시간을 쓰고 있다면 이 역시 그만두어야 할 때라는 신호다. 자신의 경험과 기술을 활용할 수 없는 모임일 경우에도 새로운 도전이 필요할 것이다.

모임의 목적과 활동, 동료 구성원들은 좋지만 책임이 많아 버겁다면 성급하게 포기하지 말라. 중요한 데드라인을 앞두고 있거나 앞으로 몇 달 동안 정신없이 바쁠 거라고 양해를 구하고 잠시 중요한 프로젝트에 집중할 필요도 있다.

각종 모임을 그만두고 자신의 열정을 추구할 시간을 확보하는 것은 커리어를 발전시킬 훌륭한 기회가 될 수 있다. 이는 또한 자기 자리를 다른 사람에게 맡길 멋진 기회이기도 하다. 당신이 후임으로 지목한 사람은 다른 사람들이 잘 몰랐을 수도 있다. 모임의 기존 구성원으로 다른 사람을 추천하는 것은 그들이 새로운 기술을 배우고 새로운 사람들을 만나면서 스스로 빛날 수 있는 기회를 제공해 주는 일이기도 하다. 사다리를 올라갈 때는 다른 사람들도 함께 데리고 올라가라.

세 번째 칸: 몸과 마음에 좋은 활동

모든 활동이 자신의 목표 달성에 도움이 되지는 않을 것이다. 가끔은 연료 탱크를 다시 채울 필요가 있다. 내 목록 중 어떤 활동이 영감과 활기를 주는지 생각해 보라. 합창단 활동이나 종교 모임 참석일 수도 있다. 그 활동을 할 때 기뻐서 저절로 웃음이 난다면 무슨 일이 있어도 그 일은 해야 한다. 목표 달성도 중요하지만 삶의 다른 측면도 중요하고 그중에서도 가장 중요한 것은 바로 행복해지는 것이다.

당신을 웃게 만들거나 당신의 가능성을 알아보는 사람들과 보내는 시간은 언제나 든든한 힘이 된다. 그들과 점심을 함께 먹는 시간은 에너지를 충전해주는 소중한 시간이 될 것이다.

시간을 관리하라

《초집중》을 쓴 니르 이얄은 내 시간을 스스로 계획하지 않으면 타인이 내 시간을 계획하게 된다고 말했다.[9] 내가 만난 사람 중 가장 계획적인 사람은 4장에서 청각 장애인들을 위해 앞장섰던 제니스 린츠였다. 린츠는 늘 중요한 프로젝트 서너 개를 동시에 진행하고 있었고 정부 관리들이나 포춘 500대 기업 최고경영자들과 정기적으로 소통했다. 린츠는 언제나 저글링 중이었다. 델타 터미널, 애플 스토어, 야구 경기장, 지하철 역, 택시 등에 청각 보조장치를 구축하는 프로젝트는 몹시 중요하지만 일상을 보낼 시간을 잡아먹는 지루한 일일 수도 있다. 린츠는 그 지난한 일들을 세세한 프로젝트로 나눠 전화 받는 사이사이의 자투리 시간을 최대한 활용했다. 커다란 프로젝트를 하기에는 짧은 자투리 시간들을 고지서를 납부하고 통장을 정리하거나 이메일에 답장하는 시간으로 활용했다. 린츠에게는 일분 일초가 중요했다. 일에 집중하고 있을 때는 휴대전화 알림도 울리지 않게 해 두었다.

린츠는 늘 할 일 목록을 정리했고 달력도 열심히 사용했다. 해결해야 할 일이 생기면 잃어버릴지도 모르는 메모지에 적어놓거나 기억에 의존하려 하지 않는다. 달력에 알림을 설정해 놓는다. 마감날짜가 있는 일들은 한 주 전에 알림이 울리도록 해 놓는다. 린츠가 기억하지 못하거나 잊고 지나치는 것은 아무것도 없었다.

프로젝트 진행 상황을 확인하는 린츠의 놀라운 능력은 까다롭기로 소문난 리더들의 귀에도 들어갔다. 린츠는 프로젝트를 시작할 때 관련 통화 내용을 기록한다. 프로젝트와 관련해 대화를 나눈 사람들과 중요한 내용들을 기록하고 자신이 직접 해결해야 할 일은 붉은 색으로 표시한다. 중요한 일은 무엇이든 눈에 띄게 적어 놓는다. 달력과 통화 기록을 교차 확인하면 어느 것도 빠트릴 수 없다. 린츠는 문제 해결을 위해 자신이 얼마나 노력하고 있는지 보여주기 위해 통화 기록을 피디에프 파일로 변환해 관련 부서 권위자들에게 보내기도 했다. 청각 장애인의 국립공원 이용 접근성을 높이는 과정에서 몇 가지 장애물이 있었는데 내무부 장관에게 17페이지 길이의 통화 기록을 보내며 청각 장애인의 엘리스 아일랜드 접근성을 높이기 위해 자신이 무엇을 더 할 수 있을지 물었다. 그리고 이는 효과가 있었다.[10] 국립공원은 린츠의 가이드라인에 따라 청각 장애인을 위한 보조 장치를 마련하고 그녀에게 공을 돌렸다. 그 모든 것은 린츠가 시간을 효율적으로 활용했고 무엇이든 자세히 기록해 놓았기 때문에 가능했다. 린츠의 도구는 붉은색 펜과 형광펜, 그리고 달력이었다.

에너지를 관리하라

자신의 열정을 찾고 목표 달성을 방해하는 외부 요소를 제거했다면 이제 가장 효율적인 방식으로 생산성을 높이는 법을 배워야 한다.[11] 그러면 절반의 시간에 두 배의 일을 할 수 있을 것이다. 프로젝트를 끝낸 후에도 지치기보다는 더 영감을 받게 될 것이다.

아침형 인간인가 저녁형 인간인가? 아무도 일어나기 전에 최고의 집중력을 발휘하는가 아니면 모두 잠든 다음에 일을 해치우는 편인가? 언제 집중력이 가장 좋고 효율적인지 파악하면 열정을 우선 추구하는 데 도움이 될 것이다. 나는 보통 일찍 일어나 다른 사람들이 일어나기도 전에 많은 일을 해치운다. 그 집중력은 한 시간이 지날 때마다 조금씩 줄어든다. 아침에 30분이면 해결했을 일을 오후에는 내내 붙들고 있게 된다.

최고의 기량을 발휘하는 시간을 알아내 에너지를 조절하는 것은 몹시 중요하다. 그것이 할 일 목록 관리보다 더 중요하다. 그래야 가장 집중해 머리를 써야 할 일을 최고의 기량을 발휘할 수 있는 그 시간에 해낼 수 있다. 나는 아침형 인간이라 글을 쓰거나 편집하고 예산을 짜는 것, 즉 인지 능력이 가장 많이 필요한 일들을 하루 중 가장 일찍 해결한다. 일대일 미팅이나 온라인 미팅, 이메일 답장이나 전화 통화, 약속 잡기나 고지서 납부 등 그만큼의 집중력이 필요 없는 일은 오후에 해결한다.

가장 생산성 높은 시간을 잘 활용하기 위해 자신이 더 창조적이거나 영민한 때의 목록을 만들어라. 아침형 인간인지 저녁형 인간인지 파악하라. 가장 생산성 높을 때가 언제인지 파악해 가장 중요한 일을 그때 해결하라. 그래야 일하는 시간도, 좌절할 일도 줄어든다. 일정을 관리할 수 있다면 가장 생산성 높은 때에 인지 능력이 필요한 일을 하고 나머지 시간에 그만큼 집중할 필요가 없는 일을 해결하라. 대학 교수들이 교수실에 있는 시간을 정해 놓듯 각종 회의는 머리를 쓸 필요가 없는 시간에 몰아넣어라. 이는 그저 시간만 관리하는 일이 아니다. 자신의 에너지를 관리하는 일이다.

리듬을 타라

이제 하루 중 가장 생산성 높은 시간을 알았고 그에 따라 업무를 조정했다면 그 시간에는 완전히 몰입해야 한다. 내가 가장 좋아하는 방법은 포모도로 기법이다.[12] 프란체스코 시릴로가 1980년대에 개발한 그 방법은 시간과 싸우기보다 시간을 정해 놓고 일하는 방법이다. 포모도로 기법은 여섯 단계로 이루어져 있다.

1. 집중해서 하고 싶은 일을 선택한다. 크든 작든 상관없다. 온전히 집중하고 싶은 일이어야 한다.
2. 25분 후로 알람을 맞춘다. 너무 길지도 짧지도 않은 시간이다. 이메일과 소셜 미디어 알림을 전부 끈다. 25분 동안 오직 그 일에만 집중한다.
3. 25분 동안 완전히 몰입한다. 그동안 드는 딴생각은 메모해 두고 25분 후에 해결한다. 기억하라. 25분 동안 오직 그 한 가지 일에만 집중해야 한다.
4. 알람이 울리면 잘 해낸 것이다. 축하한다! 25분 동안 아무런 방해 없이 한 가지 일을 해냈다. 한 가지에 그만큼 집중했던 적이 최근에 있었는가?
5. 5분 동안 쉰다. 커피를 마시고 간식을 먹고 잠시 걷는 것도 좋다. 온전한 몰입 후 잠시간의 휴식은 뇌에 몹시 필요한 일이다. 일과 관련된 휴식은 아니어야 한다. 이메일을 확인하거나 일과 관련된 통화도 하지 말라.
6. 25분씩 4차례 집중한 후에는 더 긴 30분의 휴식을 취한다. 그만큼의 재충전이 필요할 것이다.

나를 포함해 많은 이들이 포모도로 기법을 활용한다. 그에 관한 앱도 많고 다양한 변형 기법도 많으니 자신에게 잘 맞는 것을 선택하라. 타이머는 무엇이든 될 수 있다. 팬데믹 기간에 나는 세탁기가 돌아가는 시간을 타이머로 활용했다.[13] 세탁기가 한 번 돌아가는 동안 일에 집중했다. 옷을 건조기에 넣는 동안 팟캐스트를 들으며 잠시 쉬었고 이를 필요한 만큼 반복했다. 나는 아침형 인간이므로 언제나 아침에 포모도로 기법을 활용해 글을 쓰고 편집한다. 각종 줌 미팅은 가능하면 오후에 잡는다.

기회가 나타나면 붙잡아라

성공한 사람들은 모두 위험을 감수했다. 그것도 아주 많이. 그들은 새롭거나 가끔 기이하기도 한 일을 정기적으로 시도했다. 그들은 그 흔치 않은 기회를 모험의 가능성으로 받아들였다. 그들은 언제나 실패하는 것보다 시도하지 않는 것을 더 두려워했다. 그들은 아무것도 잃을 게 없으니 시도하지 않을 이유가 없다고 생각했다.

스콧 파라진스키 박사는 의사이자 우주비행사다. 그는 우주왕복선에 다섯 차례 탑승했고 일곱 차례 우주를 유영했으며 미국 우주비행사 명예의 전당에 올랐다.[14] 그는 에베레스트 등반과 우주여행을 동시에 한 최초의 인간이었다. 파라진스키는 늘 원대하고 흥미로운 목표를 갖고 있었다. 누군가 불가능하다고 하는 일에는 더 관심이 생겼다. 그는 이렇게 생각했다. "방법이 있을지도 몰라. 내가 한 번 찾아보지." 그 사고방식 덕분에 그는 과학자로서 용암 호수를 탐험했고 스탠포드 의대에 다니며 올림픽에 출전했다.

1984년 올림픽 루지 팀원 중 한 명이었던 보니 워너는 파라진스키와 함께 스탠포드 대학교에 다니고 있었다. 워너는 교내 루지 팀원을 모집하기 위해 얼음 언덕을 시속 140킬로미터의 속도로 내려오는 스포츠를 소개하는 행사를 마련했다. 파라진스키는 루지가 얼마나 재미있는 스포츠인지 직접 한번 해보고 싶었다. 그리고 그 한 번만에 루지에 빠져 자칭 '루지 중독자'가 되었다. 그리고 스물네 살에 동계 올림픽 선수로 선발되어 뉴욕주 레이크플라시드의 올림픽 센터에서 훈련을 하게 되었다. 의대 졸업 3년을 앞두고 의학 공부와 올림픽 훈련을 병행한 것이다.

그는 1988년 올림픽 선발전에 참여해 좋은 성적을 거두었지만 올림픽 팀에 들어갈 최고의 네 명은 되지 못했다. 한쪽 문은 닫혔지만 다른 문이 열렸다. 필리핀에 루지 코치가 필요했고 파라진스키는 그 기회를 붙잡아 코치가 되었다. 어느새 그는 필리핀 깃발 뒤에서 동계 올림픽 개막식에 참석하고 있었다. 처음 의도대로는 아니지만 올림픽 참가라는 자신의 목표는 이룬 것이다. 기회가 나타났을 때 두 손으로 그 기회를 붙잡았기 때문이었다.

파라진스키는 늘 의사와 우주비행사가 꿈이었고 필요한 과정을 밟으며 그 목표에 다가가고 있었다. 그 와중에 루지에 대한 열정을 깨달았고 그 열정을 추구할 때는 바로 그때뿐이었다. 그래서 일생에 한 번뿐인 기회를 붙잡았다. 의사이자 우주비행사, 그리고 동시에 올림픽 루지 선수가 되는 것이 당신의 목표는 아니겠지만 몇 가지 목표를 한꺼번에 추구했던 그의 이야기를 통해 얻을 수 있는 교훈은 많을 것이다.

1. 마음을 열고 새로운 기회를 포착하라. 조건과 환경을 가리지 말고 찾아라. 확신의 영역을 넘어 멀리 보라.
2. 용감하게 새로운 것을 시도하라. 기회는 계획하지 않거나 기대하지 않을 때 찾아온다. 어쨌든 하라. 덕분에 파라진스키는 루지 선수가 되었고 올림픽 코치가 되었다.
3. 자신을 넘어서라. 늘 편한 영역에만 머무른다면 아무것도 배우지 못하고 새로운 경험도 하지 못할 것이다. 삶은 지루해지고 일은 괴로워질 것이다. 배움은 컴포트 존 바깥에서 일어난다.
4. 자극이 되는 환경을 찾아라. 그 방에서 자신이 가장 똑똑하다면 다른 방으로 가라. 마음만 열면 주변 사람들 누구에게서도 배울 수 있다. 나이가 많거나 적어도, 비슷해도 상관없다. 같은 분야에 종사하는 사람과 다른 분야에 종사하는 사람을 골고루 만나라. 새로운 관점으로 문제를 바라보고 해결하는 방식을 배울 수 있을 것이다.

그러면 이분법적 사고방식에서 벗어날 수 있고, 자신의 빛나는 열정을 찾을 때까지 몇 가지 흥미로운 일을 동시에 시도해 볼 수 있게 될 것이다. 자신의 시간과 에너지를 관리해 기회를 포착하는 것은 성취감과 직결되는 문제다.

코칭을 위한 질문

1. 지금 일에서 당신의 열정을 추구하기 위해 변화시킬 수 있는 한 가지는 무엇인가?
2. 다음 목표를 향한 이정표에 도달하기 위해 할 수 있는 한 가지는 무엇인가?
3. 시간과 집중력, 에너지를 더 잘 통제하기 위해 오늘 할 수 있는 한 가지는 무엇인가?

핵심 요약

1. 열정 찾기 설문지로 잘하는 일, 즐기는 일, 자꾸 미루게 되는 일, 보수 없이도 할 일이 무엇인지 찾아보아라.
2. 다음 목표를 위해 우선 무엇에 집중해야 할지 확실히 파악하라. 무엇이 되고 싶은지보다 무슨 일을 하고 싶은지 생각하라.
3. 목표를 선언하고 쟁취하라. 다음 목표를 정하고 이를 소리내어 말하라. 다음에 무슨 일이 하고 싶은지 사람들에게 알려라.
4. 목표를 실현하기 위해 노력하라. 목표를 찾았으니 이제 당신이 하는 모든 일과 당신이 받아들인 모든 책임이 그 목표에 부합하게 하라. 기억하라. 목표에 부합하지 않는 일은 그만두어야 한다.
5. 에너지를 관리해 가장 깨어있는 시간에 인지 작업에 집

중하라.

6. 리듬을 타고 중간에 쉬는 시간을 조금씩 배치해 집중할 때는 방해받지 않을 수 있도록 하라.
7. 기회가 나타나면 붙잡아라. 늘 안전하기만 한 곳에서 벗어날 수 있는 환경이 중요하다. 진정한 배움은 그때 일어난다.

멘토를 찾아라

9장에서는 멘토가 무슨 일을 하는지, 어디서 멘토를 찾을 수 있는지, 언제 멘토를 찾아가야 할지, 멘토와의 관계에서 기대할 수 있는 것과 없는 것은 무엇인지, 그리고 마지막으로 누구나 원하는 멘티는 어떻게 되는지에 대해 설명할 것이다. 또한 어떤 사람을 멘토로 고려해야 하는지, 최고의 멘티가 되기 위해 무엇을 할 수 있는지, 멘토와의 만남을 어떻게 준비해야 하는지, 멘토와 지속 가능한 긍정적인 관계를 어떻게 유지하는지에 대해서도 알려줄 것이다. 지금까지 멘토를 찾기에 적합한 곳으로 고려하지 않았던 장소들은 물론 멘토가 될 수 있는 사람에게 정중하게 다가가는 법에 대해서도 배울 수 있을 것이다.

이 책에서 멘토십에 대해 꽤 많이 언급하는 이유가 있다. 성공한 사람들이 모두 멘토 덕분에 성공했다고 말했기 때문이다. 콜로라도주 법무장관 필 와이저는 이렇게 말했다. "계속해서 멘토를 만날 수 있었던 것이 제 삶의 축복 중 하나입니다. 고등학교 때 역사 선생님부터 대학교와 로스쿨을 거쳐 법원 서기관으로 일할 때까지 말입니다." 와이저 법무장관은 대법관 루스 베이더 긴즈버그 판사 밑에서 일하며 '필요 없는 것을 털어내고 우아하고 품위 있게 대응하는 능력' 등을 포함해 엄청나게 많은 것을 배웠다고 말했다.[1]

최고의 기량을 발휘하는 사람은 멘토의 엄청난 영향력과 가능성을 인지하고 다른 사람들의 멘토가 되어 이를 다시 베풀었다. 성공하는 사람들은 서로 본받으며 함께 성장하길 좋아한다. 바로 그것이 노벨상 수상자의 절반 이상이 과거 노벨상 수상자들 밑에서 수련하는 이유이며 많은 올림픽 선수들이 전 올림픽 챔피언들을 코치로 영입하는 이유다.[2] 성공한 사람들은 멘티의 성공에 겁을 먹거나 위협을 느끼지 않는다. 반대로 멘티의 성공을 자신의 영광으로 여긴다. 그들은 떠오르는 샛별을 발굴해 성장시키고 그들이 성공의 정점에 이르는 모습을 보며 자부심을 느낀다. 내가 인터뷰했던 성공한 사람들은 모두 멘티의 성공에 대해 이야기하며 더 이상 빛날 수 없는 미소를 지었다.

헌신적인 멘토는 멘티가 자신의 능력에 의문을 가질 때 꼭 필요한 지원을 제공해 더 나아갈 수 있도록 돕는 중요한 역할을 한다. 높은 수준의 성취에 이르는 길은 종종 길고 외롭다. 승리감, 걸림돌, 장애물로 가득한 그 길이 결국 성공으로 이어진다. 성공과 그에 대한 보상은 빙산의 일각일 뿐이다. 모든 사람이 동경하는 성공에 이르기 위해서는 수면 아래의 모든 사람과 환경의 도움이 반드시 필요하다. 멘토가 바로 그 중요한 역할을 한다. 멘토는 수많은 가능성의 눈을 열어줄 뿐만 아니라 멘티가 자기 능력을 의심하며 좌절해 있을 때 그들을 일으켜 세워 준다. 멘토들은 성공에 꼭 필요한 토대를 제공하고 도전을 격려한다. 7장에서 성공하는 사람이 다른 사람들로부터 어떻게 배우는지에 대해 이미 언급했다. 멘토는 그 성공에 반드시 필요한 기둥이다. 성공하는 사람은 지속적으로 멘토로부터 새로운 지식을 흡수한다. 그리고 그들의 조언과 지혜의 말이 언제나 자신을 위한 것임을 잘 알고 깊이 새겨 듣는다.

멘토십에 대한 연구는 멘토가 있는 사람이 그렇지 않은 사람보다 더 능력을 발휘하고 수입도 많다는 사실을 분명히 보여준다.[3, 4] 최근의 한 연구에 따르면 76퍼센트의 사람이 멘토가 꼭 필요하다고 생각했지만 멘토가 있는 사람은 37퍼센트뿐이었다.[5] 그렇다면 우리는 어디서 멘토를 찾을 수 있을까?[6]

온라인 만남이든 오프라인 만남이든 멘토가 될 수 있는 사람은 우리 주변에 반드시 있고 가끔 의외의 장소에서 만나게 될 수도 있다. 늘 곁에 있지만 신경 쓰지 않았던 사람일 수도 있다. 멘토를 찾을 때 그들의 직책이나 지위는 잊어라. 그보다는 새로운 관점을 소개하고 현명한 조언을 해줄 수 있는지, 그들이 가진 네트워크에서 도움이 될 사람을 소개해 줄 수 있는지에 집중하라.

멘토의 가치

멘토십 선문가인 보스턴 대학교 명예 경영학 교수 게시 크램 박사는 멘토십에 꼭 필요한 두 가지 역할을 강조한다. 하나는 커리어 개발이고 또 하나는 사회심리적 지원이다.[7, 8] 멘토는 멘티가 조직 내 정치와 조직 생활의 복잡함에 대해 배우면서 동시에 더 나은 기회를 위해 준비할 수 있도록 돕는다. 멘토는 많은 이들에게 멘티를 알리고 어려운 일을 맡겨 기회를 잡을 수 있도록 돕고 커리어에 도움 되지 않을 일이나 사람들로부터 멘티를 보호한다. 커리어에 도움 되지 않는 일은 사무실 관리, 시민권 관련 업무, 해결해야 하지만 승진에는 도움이 되지 않는 일들이다.[9, 10, 11]

또한 멘토는 사회심리적으로 멘티의 직업적 능력과 자신감, 효능감을 높여준다. 감정적으로 롤 모델이 되어 주고 장애물과 성공에 대처하는 법을 알려주고, 멘티를 인정하고 수용하며 상담과 우정을 제공한다. 실험에 실패하거나 기회를 놓쳐 버렸을 때도 공감해 준다. 우주비행사 니콜 스톳 역시 멘토 덕분에 용기를 내 우주비행사 지원 서류를 작성할 수 있었다. 오랫동안 생각만 하고 실행하지 못했던 스톳은 멘토의 격려 덕분에 지원서를 작성할 수 있었고 그것이 바로 그녀에게 딱 필요했던 도움이었다.

누구나 직업적인 면과 사회심리적인 면에서 도움이 필요하다. 커리어를 발전시킬 계획을 세우라고 격려해 주고 꼭 필요한 사람을 소개해 주는 것은 직업적인 면에서 크나큰 도움이 된다. 사회심리적 지원은 자신을 믿지 못할 때 스스로를 일으키기 위해 필요하다. 내가 하고 있는 일이 아무 의미도 없으며 그래서 결국 아무 것도 되지 못할 거라고 생각할 때, 상실이나 기질로 힘든 시기를 겪고 있을 때 이를 이겨 내도록 도와준다. 멘토는 패배가 일시적인 것임을 알려주고 멘티가 스스로 보지 못하는 가능성까지 살피며 큰 그림을 그린다.

많은 멘토링 전문가들처럼 캐시 크램 박사 역시 이제는 한 명 이상의 멘토링 팀을 꾸릴 때라고 강조한다.[12, 13, 14] 그에 대해서는 10장에서 더 자세히 논할 것이다. 누군가 당신의 가능성을 알아보고 먼저 멘토가 되어 주길 기다릴 수는 없다. 크램은 적극적으로 먼저 다가가 대화를 나눠 보길 추천한다. "자주 다음 질문에 답해보아야 합니다. 커리어의 획기적인 발전을 위해 누구와 이야기를 나누고 상호작용하는 것이 도움이 될 것인가?" 크램은 새로운 직장이나 학위, 결혼 등과 같은 삶의 중요한 변화의 시기마다 자기 자신은 물론 멘토링 네크워크 또한 점검하는 것이 필요하다고 말한다. 삶이 어려워지지 않더라도 매년 정기적으로 멘토링 팀을 확인해야 한다. 이를 위해 크램 박사가 제안하는 세 가지 질문은 다음과 같다.

1. 현재 내가 가진 네트워크가 나에게 어떤 도움이 되고 있는가? 메워야 할 구멍은 없는가?
2. 네트워크 안에서 더 돈독한 관계로 발전시키고 싶은 사람이 있는가?
3. 큰 도움을 받는다면 나에게 득이 될만한 일이 내 앞에 있는가?

멘토를 찾을 때는 다음을 고려해야 한다고 크램 박사는 말한다.[15]

1. 전문 기술만으로는 훌륭한 멘토가 될 수 없다.
2. 멘토가 되어줄 수 있는 상황인지 확인하라.
3. 도움을 주고 싶은 마음이 있는지 확인하라.
4. 시간을 투자할 여력이 있는가?
5. 부탁 전에 먼저 의중을 확인해 본다.

대부분의 사람이 성공하기 위해 멘토가 필요하다는 사실을 알고 있다. 독자들도 이 책을 읽고 한 명 이상의 멘토를 찾을 수 있길 바란다.[16]

누가 멘토인가?

전통적으로 멘토는 더 나이 많고 경험 많은 사람으로 인식되어 왔다. 적절한 사람이 나타나면 모든 수단을 동원해 커리어에 대한 조언을 부탁하라. 멘토가 자신과 비슷할 필요는 없고 같은 분야에서 일해야 할 필요도 없다. 새로운 관점을 제공해 커리어에 도움을 줄 수 있는 사람이라면 광범위하게 찾아볼 필요가 있다.

어디서 멘토를 찾을 수 있는지 알아보기 전에 어떤 사람이 멘토의 자격이 있는지 먼저 살펴보자. 멘토는 나이와 경험이 더 많을 수 있지만 반드시 그래야 할 필요는 없다. 나이, 인종이나 민족, 성별, 종교도 상관 없다. 프로젝트를 함께 수행하거나 같이 논문을 작성하는 사람이어야 할 필요도 없다. 멘토는 커리어에 관한 조언을 제공하고 필요할 때 지원을 해 주는 사람이다. 멘티로서 우리는 배우고 성공할 준비를 해서 멘토를 만나야 한다. 목표와 계획으로 무장하고 멘토를 만나면 멘토가 그 계획을 다듬어 주고 목표 달성에 도움이 되는 사람들을 소개해 줄 것이다.

그렇다면 멘토로 적절하지 않은 사람에 대해서도 살펴보자. 직장 상사가 멘토로 적당한 것 같겠지만 그들을 유일한 멘토로 두는 것은 주의해야 한다.[17] 직속 상사라면 함께 속한 팀이나 부서가 성공하길 바라겠지만 당신이 다른 부서나 다른 회사로 떠나는 것은 그들에게 비용이 많이 들고 일도 많아지는 길이다. 그리고 직장 내 문화를 제대로 이해하지 못하거나 여전히 시행착오를 거치며 배워야 하는 사람을 후임자로 채용해야 할 것이다. 당신이 그만두기 전에 후임자가 채용되지 않으면 그가 당분간 그 일을 처리하며 신입을 훈련시켜야 할지도 모르고 이는 그에게 또 하나의 짐이 될 것이다. 그렇다면 그는 일부러는 아니더라도 어쩌면 무의식적으로 당신에게 기회나 지원을 제공하지 않거나 필요한 멘토가 되어 주지 않음으로서 당신의 발전을 방해하게 될지도 모른다.[18, 19] 물론 팀원들의 훌륭한 멘토가 되어주는 멋진 상사는 많다. 그들을 멘토로 두어서는 안된다는 뜻이 아니라 그들이 '유일한' 멘토여서는 안된다는 뜻이다.

훌륭한 멘티가 되는 방법

멘토십의 핵심은 바로 관계다. 성공하고 싶다면 반드시 주지해야 할 기본 개념이다. 멘토링 관계는 시간을 두며 쌓아 가야 하고 업무적으로 접근해서도 안 된다. 중요한 마지막 부분을 다시 한 번 반복하겠다. 멘토와 소통할 때마다 무엇을 해달라거나 무엇으로부터 구해달라고 부탁하면 금방 멘토가 없어질 것이다. 그들은 더 이상 멘토가 되어주고 싶지 않을 것이고 관계의 생명도 짧아질 것이다. 멘티로서 멘토를 귀찮게 하지 말고, 당신의 가치와 호기심을 보여주고, 받는 것보다 더 많이 베풀어라. 멘토가 될 사람들과 대면/비대면으로 만나고 소셜 미디어에서 교류하라. 상호작용을 통해 자신의 관심 분야나 주제, 하고 있는 일을 널리 알려라. 좋은 소식이나 지금 진행 중인 프로젝트, 최근에 흥미롭게 읽은 기사나 최근의 휴가 사진 등을 공유하라. 원하기만 하는 멘티에게 이메일을 받는 것만큼 멘토들을 지치게 만드는 것도 없다. 그보다 더 심한 것은 절대 멘토의 조언을 듣지 않는 태도다. 시간이 지나면 멘토는 오직 문제를 해결해 주기만 바라는 당신의 이메일에 답장을 하지 않을 것이다. 기억하라. 멘토링 관계는 사무적이어서는 안 된다.

《아테나 라이징*Athena Rising*》과 《굿 가이스*Good Guys*》의 저자이자 멘토링 전문가인 브래드 존슨과 데이빗 스미스 박사는 멘티로서 돋보이고 싶다면 적절한 프로젝트를 찾아 자신의 역량을 보여주는 것도 좋다고 조언한다.[20] 《멘토링 가이드*The Mentoring Guide*》의 저자이자 의사 비닛 초프라, 발레리 본, 산제이 세인트 박사 역시 약속한 것보다 더 많이 해내라고 멘티들에게 조언한다.[21] 그와 같은 실력 발휘가 반복되어 돋보이는 멘티를 그들은 돕고 싶어 한다.

멘토들은 다듬어지지 않은 재능과 욕망이 있고 커리어 발전을 위해 늘 더 배우고 싶어 하는 흙 속 진주를 찾는다. 그리고 기꺼이 그들을 도와 성공하게 만들고 싶어 한다. 4장과 5장에 등장했던 의사과학자 데이비드 긴즈버그 박사는 예전 멘티들과 여전히 연락을 하고 있으며 가능하면 직접 만나기도 한다. 돌이켜 보면 멘티들 모두 자기만의 방식으로 특별했고 뛰어난 사람들이었다고 그는 생각한다.

어디서 멘토를 찾을 것인가

지금쯤이면 멘토가 필요한 이유를 충분히 납득했을 것이다. 이제 직접 멘토를 찾아나서야 할 때다. 그 과정을 흥미롭고 재미있게 만들고 싶다면 다음과 같은 단계를 밟아 보길 바란다.

그렇다면 훌륭한 멘토는 어디서 찾아야 할까? 이는 생각만큼 어렵지 않다. 훌륭한 멘토는 어디에나 있다. 직장에도 있고 콘퍼런스장에도 있고 대면으로나 온라인으로 모두 만날 수 있으며 사적인 공간에도 있다. 직장과 사생활 공간, 그리고 사람들이 쉽게 간과하는 모든 곳에서 멘토를 찾을 수 있으며 각 장소에는 각기 독특한 이점이 있다.

1) 직장에서의 멘토

직장은 주변 사람들이 당신이 하는 일과 일하는 방식, 직업적 명성 또한 알고 있으므로 멘토를 찾기에 아주 좋은 곳이다.

고급 간부들과 은퇴자들

당신보다 먼저 그 일을 시작한 사람들로부터 배울 것은 몹시 많다. 그들은 기회를 붙잡거나 지름길을 찾아서 차곡차곡 승진을 했고 어쩌면 사람들이 잘 모르는 비밀도 알고 있을 것이다. 직장 내 고급 간부들을 찾아가 어떤 주제로든 대화를 시작해 보라. 졸업한 학교나 가장 좋아하는 음식, 색깔, 스포츠 팀, 휴가지 등 공통 관심사를 찾아라. 그리고 관계가 조금 쌓이면 당신이 하고 있는 생각이나 진행 중인 프로젝트에 대해 그들의 생각을 물어라. 그쯤이면 서로 개인적인 교류도 있고 신뢰의 토대도 쌓였을 것이다. 같은 부서든 다른 부서든 상관없다. 휴게실이나 구내 식당도 그들을 만날 수 있는 좋은 장소다. 음료 자동판매기 앞에서 누구를 만날지는 아무도 모르는 일이다.

보통 같이 골프를 치는 사람들이 프로젝트나 승진에 대한 결정권이 있는 사람들이다. 중요한 점이 있다면 그들은 예전부터 일과 관련없는 시간을 보내며 서로 관계를 쌓아온 사람들이라는 사실이다. 그들은 함께 농담하고 웃고 잘 못 친 공에 대해 위로한다. 인간적으로 맺어진 관계다. 멘토들은 멘티의 직업관과 도덕성, 인간관계에 대해 잘 알고 있을 때 기회를 제공하거나 리더의 역할로 승진하는데 일조하고 싶어 한다. 기회를 얻지 못했다면 이는 사람들이 당신을 좋아하지 않아서가 아니라 당신을 모르기 때문이다. 골프가 취향이 아니거나 그 모임에 초대받기 힘들다면 먼저 모임을 만들어 다른 사람을 초대한다고 막을 사람은 없다. 저녁 식사 모임, 사과 따기 여행, 래프팅, 와인 테이스팅, 공연 관람 등을 계획하라. 몇 가지 행사를 돌아가며 조직해 직장 내 간부들을 초대하라. 머지 않아 직장 밖에서도 당신을 아는 멘토들을 만날 수 있을 것이다.

이미 은퇴한 사람들도 멘토가 될 수 있다. 그들은 상당 기간 업계에 종사했고 업계 내 정치와 문제가 될 상황에 대해 잘 알고 있다. 그리고 가장 솔직하게 누가 당신을 돕고 누가 당신의 등에 칼을

꽂을지도 알려줄 것이다. 그들은 또한 당신과 커리어에 대해 차분히 이야기 나눌 시간이 더 많을 것이고 그 분야에서 수십 년간 쌓아온 더 광대한 네트워크를 소개해 줄 수도 있다. 전화나 이메일로 은퇴자들에게 연락을 해 보라. 자신을 소개하고 그들의 업적에 대해 알고 있음을 알리고 궁금한 점을 물어보라. 가능하다면 커피나 점심을 대접하고 멀리 떨어져 있다면 영상 통화도 좋다. 그들은 시간이 너너한 편일 테니 추억을 떠올릴 기회를 제공해 준 점에 대해 감사할 것이다. 공통의 관심사를 찾고 진행 중인 프로젝트에 대해 설명하며 서로 알아가라.

각종 위원회

많은 사람들이 직장이나 자원봉사 하는 곳에서 각종 위원회나 모임에 참여해 힘을 보태고 있을 것이다. 그 다양한 사람들의 모임 또한 자신의 의욕과 직업관, 호기심, 세심함과 끈기를 보여줄 수 있는 멋진 기회다. 사람들이 어떻게 일하는지, 어떤 질문을 하는지, 어떤 기회를 서로 나누는지 주의 깊게 살펴보라. 혼자서 생각하고 일하는가 아니면 집단으로 일하는가? 그들의 생각이 당신 생각과 비슷한가? 그들과 잘 맞는 지점이 있는가? 만약 그렇다면 그들이 당신의 멘토가 될 수 있다. 모임을 이끄는 사람을 살펴보라. 누가 그에게 왜 그 역할을 맡겼을지 생각해 보라. 당신의 의견이나 아이디어에 대해 그들과 따로 이야기를 나눠라.

모든 조직에는 특별한 프로젝트를 함께 하는 각종 위원회나 팀이 있다. 새로운 일을 시작할 자원봉사자는 늘 필요하므로 지역이나 전국 단위 모임을 고려하는 것 또한 잊지 말라. 당신의 생활에 직접적으로 영향을 끼치는 사람들 이상으로 네트워크를 확장해 더 넓은 시각에서 멘토를 찾을 수 있는 멋진 기회다.

콘퍼런스

대면이나 비대면 콘퍼런스 또한 멘토가 될 사람들을 만나기 좋은 장소다. 어떻게 시작해야 할지 모르겠는가? 단순하다. 아무 부탁도 없이 그저 관계를 쌓는다. 콘퍼런스 연사, 패널, 청중 모두 당신의 커리어에 조언을 해줄 수 있는 사람들이다. 핵심은 대화 초기에 두 사람 모두 공감할 수 있는 주제를 빨리 찾아내는 것이다. 출신 학교나 고향, 공통의 지인, 취미 생활이 될 수도 있다. 상대가 자신을 좋아하게 만들 이유를 제공하는 것이다. 그들의 일에 대한 대화는 충분히 많은 이들이 이미 하고 있을 것이다. 그러니 다른 사람들이 하지 않을 이야기를 나누며 돋보이는 것이 좋다.

강연자가 발표되자마자 이메일이나 소셜미디어로 연락을 취해 그의 강연에 아주 관심이 많다는 사실을 알려라. 가장 중요한 것은 왜 그 주제가 당신에게 흥미로운지다. 소셜 미디어에서 그들을 팔로우하고 관계를 쌓아라. 지나칠 정도로는 아니더라도 차츰 당신을 알아갈 수 있을 정도로는 필요하다. 2주나 3주에 한 번이면 충분하다. 대부분의 사람이 자신의 소셜미디어를 확인하므로 원하는 사람에게 직접 접근하는 좋은 기회가 될 것이다.

행사 전 강연자에게 연락을 취할 수 없었다면 강연 20분 전에 가거나 온라인 콘퍼런스가 시작하기 전에 먼저 접속하라. 연사들은 보통 일찍 도착해 마이크를 점검하고 시청각 자료가 제대로 작동하는지 확인하는 시간을 갖는다. 확인이 끝나면 주변에서 쉬거나 휴대전화에 몰두해 있을 것이다. 그때가 자신을 소개할 수 있는 최고의 시간이다. 연사에게 다가가 강연을 기대하고 있는 이유를 전하라. 그때라면 강연자가 당신에게 쏟는 관심을 방해할 사람은 아무도 없을 것이다. 출신 학교 등의 공통점에 대해 이야기 나누면서 그에게 온전히 집중하라. 가장 좋아하는 교수나 각자 살았던 기숙사에 대한 이야기도 좋다. 둘만의 사적인 대화다. 이제 당신은 그의 일에 관심이 있는 사람임과 동시에 그의 과거에 대해서도 조금은 알게 된 사람이다. 상호 관계의 시작이다.

하지만 강연 후에는 보통 줄이 길 것이다. 강연자와 이야기 나눌 기회를 얻는다고 해도 시간에 쫓길 것이고 강연자도 당신을 기억하지 못할 것이다. 줌이나 다른 가상 플랫폼에서 진행되는 비대면 만남을 위해서는 반드시 카메라를 켜고 강연자나 강연 주최측과 이야기 나누길 추천한다. 적어도 십 분은 그들의 관심을 독차지할 수 있을 것이다. 아마 당신이 얻게 될 다른 어떤 기회보다 더 값질 것이다.

강연 후 다시 한 번 다가가 둘만의 공통점을 다시 한 번 언급하라. 또한 그의 강연에서 정확히 무엇이 감명 깊었는지 그 이유를 말하라. 그리고 이메일로 그에 관한 대화를 시작하라. 시간이 지나면

'이런 경우에는 어떻게 해결하셨는지 궁금합니다.'와 같은 질문도 해볼 수 있을 것이다. 첫 소통에서는 어떤 부탁이나 소개, 통찰을 요구하지 않는 것이 좋다. 상대가 겁을 먹고 물러날 수 있다. 목표는 관계를 발전시키는 것이지 업무적인 대화를 하는 것이 아니다. 이는 대면이나 비대면 콘퍼런스, 강연이나 기조연설자, 기타 패널들 모두에게 적용될 수 있다.

통찰력 있는 의견을 남기거나 좋은 질문을 던진 청중이 있다면 그에게도 다가갈 수 있다. 많은 사람들 앞에서 의견을 말하는 것은 긴장되는 일이기 때문에 대부분 이를 꺼린다. 그에게 그의 발언이 마음에 남은 특별한 이유에 대해 말하라. 당신의 공감을 받은 호기심 많은 사상가와 의미 있는 관계 맺기의 시작이 될 수 있을 것이다. 마찬가지로 그와도 소셜 미디어로 연락을 주고받고 그들의 콘텐츠에 반응하라. 그가 흥미로워할 것 같은 주제에 대한 기사나 팟캐스트가 있다면 그 이유를 짧게 언급하며 메일을 보내라. 자신의 네트워크에서 그의 프로젝트에 도움이 될 만한 사람을 소개하는 것도 좋다. 효과를 장담할 수 없겠는가? 간단히 뒤집어 생각해 보라. 당신이 많은 청중 앞에서 마이크를 들고 질문을 했다고 해보자. 누군가 쉬는 시간에 다가와 의견을 잘 들었으며 질문이 몹시 신선했다고 말한다면 기분이 어떻겠는가? 자신이 더 대단하다고 느껴질 것이다.

온라인 콘퍼런스에서는 채팅에 관심을 기울여라. 사람들은 채팅에서 더 활발히 의견을 개진하는 경향이 있다. 대면 콘퍼런스에서

처럼 동료 참가자에게 개인적으로 연락해 그의 발언이 흥미로웠다는 사실을 알려라. 자신과 관련 있는 내용을 언급한 사람에게도 연락해 볼 수 있다. 어쩌면 과거에 같은 직장에서 일했거나 고향이 같거나 출신 학교가 같거나 같이 요가를 할 수도 있을 것이다. 무엇이든 공통점을 찾아 관계를 쌓아 나가라. 곱슬머리에 관한 대화 때문에 나의 멘티가 된 학생도 있다. 그 학생이 먼저 나를 멘토라고 불렀다. 스스로 누군가의 멘토가 될 수는 없다.

쉬는 시간이나 화장실에 줄을 서 있을 때도 그 시간을 잘 활용하기만 한다면 많은 대화를 나눌 수 있다. 그때가 바로 사람들과 대화를 시작하기 아주 좋은 기회다. 어떤 낯선 사람과도 대화를 시작할 준비가 되어 있어야 하고, 그래야 만나고 싶은 사람을 만났을 때 입이 안 떨어지는 상황을 모면할 수 있다. 대화를 시작하기 적절한 말을 미리 준비해 놓으면 도움이 될 것이다.[22] 다정하게 대화를 시작하기 좋은 말들은 다음과 같다.

"지금까지 가장 좋았던 강연은 무엇인가요?"
"어디서 일하시나요?"

혹은 "정말 멋진… 네요." 라고 독특한 액세서리에 대한 칭찬으로 대화를 시작할 수도 있다.

한 번은 콘퍼런스 칵테일 파티에 참가했는데 한 여성이 시계 모양 손지갑을 들고 지나갔다. 나는 그 독특한 손지갑에 대해 한 하디

하지 않을 수 없었다. "정말 멋진 손지갑이네요!" 알고 보니 그녀는 《핫팬츠 인 할리우드*Hot Pants in Hollywood*》의 저자이자 텔레비전 최초 여성 코미디 극작가인 수잔 실버였다. 〈메리 타일러 무어 쇼〉와 〈모드〉 등 많은 인기 프로그램이 그녀의 작품이었다. 우리는 손지갑에 대한 이야기를 시작으로 그녀가 극작을 그만두고 시작한 비영리재단에 대해 이야기 나누다가 우리의 공통 관심사를 발견했다. 그리고 그녀가 그 파티에 참석한 많은 친구들에게 나를 소개해 주었다. 손지갑에 대한 칭찬으로 그 모든 일이 시작된 것이다.

콘퍼런스가 끝난 후의 공항도 잊지 말라. 누군가 콘퍼런스 가방을 들고 있거나 같은 회의에 참석했던 얼굴을 알아본다면 그들에게 다가가 이렇게 말하라. "방금 *** 콘퍼런스 참여하셨죠?" 대답을 기다렸다가 이렇게 말하라. "저도 참석했어요. 저는 (이름과 소속을 밝힌다)." 대답을 기다렸다가 또 물어라. "가장 마음에 드는 세션은 무엇이었나요?"

이제 모든 일이 순조롭게 풀릴 것이다. 콘퍼런스가 두 사람의 공통 화제이니 서로 가장 마음에 들었던 강연에 대해, 가장 영감을 주었던 연사에 대해, 저녁 식사로 나온 닭이 얼마나 질겼는지에 대해 비행기를 타기 전까지 무슨 이야기든 할 수 있을 것이다. 각자의 목적지에 도착한 후 24시간 내에 다음 연락을 하는 것도 잊지 말라.

2) 일상에서 만나는 멘토

가족과 이웃, 아이들의 학교, 체육관, 종교 시설, 자원봉사 조직 등의 일상적인 장소에서도 멘토를 찾을 수 있다. 다양한 장소이니만큼 다양한 분야의 전문가를 만날 수 있고 그들은 문제에 어떻게 접근하고 어떻게 해결하는지 들어볼 수 있을 것이다.

가족

가족에 대해 더 폭넓게 생각하라. 직계 가족은 물론 삼촌과 숙모, 사촌과 육촌, 촌수를 잘 모르는 먼 친척까지 모두 포함하라. 어디서 어떻게 연결될지는 아무도 모른다. 의사가 되고 싶은데 아주 먼 사촌이 의사라면 그에게 연락하라. 가족 중 누군가가 의대에서 일하고 있을지도 모르고 지금 의사가 된 대학시절 룸메이트가 있는 사람도 있을 것이다. 중요한 것은 자신이 무엇을 찾는지 정확히 알아야 한다는 것이다. 가까운 친척만 찾지 말라. 먼 친척도 나중에 도움이 될 수 있다. 중요한 것은 열린 마음이다.

그들과 오랫동안 연락하지 않았다면 지금이 특정 직업에 대한 공통의 관심을 바탕으로 관계를 되살릴 멋진 기회가 될지도 모른다.

이웃

이웃들과 얼마나 알고 지내는가? 그들이 일하는 분야나 그들이 해줄 수 있는 조언을 알면 놀랄 것이다. 이미 같은 건물이나 동네에 살고 있다는 공통점이 있으므로 제설 작업이나 쓰레기 수거함에 대해, 대중 교통 접근성이나 슈퍼마켓 물가에 대해 많은 대화를 나눌 수 있을 것이다. 정장을 입은 직업인의 모습이 아니라 편한 모습으로 말이다. 엘리베이터나 빨래방, 식료품점 등 어디서나 만날 수 있다. 그들이 무슨 일을 하는지 알고 그들과 관계를 쌓는 것이 확실한 멘토링 관계의 초석이 될 수 있다.

자녀들의 학교

학교에 다니는 자녀가 있는가? 그렇다면 다른 학부모들을 아는가? 학부모·교사 모임에 참가할 시간이나 여유가 없을 수도 있지만 학부모 소셜 미디어 그룹에 참여해 다른 부모들이 올리는 글을 읽는 소극적 역할은 할 수 있을 것이다. 다른 부모들은 무슨 일을 하는지, 어떤 문제에 관심이 있고 어떻게 반응하는지 파악해 보라. 콘퍼런스에서처럼 자신과 비슷한 생각을 하거나 새로운 관점을 보여주는 부모들에게 개인적으로 연락해 보라. 아이들의 학교, 가장 마음에 드는 선생님, 동네 소아과, 일과 가족 사이에서 균형 잡기 등이 대화를 나눌 공통 주제가 될 것이다.

학교 행사나 연극, 운동회에서 끝까지 자리를 지켰다면 다른 부모들에게 말을 걸고 그들이 어떤 분야에 종사하는지 물어보라. 서로 알아가고 관계를 쌓아라. 당신의 네트워크에 있는 사람을 소개해 준다고 제안하라. 언제나 그렇듯 받는 것보다 더 많이 베풀어라. 한 친구가 아들의 야구 경기를 관람하며 바람이 부는 추운 야외석에 앉아 있었다. 그때 다른 부모들의 대화가 들렸는데 그중 한 명이 회계과에 새로운 직원을 뽑아야 한다고 말했다. 또 다른 부모가 마침 일자리를 구하는 회계사를 알고 있다고 대답했다. 대화는 각자 하는 일과 자신의 역할, 고용 방식 등으로 이어졌다. 추운 야외석에서 아이들의 야구 경기를 보며 그들은 서로 관계를 쌓아가고 있었다.

체육관

팀 스포츠를 하거나 정기적으로 체육관에 가는가? 거기서 만나는 사람들에 대해 얼마나 알고 있는가? 그들이 무슨 일을 하는지, 어디서 일하는지 시간을 내 이야기 나눠 본 적 있는가? 건강 관리라는 공통 주제로 다음과 같은 질문을 해볼 수 있다.

"이 수업에/체육관에 처음 나오셨나요?"

"필라테스는 얼마나 오래 하셨어요?"

"타바타를 일주일에 몇 번이나 하세요?"

"근력 운동을 더 좋아하세요 아니면 유산소 운동을 더 좋아하세요?"

다정하게 말을 거는 방법은 무한하다. 중요한 것은 그들과 대화를 나누며 인간 대 인간으로 알아 가는 것이다. 머지 않아 서로의 일에 대해서까지 토론하게 될 것이다. 이 책을 집필하면서 성공한 사람들에 대해 조사할 때 특별히 만나 보고 싶은 사람이 있어서 내가 속한 모임들에 알렸다. 그랬더니 한 친구가 '체육관에서 내 바로 옆 사물함을 쓰는 사람'이 바로 그 사람이라고 했다.

자원봉사 단체

주말을 어디서 누구와 함께 보내는가? 관심 있는 주제에 대한 모임에 속해 있는가? 종교, 정치, 사회 등 다양한 분야의 모임에 대해 생각해 보라. 다른 구성원들은 어떤 사람들이며 어떤 일을 하는가? 어느 분야에 종사하는가? 아는 사람들은 많은가? 자신에게 생소한 분야라면 이렇게 물을 수 있다. "이번 달 법조계 새로운 소식은 무엇인가요?" 그들이 어떤 프로젝트를 진행하는지, 어떤 사람들과 상호작용하는지, 어떻게 위험을 극복하는지에 대한 통찰을 얻을 수 있을 것이다. 어떤 분야에 대한 중요 정보나 핵심 인물을 드러내는 것은 열린 질문이다. 그들이 하는 일이나 그들의 네트워크에서 자신과 공통적인 부분이 있는지 꾸준히 찾아보아라. 정보는 언제나 있다. 부드럽게 얻어내기만 하면 된다.

그밖의 장소들

직장이나 관심 분야가 일치하는 곳이 멘토를 찾을 수 있는 가장 확실한 장소들이다. 하지만 커리어 발전과 최고의 기량 발휘를 도와줄 수 있는 사람들을 만날 수 있는 곳은 무수히 많다. 정체성을 찾고 열정에 불을 붙이도록 도와준 사람들을 지금까지 어디서 만났는가? 고등학교 때 영감을 주고 격려해 준 선생님이 있었는가? 대학 때 가장 좋아했던 교수님은 어떤가? 늘 일관성 있게 행동한다고 느꼈던 친구가 있었는가? 그들에게 연락하라. 근황에 대해 알리고 다시 관계를 쌓아 나가라.

즐겁게 읽은 책의 작가나 흥미로운 기사를 쓴 기자가 있는가? 그들에게 연락해 책이나 기사에서 무엇을 깨달았는지 공유하라. 어떤 점에서 감명받았는지, 왜 감명받았는지 설명하라. 많은 작가들이 독자들의 반응이 없는 진공 상태에서 글을 쓴다. 연락해 오는 독자들이 많지 않기 때문에 그들의 기억에 남을 것이다.

새로운 사람을 만날 때 만남을 지속하는 좋은 방법은 24/7/30으로 정리할 수 있다.[23] 처음 이야기를 나눈 후 24시간 안에 팔로우를 하고, 7일 후, 그리고 30일 후에 짧은 이메일을 보내거나 링크드인 요청을 해 함께 논의했던 문제의 진행 상황에 대해 알려라.

멘토는 아무나 될 수 있는 것이 아니며 멘토가 될 사람은 멘티가 정한다. 멘티가 인정해야 멘토가 된다. 멘토링 관계는 서로의 위대함을 보는 능력과 신뢰에 기반한 관계다. 확실하고 탄탄한 멘토링을 경험하고 싶다면 다양한 분야와 직책의 사람들로 멘토링 팀을 꾸리는 것이 좋다.

멘토와 어떻게 만날 것인가

멘토링에 관한 또 다른 신화를 깨자면, 멘토와의 만남을 미리 약속하거나 준비할 필요가 없다는 것이다. 많은 사람이 격주 화요일 4시에 주제를 갖고 정기적으로 만나야 하고, 처음 대화를 나누기 전에 계약서를 작성해야 한다고 생각한다. 독자들은 모르겠지만

나라면 계약을 토대로 한 멘토링 관계는 맺고 싶지 않다. 어떤 만남이라도 서로 도장을 찍은 문서가 아니라 공동의 목적과 신뢰가 관계의 토대가 된다. 멘토링 관계는 그 시작과 끝을 정확히 파악할 수 없는 유동적 관계이기도 하다. 누구도 그 관계에서 언제든 빠져나갈 수 있다.

정해진 날짜와 시간에 만나는 것은 오늘날처럼 빠른 속도로 변하는 세상과도 맞지 않다. 추가적인 관심이 필요한 일이 늘 생긴다. 반대로 함께 이야기 나눌 새로운 주제가 없을 수도 있다. 그래도 이미 약속한 시간이기 때문에 무엇이든 대충 준비해 갈 것인가? 멘토가 내어주는 시간에는 생산적으로 논의할 거리가 있어야 한다. 간단한 질문이 하나 생길 때 역시 약속된 시간까지 기다릴 필요가 없다. 오늘날처럼 끝없이 변화하는 세상에서 멘토와 멘티는 전통적인 관계와는 완전히 다른 관계를 맺게 될 것이다.

코칭을 위한 질문

1. 정기적으로 찾아가 조언을 구하는 존경하는 사람은 누구인가?
2. 그 관계를 발전시키기 위해 할 수 있는 한두 가지 일은 무엇인가?

핵심 요약

1. 직장 내 가까운 사람들 중에서 멘토를 찾아보라. 고급 간부, 은퇴자, 콘퍼런스나 업무 관련 모임에서 만나는 사람도 좋다.
2. 가족이나 이웃, 동료 학부모, 체육관이나 자원봉사 모임에서 만나는 사람도 멘토가 될 수 있다.
3. 반 친구들이나 좋아했던 교수님 등 과거에 알았던 사람들에게도 열린 마음으로 연락해 보라. 책의 저자 등 한 번도 만나보지 않은 사람들에게도 마음을 열어라.
4. 언제든 새로운 사람을 만나 대화하고 싶을 때 활용할 수 있는 말을 준비해 놓아라. 예를 들면 다음과 같다.
   a) 가장 마음에 들었던 강연은 무엇이었나요?
   b) 저랑 같은 학교 졸업하셨다고 들었습니다.
   c) …에 대해 하신 말씀 잘 들었습니다. … 때문에 정말 마음에 와닿았던 말씀이었어요.
   d) 양말 디자인이 정말 멋지네요!

e) …에 대해 그렇게 말씀해 주셔서 얼마나 감사했는지 모릅니다.

f) …에서 일하신다고 들었습니다. 저도 같은 분야 …에서 일하고 있어요. …때문에 마찬가지로 몹시 힘들었을 것 같은데 어떠셨나요?

5. 온라인 만남에서는 채팅 기능을 활용해 관심 있는 발언을 했던 참가자와 개인적으로 연락하는 것도 좋다.
6. 소셜 미디어도 팔로우하라. 그들이 올린 어떤 포스팅에 왜 관심이 갔는지 알려라.

멘토링 팀을 구성하라

한 명의 멘토가 당신의 성공을 도울 수 있다면 다양한 멘토들의 팀은 얼마나 많은 것을 제공할 수 있겠는가. 멘토들은 지금까지 쉽게 접할 수 없었던 다양한 관점과 경험을 제공하고 새로운 사람들을 만날 수 있도록 도와준다. 하지만 아무나 무작정 모을 수는 없다. 도리 클라크가 저서《새로운 나 창조하기*Reinventing You*》에서 밝혔듯이 멘토링 팀은 나만을 위한 이사회나 마찬가지다.[1] 그 이사회가 커리어의 시작과 끝을 함께하는 중심축이 될 것이다. 조직 내 한 사람에게 의지하면 그가 회사를 떠날 때 갑자기 멘토가 없어지는 위험한 상황에 처하게 된다.[2] 하지만 멘토링 팀이 있다면 한 명이 갑자기 떠나도 꼼짝 못하게 되지는 않는다. 자신의 직업적 성공을 위해 다양한 사람들이 힘써주길 원하지 않는 사람이 과연 있을까? 10장에서는 멘토링 팀을 구성하는데 필요한 통찰과 도구를 제공하고 자신의 약점을 보완하기 위해 필요한 사람들을 찾는 전략을 소개할 것이다.

완벽한 사람은 없다

멘토를 찾아 나설 때 가장 먼저 유의해야 할 점은 완벽한 사람은 없다는 사실이다. 완벽한 멘토를 찾는다면 그만두어라.[3] 그런 사람은 존재하지 않는다. 멘토가 있냐는 질문에 사람들은 아직 딱 맞는 사람을 찾지 못했다고 대답한다. 분석 마비 때문일 것이다. 완벽은 독과 같아서 완벽한 사람만 찾는다면 결코 첫걸음도 떼지 못한다. 완벽한 사람은 어디에도 없다. 당신에게 필요한 기술과 인내와 성격과 네트워크와 시간을 전부 갖고 있는 사람은 찾을 수 없다. 정체성이나 문화적 배경이 일치하는 사람도 찾기 힘들 것이다. 하지만 좋은 소식이 있다. 각기 특별한 것을 제공해줄 수 있는 여러 사람과 함께라면 완벽의 사촌은 만날 수 있을 것이다.

멘토링의 함정

당신에게 필요한 모든 것을 줄 수 있는 사람은 없다. 또한 멘토링 관계가 기대에 미치지 못할 때 깔끔하게 정리할 필요도 있다. 마무리가 좋지 못했던 멘토십에 대한 소문은 무수히 많다. 의사 비넷 초프라 박사, 다나 에델슨, 산자이 세인트 박사는 이를 '멘토십 사고'라고 부른다. 멘토십 사고는 안타깝게도 다음과 같은 이유 때문에 발생한다고 할 수 있다.[4]

- 얼굴을 보기 힘든 멘토
- 멘티의 아이디어를 자기 아이디어라고 주장하며 공을 가로채는 멘토
- 모든 업무를 자신이 확인해야 한다고 주장하지만 피드백은 몹시 느려 계속 상기시켜 주어야 하는 멘토
- 멘티를 돌봐주지 않고 공적으로든 사적으로든 멘티를 위해 나서지 않는 멘토
- 멘티를 자기 뜻대로 움직이는 분신으로 만들려고 하는 멘토

커리어를 위해 다수의 조언을 받고 있으면 한 사람과의 관계가 틀어지거나 그가 너무 바쁠 때, 혹은 앞서 언급한 상황 중 하나에 처했을 때 지체없이 다른 멘토의 도움을 받을 수 있다. 멘토 한 사람은 여럿은 물론이고 온전한 한 사람의 몫도 되어 주기 어렵다. 언

제나 넘어야 할 산이 생긴다. 어쨌든 우리 모두 인간이기 때문이다. 우리는 다양한 사람들로부터 각기 다른 것을 얻으며, 내가 제공할 수 있는 도움도 언제든 있다. 이에 대해서는 10장 후반부에서 주니어 멘토들에 관해 언급하며 더 자세히 설명할 것이다. 최고의 멘토링 관계는 자유롭게 흐르면서 누가 멘토이고 멘티인지 종종 잊게 되는 관계다. 양측 모두 서로에게 배운다. 그래야 하기 때문이 아니라 그러고 싶기 때문에 말이다.

구멍을 메워라

한 사람에게만 의존하면 받아야 하는 커리어 조언에 큰 구멍이 생겨 엄청난 위험에 처할 수 있다. 커리어 시기마다 서로 다른 도움이 필요하며 이는 진화한다. 완전히 똑같은 상황에서라도 당신이 원하는 바를 정확히 이룬 사람은 없을 것이므로 다양한 멘토들의 팀을 꾸리는 것은 반드시 필요하다.[5] 완벽한 한 사람은 찾지 못하겠지만 당신에게 필요한 요소를 갖고 있는 여러 사람들로 자기만의 이상을 창조할 수는 있다. 애덤 그랜트 박사가 저서《싱크 어게인》에서 말했듯이, 다수의 멘토가 전통적인 관습에 대해 다시 생각하고 기회를 잦고 호기심을 발휘하라고 조언할 것이다.[6] 그들 각각의 모습을 조합해 당신이 찾는 이상적인 멘토의 모습을 완성할 수 있다.

멘토링 팀을 꾸릴 때 자신과 비슷한 사람, 배경이 비슷한 사람만 찾는다면 시야가 좁아질 것이고 그들의 조언에도 큰 차이가 없을 것이다. 경험과 배경이 다양한 멘토들이 있어야 통찰력 있는 조언을 얻을 수 있다. 멘토링 팀을 꾸릴 때는 다음을 고려하라.

- 발전시키고 싶은 기술은 무엇인가.
- 함께 있으면 차분해지는 사람인가 흥분하게 되는 사람인가.
- 이야기를 나누면 영감을 받는가 아니면 고갈되는 느낌인가.
- 멘토링 경험은 얼마나 많은가.
- 공적으로든 사적으로든 충분히 베푸는 사람인가.
- 도움 받을 사람을 소개해 줄 수 있는가.
- 커리어 발전을 위해 건설적인 조언을 해줄 수 있는가. (피드백이 아니라 발전할 수 있는 기회여야 한다.)[7]
- 멘토링 스타일은 어떤가. 읽을 거리를 주는가, 필요한 정보를 찾아보라고 하는가, 문제 해결 과정에서 함께 이야기를 나눠 주는가. 당신이 선호하는 스타일은 무엇인가.
- 다른 사람들에게 멘티의 공을 널리 알려 줄 사람인가.

멘토가 멘티의 업적을 얼마나 널리 알리는가에 관한 마지막은 후원 영역에 속한다고 할 수 있다.[8, 9] 닫힌 문 뒤에서 무슨 일이 벌어지는지는 알 수 없지만 그에 관해서는 그들이 타인의 업적을 어떻게 빛내 주는지 살펴보면 된다. 그들이 회의에서, 줌에서, 소셜 미디어에서 다른 사람의 업적에 대해 어떻게 말하는지 잘 들어라. 모두 중요한 실마리다. 멘토가 멘티의 성공을 질투하는 것 같다면 거리를 두어라. 헌신적인 멘토는 멘티의 성공이 곧 자신의 성공이라고 생각한다. 멘티가 성공하면 자신도 성공하는 것이다.

멘토가 있는 사람이 더 능력을 발휘하고 급여도 높다는 사실을 많은 연구가 증명했다. 급여뿐만 아니라 급여 증가율 또한 훨씬 높았다. 승진 주기도 짧았고 번아웃도 없었으며 조직에 대한 충성심도 더 컸다.[10, 11, 12] 하지만 멘토가 한 명 뿐인 사람은 넘어야 할 산이 훨씬 많았다. 멘토링 팀은 우리를 자동차 운전석에 앉혀 준다.

멘토는 다양한 영역에서 찾을 수 있다. 그래야 한 명이 바쁘거나 자신과 의견이 몹시 다를 때 다른 멘토를 찾아갈 수 있다. 이를 위해 자기만을 위한 멘토링 팀을 잘 만들어 놓아야 한다. 당신에게 가장 큰 도움을 줄 멘토링 팀은 전략적으로 잘 선별해야 한다.[13, 14] 당신이 고려해보지 않았던 다양한 사람들도 커리어에 큰 도움이 될 수 있을 것이다.

멘토링 팀은 다양한 생각과 관점, 기술, 사회적 자본을 제공한다. 멘토링 팀의 구성원이 더 다양할수록 멘티의 가능성도 커진다. 나는 함께 일하는 사람들에게 다양한 분야에서 멘토를 찾아 새로운 사고방식과 문제 해결 방식을 배우라고 늘 격려한다. 한 가지 영역으로 자신을 한계짓지 말라. 글로벌하게 생각하라. 폭넓은 관점을 얻기 위해서는 자신과 비슷한 멘토들만 있어서는 안 된다. 성별, 나이, 인종 등의 다양성을 목표로 삼아라. 나의 멘토링 팀은 의학,

과학, 교육, 법, 스포츠, 군대 등 다양한 분야 출신으로 구성되어 있다. 나는 그들 각각으로부터 수많은 조언을 들었고 네트워크 또한 폭발적으로 확장할 수 있었다. 나의 멘토들은 주요 저널에 글을 싣게 해 주었고 조직 내에서 멘토링 팀을 구성하는 방법을 알려 주었고 그들이 몸담고 있는 분야의 핵심 인물들을 만날 수 있게 해 주었다. 그들 모두의 공통분모가 바로 당신이다. 멘토링 팀 구성원들은 서로 만날 수 있지만 반드시 만날 필요는 없다. 서로의 존재조차 모를 가능성이 크다. 충분히 그럴 수 있는 일이다. 멘티는 상황에 따라 어떤 멘토를 찾아갈지 신중하게 선택할 수 있다.

멘토링 팀을 꾸릴 때는 누가 새로운 관점을 제공하고, 누가 커리어에 필요한 기술을 가르쳐 주고, 누가 네트워크를 확장해 줄 수 있을지 주의 깊게 생각하라. 새로운 생각과 아이디어를 떠올리거나 계획을 짤 때 누가 가장 먼저 듣고 조언해 줄 수 있을 것인가? 각자 강점이 확실한 사람들을 찾아라. 직장에서 정기적으로 해야 할 일, 성장하고 싶은 분야, 승진을 위해 필요한 기술이 무엇인지 생각하라. 그리고 누가 그 기술 개발을 도와줄 수 있는지 생각하라. 최대한 폭넓게 살펴보아야 한다. 누가 글을 잘 쓰는지, 재정 문제 전문가는 누구인지, 다양한 플랫폼 전문가는 누구인지, 방대한 네트워크를 자랑하는 사람은 누구인지, 누가 나한테 필요한 것을 갖고 있는지 생각하라. 그들을 당신 편으로 만들어 배울 수 있는 것은 전부 배우고 지속적인 조언을 받을 수 있어야 한다. 같은 분야의 사람들은 물론 다양한 조직 내 다양한 직위의 사람들, 비슷한 프로젝트 경험이 있는 사람 등을 폭넓게 고려해야 한다.

가까운 곳에서부터 찾아보라

나의 멘토는 태양 아래 새로운 것은 없다고 늘 말씀하셨다. 자신이 일이 너무 특별해서 아무도 먼저 경험해본 적 없을 거라고 생각하겠지만 결국 그다지 새로운 일은 아닐 것이다. 세일즈, 마케팅, 재성, 리더십 개발 등 모든 분야가 수십 년 동안 똑같은 구조로 돌아가고 있다. 변화는 느리고 많은 사람들이 자기 분야 내에서 파도를 타며 살아남아 왔다. 그들의 이야기와 경험으로부터 배워라. 멘토가 혼자서는 도저히 배울 수 없는 것을 가르쳐 주지는 않을 수 있지만 분명 시간은 절약해 줄 수 있다. 그들과의 대화를 통해 시간을 절약할 수 있는 기술은 물론 그들이 장애물을 넘으며 배웠던 소중한 교훈을 얻어라. 그들이 그 과정에서 배운 교훈과 기꺼이 나누고 싶은 조언을 배워 시간을 낭비하지 말라. 어느 분야에든 엄청난 지식을 갖고 있는 베테랑들은 있을 것이다. 그들에게 다가가 관계를 쌓지 않는 것은 자신에 대한 구박이나 마찬가지다.

한 가지 중요한 점은 자신이 속한 분야로 자신을 한정짓지 말아야 한다는 것이다. 조직 내 하나의 팀에도 그곳만의 전통이 있다.[15] 조직 내 다른 부서의 활동과 힘든 점에 대해서도 배울 필요가 있다. 다른 부서의 문제점과 해결 방법에 대해 배워 놓으면 나중에 변화를 주도하는 사람이 될 수 있다. 다른 사람들이 파악조차 못하는 문제를 찾아 용감하게 부서를 넘나들며 기회를 찾는 사람이 될 수도 있다. 다른 부서의 문제를 파악하고 해결 방식을 배우는 것은 조직 내 다양한 업무에 관한 깊은 지식으로도 연결된다. 이는 승진해 높은 자리로 올라갈수록 다른 사람들 눈에는 보이지 않는 것을 볼 수 있는 통찰로 이어진다.

2017년, 미국 대통령 도널드 트럼프는 제임스 거츠를 해군연구개발 및 인수담당 차관보로 임명했다. 그가 그 새로운 자리에 임명된 이유는 제복을 입던 시절부터 민간인 시절까지 다양한 조직에서 리더십을 발휘해 왔던 경험 덕분이었다. 그 전에 거츠는 미국 특수부대 책임자로 모든 부대의 창설과 기술, 병참을 책임졌다. 고급 공무원이 되기 전에 차관보 거츠는 미공군 장교로 22년 동안 복무하다가 은퇴했다. 공군 시절에는 방위사업 책임자로 일하면서 커리어 내내 엔지니어링과 프로그램 관리 요직을 맡았다.

2021년, 거츠는 새로운 행정부에서 이번에는 해군 차관으로 공직 생활을 이어나갔다. 그리고 가장 최근에는 해군 장관보이자 수석 차관으로 승진해 미 해군성 최고운영책임자이자 관리책임자 역할을 맡았다. 그는 미 해군과 해병대의 정보기관 활동, 특별 접근 프로그램, 사회기반시설, 그리고 기밀업무와 연간 2천억 달러가 넘는 예산을 감독했다.[16]

매일 복도를 걸으며 만나는 모든 사람들과 대화를 나누는 모습 때문에 거츠의 별명은 '펜타곤의 시장'이었다. 천성이 호기심 많았던 그는 사람들과 관계를 쌓는 것이 새로운 것을 배울 수 있는 좋은 방법이라고 생각했다. 그는 해군의 혁신을 책임지고 있는 사람으로서 언제나 새로운 것을 찾았다. 혁신의 중심은 사람들이 흔히 함께 생각해보지 않는 것을 조합해 새로운 것을 만드는 것이다. 거츠에 따르면 이를 위한 가장 좋은 방법은 주변에서 무슨 일이 벌어지고 있는지 늘 파악하는 것이었다. 사무실에만 있지 말고 사람들과 이야기를 나누며 그들이 무슨 일을 하는지, 어떤 어려움을 겪고 있는지 파악하라. "저는 그렇게 똑똑하지 않습니다. 그저 밀렵꾼 같을 뿐이죠." 거츠가 말했다. "새로운 것을 배우는 가장 빠른 방법은 이미 있는 것을 가져다 내게 필요한 대로 운용하는 것입니다. 그것이 바로 상황에 맞는 혁신 방법입니다." 거츠에게는 그 방법이 바로 펜타곤의 모든 직원들과 나누는 대화였다. 그는 커리어 내내 조직 구성원들과 대화를 나누었고 그 과정에서 새로운 아이디어와 기회를 펼쳐보기 전에 의지할 수 있는 사람들을 찾았다.

자신이 속한 분야와 조직은 물론 다른 분야의 기관이나 조직 내 다른 부서도 모두 살펴라. 지역도 가리지 말고 전국적, 국제적 조직 모두 고려하라. 우선 직업적 관계부터 쌓고 아무 요구 없이 관계를 유지하라. 다양한 사람들과 관계를 쌓으며 자신의 멘토링 팀에 적당한 사람을 찾을 수 있는 가능성을 최대한 높여라.

회사 밖에도 세상이 있다

몸담고 있는 분야나 조직 내에서만 멘토를 찾으려고 하는 것은 자신의 가능성을 심각하게 제한하는 것이다. 당신이 속한 조직에서 아직 이해하거나 바로잡지 못한 문제의 해결책을 다른 분야에서 찾을 수도 있다. 그들이 어떻게 기회를 붙잡고 장애물을 넘었는지 파악하면 엄청난 시간과 노력과 두통을 피해갈 수 있을 것이다.

앤 워치츠키는 개인 유전자 검사 기업 트웬티쓰리앤미를 설립한 후 페이스북 최고운영책임자 셰릴 샌드버그, 패션 디자이너 다이앤 본 퍼스텐버그, 미디어 업계 거물 아리아나 허핑턴에게 연락을 했다. 샌드버그는 IT 분야, 본 퍼스텐버그는 패션업계, 허핑턴은 언론계에 종사하고 있었지만 그들은 워치츠키의 다양한 커리어 단계 내내 그녀에게 건실한 조언을 해 주었다. 새로운 회사를 설립하고 경영하는 것은 몹시 부담스러운 일이기 때문에 모든 문제를 해결하고 결정을 내리고 만나야 할 사람들을 직접 만나고 싶어할 수밖에 없다. 샌드버그는 워치츠키에게 조직 내에서 벌어지는 모든 일을 전부 자세히 알 수는 없다는 사실에 적응해야 한다고 말했다. 샌드버그는 직원들이 특별하다고 느낄 수 있게 만드는 간단한 운영 방식 등에 대해서도 조언했다. "일을 너무 크게 벌리지는 말라고 샌드버그가 가르쳐주었습니다. 모든 직원들의 생일을 챙긴다면 저는 매일 케이크를 사야 할 겁니다." 워치츠키가 말했다. 이는 특별하다는 느낌도 들지 않을 것이고 보상이라기보다 해치워야 하는 일로 느껴질 것이다. "그보다 셰릴은 기념일을 축하하라고 가르쳤습니다." 워치츠키는 셰릴의 말대로 실천했고 그것이 바로 모든 분야에서 적용 가능한 아이디어의 멋진 예다.

새로운 기술을 배우는 재미

새로운 기술이 필요한 프로젝트를 맡았다면 그 기술을 갖고 있는 사람을 찾아가 그에 대해 전부 배워라. 스폰지처럼 모든 것을 흡수하라. 무엇이 효과가 있고 무엇이 효과가 없는지, 무엇이 시간 낭비이고 무엇이 시간을 아껴줄지 배워라. 사용하기 적당한 도구와 재료를 파악하고 피해야 할 절차와 사람들이 누구인지 알아내라. 누구에게 가서 배워도 좋다. 그 분야의 전문가가 바로 당신 눈앞에 있을지도 모른다.

7장에서 대학생에게 분자생물학을 배웠던 의사과학자 크리스토퍼 월시 박사에 대해 언급했다. 미 해군 차관보 임무를 수행했던 제임스 거츠 역시 새로운 기술, 새로운 관점, 새로운 아이디어를 배우기 위해 누구에게든 주저없이 다가갔다.

멘토링 팀을 꾸릴 때는 선배, 후배, 동료를 가리지 말고 고려하라. 은퇴자들도 마찬가지다.

선배 멘토

연장자들은 전략적인 관점을 갖고 있다. 높은 자리에 있을수록 무엇이 이미 시도되었고 앞으로 어떤 기회가 올 것인지 알고 있다. 남들이 모르는 정보와 아직 발표되지 않은 결정을 알 수 있다. 필요할 때 활용할 수 있는 사회적·정치적 자본인 광범위한 멘토링 네트워크가 있다. 그들이 누구를 아느냐보다 더 중요한 것은 그들이 아는 사람들의 영향력이다. 그들은 고위 경영진이나 당신보다 한두 직책 상급자들을 알고 있다. 그들도 한때 당신의 자리에 있었으며 그래서 당신의 상황에 공감해줄 수 있고 당신은 그들의 경험과 실패, 성공으로부터 배울 수 있다.

멘토십에 대한 강연을 해 보면 사람들은 항상 자신에게 멋진 멘토가 있다고 말한다. 바로 직장 상사다. 직장 상사가 멘토가 되는 것도 좋지만 과연 정말 그럴까? 대부분의 직장 상사가 당신의 잠재력을 보고 기회를 제공하고 직장에서 성공할 수 있도록 도와줄 것이다. 하지만 그가 보지 못하는 사각지대는 누가 확인해 줄 것인가?

박사 과정을 공부할 때 풀타임으로 일하며 공부를 계속하는 것에 대해 사람들이 어떤 반응을 보였는지 친구들과 이야기한 적이 있었다. 한 친구가 늘 관계가 좋았던 직장 상사한테 이런 말을 들었다고 했다. "네가 하고 싶은 일을 위해서는 박사 학위가 필요하지 않아." 하지만 그 상사는 친구의 커리어 목표가 무엇인지 모르고 있었다. 친구는 일을 잘 하는 직원이었는데 더 높은 학위를 취득하면 결국 자기보다 더 높은 지위로 올라갈 것이고 그녀가 맡고 있던 중요한 일을 맡을 사람을 구해야 하기 때문일 것이다. 게다가 새로운 직원 채용이 늦어지거나 친구보다 능력이 부족하면 만족할 만한 능력을 발휘할 때까지 자신의 일이 늘어나게 될 것이다. 그가 옳았다.

9장에서 언급했듯이 직장 상사가 좋은 멘토가 될 수 있지만 그를 유일한 멘토로 두는 것은 피하길 권한다. 그렇다면 직장 상사와의 멘토링 관계를 최적화하면서도 어떻게 하면 자신의 커리어를 개발할 수 있을까?

1) 다음 커리어 목표를 찾아라

직장 상사에게 당신의 다음 커리어 목표가 무엇인지 알리고 그래서 당신이 갑자기 직장을 그만두어야 할 때 직장 상사가 무방비로 당하지 않게 하라. 목표는 계속 바뀔 것이므로 10년 후에 무엇을 하고 싶은지 고민하지 말고 바로 다음 목표에만 집중하라. 그리고 1년, 3년, 5년 안에 이룰 목표를 생각하라.

2) 계획을 수립하라

목표를 이루는 데 도움이 되는 계획을 수립하라. 5년 후 목표를 수립하고 그 목표를 이루기 위해 3년 안에, 그리고 1년 안에 무엇을 이루어야 하는지 계획하라. 직장 상사와 멘토에게 그 목표를 이루기 위해 무엇을 해야 할지 물어라. 그들이 권하는 코스가 있는가? 연락해 보라는 전문가가 있는가? 모르는 사람이라고 걱정하지 말라. 모르는 사람들에게 다가갈 수 있는 방법은 많다.[17] 소개를 부탁할 수도 있다.

3) 후임자를 찾아라

후임자를 찾고 그래서 때가 왔을 때 그가 공백 없이 당신 자리를 채우게 만들려면 지금부터 무엇을 해야 하는가? 그렇게 해야 당신이 조직에 더 오래 머물 수 있고 그 자리를 떠난 후에도 후임자의 질문에 오래 답해줄 수 있다는 사실을 알려라. 이는 조직 내 다른 구성원을 성장시키고 가능성 있는 인재를 찾아내 발전시키는 당신의 능력을 보여줄 기회도 될 것이다.[18]

4) 멘티의 성공이 멘토의 성공이다

직장 상사이자 멘토에게 멘티의 성공이 곧 그들의 성공이 될 수 있음을 알려라. 멘티가 성공하면 멘토에게도 공이 돌아간다는 뜻이다. 직장 상사는 멘토링 팀의 일원이어야 하지만 유일한 멘토여서는 안 된다. 직장 상사에게 누가 멘토링 팀에 있어야 할 것 같은지 물어라. 그가 아는 사람이라면 소개를 부탁하라. 앞에서 언급했듯이 당장 멘토가 되어 달라고 부탁하지 말고 먼저 관계를 쌓아야 한다는 사실을 기억하라.[19] 당신은 아직 자신을 제대로 보여주지도 못했고 그들은 부담만 느끼게 될 것이다.

훌륭한 직장 상사는 많다. 그들이 당신의 성공에 어느 정도 일조할 것이다. 하지만 다양한 이들에게 커리어 조언을 받아야 사각지

대가 없어지고 기회가 많아지고 점점 더 많은 사람의 도움을 받을 수 있다. 직장 상사는 멘토링 팀 중의 한 명일 수 있고 한 명이어야 하지만 누구도 단 한 명의 멘토에게만 의지해서는 안 된다.

은퇴자들

은퇴자들은 충분히 살며 많은 것을 보고 경험한 사람들이다. 은퇴했다고 반드시 모든 일을 내려놓아야 한다는 뜻은 아니다. 그들은 많은 정보를 갖고 있지만 종종 간과되는 인재들이다. 그들은 보통 한 조직에서 오래 일했고 그래서 어떤 방법이 효과가 좋고 나쁜지, 누구를 믿고 믿지 말아야 하는지 잘 알고 있다. 그들은 더 이상 바쁘지도 않고 스트레스 받을 일도 별로 없지만 그동안 쌓인 정보를 나누는 방법은 모르는 경우가 많다.[20, 21] 많은 은퇴자들이 다양한 영역에서 자원봉사를 하고 있는 것도 바로 그 때문일 것이다. 은퇴자들을 멘티와 연결시켜주는 다양한 조직도 많다.[22]

4장에서 언급했던 우주비행사 찰스 카마다 박사는 2018년 나사에서 은퇴한 후 어려운 도전에 맞서야 할 다음 세대를 훈련시키고 싶었다. 그는 자신의 성공이 대학 시절부터 커리어 내내 도움을 준 멘토들 덕분이라고 생각했다. 그래서 자신도 그들처럼 자신이 할 수 있는 방식으로 사람들의 멘토가 되어주고 싶었다. 이를 위해 그는 나사의 전 우주비행사, 기술자, 교육자 등 스무 명의 친구들을 모아 에픽교육재단을 설립했다.[23] 학생들과 전문가들이 첨단과학, 수학, 엔지니어링 기술 등을 활용해 함께 위대한 도전에 나설 수 있도록 돕는 최고의 팀을 구성한 것이다. 팬데믹이 한창일 때에도 백 명의 멘티에게 멘토링을 제공했고 지금까지 전부 오천 여 명의 멘티에게 도움을 주었다.

동료 멘토

사람들은 보통 훌륭한 멘토가 눈앞에 있는데도 멀리서 멘토를 찾는다. 그리고 친구나 동료 또한 멘토가 될 수 있다는 사실을 간과한다. 그들은 비슷한 상황에 있기 때문에 당신의 압박감을 이해하고 공감하며 다양한 기회와 자원을 공유할 수 있다. 구직이나 논문 참여, 강연 기회를 나누고 팟캐스트 인터뷰를 요청할 수도 있다. 동료들은 뛰어난 멘토의 조건을 갖고 있음에도 불구하고 좀처럼 멘토로 여겨지지 않는다. 동료들은 차분한 마음으로 도움을 제공하면서 대가로 아무것도 바라지 않을 것이다. 동료 멘토들에 대해서는 11장에서 더 자세히 언급할 것이다.

후배 멘토

어린 사람들에게서도 많은 것을 배울 수 있다. 새로운 기술을 습득하거나 소셜 미디어에 능통해지는 것, 다양한 분야와 협력하는 것의 중요성에 대해 많은 이들이 강조한다. 그리고 나이가 어릴수록 점들을 연결해 무엇이 가능할지 더 쉽게 파악할 수 있다. 관심 분야가 다양한 친구들이 많기 때문일 것이다.

미 해군 차관보 제임스 거츠는 조직 내 가장 어린 사람에게 도움을 요청하기도 했다. "조직에 깊이 들어가야 그들이 전망을 바꾸지 않을 겁니다." 거츠가 말했다. 그는 어린 멘토들과 각종 문제와 해결 방식, 소통 방법 등에 대한 고민을 나눈다. 그들이 상황을 어떻게 바라보는지 배운다. 엑스 사용법을 배우고 그들이 생각하는 진정성 있는 모습이 무엇인지 파악하고 그들의 사고방식을 이해한다.

비슷한 사람만 찾지 말라

여성이나 소수자들이 멘토를 찾기 어려워한다는 말을 종종 듣는다. 그와 같은 어려움을 완화하고 싶다면 비슷한 사람들만 찾아서는 안 된다. 데이비드 스미스와 W. 브래드 존슨이 공동 집필한 《굿 가이스Good Guys》에 따르면 고위직에는 여성과 소수자들이 거의 없는 것이 사실이다.[24] 인원이 없기 때문에 모든 사람이 성별이나 인종에 맞는 멘토를 찾는 것은 불가능하다. 이는 그들에게도 당신에게도 부당한 일이다. 그들은 너무 바빠 당신이나 당신 커리어에 충분한 관심을 주지 못할 것이고 궁극적으로 자신의 일도 잘 풀리지 않을 것이다. 그렇게 되면 누구의 멘토도 되기 힘들다.

누구나 다양한 정체성을 갖고 있으며 성별과 인종 혹은 민족은 그중 두세 가지일 뿐이다. 당신은 집안에서 처음으로 대학에 진학한 사람일 수도 있고 이민자이거나 집안이 첫째, 젊은 부모일 수도 있으며 갓 결혼했거나 얼마전 집을 구매했거나 최근에 매니저로 승진했거나 가족 중 처음으로 사업을 일으킨 사람일 수도 있다. 그 모든 것이 당신이라는 사람을 구성하는 환경이다. 그러니 그 모든 정체성을 한 사람의 멘토가 전부 이해해줄 수 없다는 사실을 기억해야 한다. 당신은 누구와도 다른 특별한 사람이다. 그러니 정체성의 각기 다른 부분을 맡아줄 다양한 멘토를 찾는 것이 첫 번째 단계다.

멘토링 팀 구성하기

그렇다면 멘토링 팀 구성원을 어떻게 결정해야 할까? 다음 5단계가 커리어에 도움이 될 잠재적 멘토를 선별하는데 도움이 될 것이다. 무작위의 사람들 중 멘토를 골라서는 안 된다는 사실이 중요하다. 누가 당신 삶의 다양한 측면에 도움을 제공하고 그래서 결국 당신의 성공을 최적화하는데 기여할 수 있을지 전략적으로 고려해야 한다. 멘토링 팀원을 찾기 전에 먼저 자신의 목표와 계획을 점검할 필요가 있다. 이 책에서 제공하는 워크시크가 멘토링 팀 구성에 도움이 될 것이다.

1단계: 목표를 선언하고 쟁취하라

10년 후에 무엇을 하고 싶은가? 내가 썩 좋아하는 질문은 아니다. 코비드-19 팬데믹 기간 동안 어쩌면 많은 사람들이 오래 간직해왔던 목표를 재검토해야 했을 것이다. 너무 먼 미래의 목표는 비현실적일지도 모른다. 현재의 장기적 목표에 아직 존재하지 않는 직업은 아마 없을 것이다. 좋은 예를 들어보자면 10년 전에는 대부분의 조직에 소셜 미디어 전담 관리자가 없었을 것이다. 하지만 지금은 관련 학위를 갖고 있는 사람이 이를 책임지고 있으며 한 부서 전체가 디지털 커뮤니케이션 관련 업무를 담당하고 있을 것이다.

그렇다면 목표 설정부터 다시 해야 한다.[25] 특정 직업보다 업무와 작업 환경에 더 집중하며 지금까지 했던 생각을 검토해 보라. 무엇이 되고 싶은지보다 어떤 일을 하고 싶은지 생각하라. 8장에서 다음 목표를 찾기 위해 답했던 질문을 여기서도 다시 활용할 수 있다.

- 사람들과 함께 일하기 좋아하는가 아니면 비교적 혼자 일하는 것이 편한가?

- 사람들의 말소리나 형광등에서 나는 고요한 소리같은 생활 소음을 좋아하는가?
- 데이터 정리하기를 좋아하는가 아니면 유행을 파악하거나 짧은 영상 같은 창의적 콘텐츠 제작을 좋아하는가?
- 문제를 찾아내고 해결책을 떠올리기, 계획 세우기를 좋아하는가?
- 생각하는 사람인가 아니면 행동하는 사람인가?

위의 질문들이 어떤 일을 하고 싶은지 찾아가는 데 큰 도움이 될 것이다. 직책보다는 프로젝트 형태나 구현해보고 싶은 아이디어, 업무 조건이나 환경, 어떤 사람들과 함께 일하고 싶은지에 대해 더 깊이 생각해 보는 것이 좋다.

위 질문들에 대한 답이 출발선에서 벗어날 수 있도록 도와줄 것이다. 핵심은 최종 목표가 아니라 '다음' 목표를 먼저 정하는 것이다. 조교수나 이사, 경영 파트너가 되고 싶은가? 그렇다면 이를 선언하고 쟁취하라. 매니징 파트너가 되기까지 다섯 단계를 더 올라가야 한다면 아직 그에 대해 걱정하지 말고 이루고 싶은 바로 다음 목표에 최대한 집중하라.

왜 어떤 사람은 많은 것을 이루고 또 어떤 사람은 출발조차 못하고 실패하는 것 같을까? 성공과 실패는 어떤 목표에 먼저 접근하느냐에 달려 있다. 최종 목표가 아니라 바로 다음 목표에 집중해야 가속도가 붙는다. 체계적으로 접근하라.

최종 목표부터 역설계하는 것도 한 가지 방법이다.[26] 복잡한 말 같지만 그렇지 않다. 5년, 3년, 1년의 목표에 대해 생각해 보라. 상황이나 관심 분야 등이 변할 수 있기 때문에 그보다 멀리 보는 것은 좋지 않다. 5년 안에 이루고 싶은 목표를 정하고 이를 위해 3년 안에, 그리고 1년 안에 무엇을 해야 하는지 거꾸로 생각해 보는 것이다. 1년 안에 이루어야 할 목표가 정해지면 그것이 바로 다음 목표가 되고 그에 집중해야 한다. 그렇다면 당신의 목표는 무엇인가? 부회장이나 조교수 승진인가? 달성 가능한 단기 목표를 정하고 기록하는 것이 꼭 필요하다. 무엇을 이루고 싶은지 어디로 가고 싶은지 알아야 커리어의 길을 잘 찾아갈 수 있다. 장기적 목표를 먼저 정하지 않는 이유는 새로운 경험과 기술을 습득하면서 충분히 변할 수 있기 때문이다.

2단계: 계획을 잘 세워라

프랑스의 작가 앙투안 드 생텍쥐페리는 이렇게 말했다. '계획 없는 목표는 꿈에 불과하다.'[27] 목표를 정하는 것이 첫 번째 단계라면 그 다음은 목표를 실현하기 위해 단기적으로 무엇을 해야 하는지 찾는 것이다. 새로운 고객을 모집하거나 논문을 더 발표해야 하는가? 다음 단계가 무엇인지 최대한 구체적으로 생각하라.

무엇이 필요한지 알았다면 이제 그 목표를 달성하기 위해 무엇을 해야 하는가. 다른 학위를 받아야 하는가? 새로운 기술을 배워야 하는가? 특정한 사람들을 만나야 하는가? 역시 목표를 선언하고 쟁취하라. 다음에 무엇을 해야 하는지 파악하고 계획을 세워라. 학위를 받아야 한다면 어떤 학위가 될 것인가? 입학을 위해 시험을 봐야 하는가? 그렇다면 지원할 학교를 찾아보며 시험 공부에 집중하라.

새로운 기술을 배워야 한다면 배울 수 있는 방법을 찾아라. 누가 가르쳐 줄 수 있는가? 온라인 강좌를 들을 수 있는가? 새로운 기술을 배우기 위해 무엇이 필요한지 파악하라.

만나야 할 사람이 있는가? 어떻게 만날 것인가? 소개해 줄 사람이 주변에 있는가? 소셜 미디어에서 그들을 팔로우하고 그들의 콘텐츠에 관심과 흥미를 보이는 것도 좋다. 지나친 정도는 아니지만 일정 시간이 지나면 당신의 이름을 알고 대화를 나누어 보고 싶은 사람이 될 정도로는 필요하다.

추천하는 계획은 세 개에서 다섯 개 사이이다. 그리고 이를 실행 가능한 단계로 나눠 이루어야 성공 가능성도 높아진다. 아이디어를 펼치고 청사진을 만드는 과정에서 너무 많은 단계는 피하는 것이 좋다. 너무 단계가 많으면 금방 부담스러워져 아예 시작조차 힘들 수 있다.

두 단계를 실행했다면 이제 멘토링 팀을 꾸리기 시작할 수 있다. 당신의 계획 실현을 돕고 통찰력을 제공하고 꼭 필요한 사람을 소개해 줄 당신만의 멘토링 팀을 만들어라. 세 개의 원으로 구성된 과녁 한가운데에 당신 이름을 써라. 이 모든 것은 바로 당신을 위한 것이다.

3단계: 중심원

가장 잘 아는 사람들의 이름을 적어라. 피곤하고 배고플 때, 카페인이 없을 때, 짜증낼 때의 모습도 본 사람들이다. 파트너나 가족, 친한 친구나 룸메이트, 어쩌면 자녀들일 수도 있다. 같은 분야에 있지 않다고 해도 그들은 당신에게 마음이 아플 수도 있는 진실을 말해줄 것이다. 가장 '사적인' 당신을 알고 있는 사람들이다.

4단계: 중간원

중심원 바깥에 존재하는 중간원에는 친한 직상 동료들이 포함된다. 가까이서 함께 일하기 때문에 데드라인을 앞두고 있거나 갑자기 위기가 생겼을 때, 일손이 부족한 상황에서 당신이 어떻게 대처하는지 보았을 것이고 직업 윤리와 직업적 명성에 대해서도 잘 알고 있을 것이다. 그들은 선배나 후배일 수도 있고 동료일 수도 있다. '일하는' 당신에 대해 알고 있는 사람들이다.

5단계: 바깥원

가장 품이 많이 들지만 멘토링에서 가장 중요한 원이 바로 바깥원이다. 그들은 바로 오늘부터 당신의 미래를 내다보고 이를 현실로 만드는 데 도움을 줄 수 있다. 바깥원에는 다양한 분야에서 일하는 사람들과 지인들이 포함된다. 실제로 만난 적은 없지만 알고 있는 사람들, 강연을 들었거나 일이나 지위, 명성으로 당신이 동경하는 사람들이 될 것이다. 그리고 한두 번의 소개로 연락이 가능한 사람들일 것이다. 그들이 꼭 당신이 원하는 분야에 있을 필요는 없다. 예를 들어 협상이 어렵다면 분야에 상관없이 최고의 협상가를 멘토링 팀에 초빙하는 것이 중요하다. 원하는 자리에서 글쓰기가 몹시 중요하다면 감동받았던 책의 저자를 고려해 보는 것도 좋다.

멘토들을 꼭 같은 공간에서 한꺼번에 만나지 않아도 된다. 멘토들은 온라인으로 만날 수도 있다.[28, 29] 어떤 프로젝트에 어떤 멘토를 찾아갈지 신중하게 선택하면 된다.

예상 멘토들의 목록은 변경될 수 있지만 큰 뼈대는 변하지 않을 것이다. 중심원부터 시작해 바깥원으로 작업하라. 사람들에게 당신의 목표와 계획이 무엇인지 말하라. 멘토들이 도움되는 조언과 소개할 사람들을 데리고 나타날 것이다. 이를 토대로 필요하다면 바깥원을 점차 확장하라.

원들은 서로 겹칠 수 있다. 멘토가 되었다고 평생 멘토로 남아야 할 필요는 없다. 환경이 변하거나 필요한 것이 바뀌면 멘토가 늘어나거나 줄어들 수도 있다. 커리어를 쌓을수록 바깥원의 사람들이 중간원으로 이동하고 새로운 사람들이 바깥원을 채울 것이다. 그 과정에서 신중하게 고른 멘토들이 당신의 목표 달성과 커리어 발전을 도울 것이다.

혼자서도 커리어를 발전시켜 나갈 수 있지만 훌륭한 멘토들이 옆에 있다면 시간을 절약하고 좌절을 피해가며 새로운 기회를 만날 수 있을 것이다. 운이 좋다면 그들과 평생 친구도 될 수 있을 것이다.

코칭을 위한 질문

1. 멘토링 팀에 영입할 세 사람이 있는가?
2. 지식을 더 채워야 할 전문 영역이 있는가?
3. 그 지식은 누가 채워줄 수 있는가?

핵심 요약

1. 완벽한 사람은 없다. 이상적인 멘토를 찾지 말고 커리어의 여러 측면에 도움과 조언을 줄 수 있는 다양한 사람들을 찾아 자기만의 멘토링 팀을 구성하라.
2. 멘토는 자신이 속한 조직과 분야 안에서는 물론 바깥에서도 찾을 수 있다.
3. 선배와 후배, 동료 모두 잠재적 멘토로 고려할 대상이다.

비슷한 사람들을 찾아라

무엇을 아느냐보다 누구를 아느냐가 더 중요하다는 말을 들어보았을 것이다. 11장에서는 자신과 비슷한 사람들을 찾고 효율적으로 소통하며 관계를 지속할 수 있는 방법을 설명할 것이다. 비슷한 목표나 관심사를 가진 사람들과 관계를 맺고 적당한 공동체를 꾸리고 공통점을 토대로 대화하는 방법을 배울 것이다.[1] 다양한 공동체에 적극적으로 참여하는 것은 다양한 프로젝트와 구직 기회로 이어질 수 있으므로 몹시 중요하다. 중요한 것은 사람들에게 당신이 누구인지 알리는 것이다. 자신과 비슷한 사람들을 찾는 것은 성공에 꼭 필요하며 11장에서는 어디서 그런 사람들을 찾을 수 있는지 설명할 것이다.

대법관 루스 베이더 긴즈버그가 2020년 세상을 떠났을 때 백 명이 넘는 전 서기들이 워싱턴 D.C.의 대법원 계단에 줄지어 섰다. 전부 긴즈버그 대법관이 40여 년 동안 판사의 자리를 지키는 동안 한 번은 그녀 밑에서 일했던 사람들로 전 상관에게 작별인사를 하기 위해 모인 것이었다. 〈포브스〉에 글을 기고하기 위해 나는 그중 몇 명에게 어떻게 그 자리에 모이게 되었는지 물어보았다.[2]

긴즈버그 대법관 사무실은 전 서기들 목록을 전부 보관하고 있었다. 대법관이 사망하자 그들은 마지막 인사를 위해 대법관 계단에 모이자고 재빨리 의견을 모았다. 잘 짜여진 비상연락망 덕분이었다. 그들은 이십 대에 잠깐 그녀 밑에서 일했지만 영원히 서기로 남지는 않았다. 오늘날 그중 많은 이들이 판사와 법무장관, 저명한 로펌의 파트너나 법무차관이 되었다.

긴즈버그 대법관은 생전에 5년마다 주말 오후에 전 서기들을 모두 초대해 모임을 가졌다. 강연이나 워크숍을 위한 모임은 아니었다. 그저 대법원 그레이트 홀에서 칵테일을 마시다가 함께 식사를 했다. 배우자나 연인도 함께 초대되었다. 두 개에서 네 개의 짧은 연설이 늘 있었고 그중 하나는 긴즈버그 대법관이 했다. 보통은 서기들이 강연을 했고 대법관에게 작은 선물을 증정하기도 했다. 대법관의 남편 마티 긴즈버그도 생전에 가끔 연설을 했다. 모임은 약 4시간 동안 이어졌다.

전 서기들과 가족들이 워싱턴 D.C.에 모두 모이면서 모임 전후에 다른 행사들이 개최되기도 했다. 긴즈버그 대법관에 대한 영화 상영도 그중 하나였다. 그 모임은 전 서기들이 만나 서로 배울 수 있는 멋진 기회였다. 폴 왓포드는 미국 9차 순회법원 순회 판사다. 그는 버지니아 밀리터리 인스티튜트의 여성 입학 금지정책을 무너뜨린 그 유명한 미국 대 버지니아 사건 당시 긴즈버그 대법관의 서기였다. 왓포드 판사는 1995년부터 1996년까지 대법관의 서기로 일했다는 사실을 몹시 자랑스러워했고 그 모임을 위해 대륙 횡단도 마다하지 않았다. "대법관님을 위해 일했다는 공통의 경험으로 끈끈이 엮인 모임 덕분에 계속 많은 사람들을 만날 수 있었습니다. 잠깐이라도 대법관님과 이야기 나눌 수 있는 기회가 되기도 했고요." 왓포드 판사가 말했다.

콜로라도 법무장관 필립 와이저는 긴즈버그 대법관을 포함한 세 명의 판사 밑에서 서기로 일했다. 모두 긴즈버그 대법관처럼 모임을 꾸렸고 그는 세 모임을 전부 소중히 여겼다. "특별한 동료들과 관계를 지속할 수 있는 기회가 얼마나 소중한지 모릅니다. 각자의 커리어가 다양하게 확장되어 각기 다른 삶을 만들어가는 모습을 지켜보는 것은 저에게 매우 특별한 일이기도 하고요."

학습공동체를 찾아라

경험과 사회적 자본이 많은 개별 멘토는 중요하지만 또 다른 멘토들의 집단 역시 그 중요성에 비해 간과되고 있는 것이 사실이다. 연령, 직업, 분야 등 공통의 경험을 공유하는 그와 같은 공동체는 서로의 짐을 이해하고 상황에 공감하고 새로운 관점을 제시해줄 수 있다. 성인학습에서는 이와 같은 강력한 지지 집단을 '학습공동체'라고 한다.

1991년, 진 레이브와 에티엔 벵거가 《상황 학습》에서 처음 소개한 학습공동체는 유기적이고 계획적이며 지역은 물론 국가 너머로도 확장될 수 있다. 학습공동체에서는 모든 일원이 지위 고하에 상관없이 서로 배우고, 직업적으로는 물론 개인적으로도 발전하며, 지식과 정보와 기회를 무료로 교환한다.[3] 조직 내에서 필요한 사람이 생길 때 학습공동체 안에서 자신이 좋아하고 신뢰하는 사람을 선발하기도 한다.

학습공동체는 직장에서도 꼭 필요하다. 나는 마케팅, 보험, 헬스케어 등 자신의 전문 분야를 토대로 한 다수의 모임에 적극적으로 참여하라고 독려하는 편이다. 최고경영자와 중간 관리자들은 각자의 요구와 관심사가 다르기 때문에 직책에 따른 다양한 모임이 있을 것이다. 여성 부동산중개인협회나 여성 의료과학인모임처럼 성별에 따른 모임도 있고 소수 민족을 위한 전국 의대생협회나 아프리카계 미국인 변호사협회처럼 인종이나 민족을 기준으로 꾸려진

공동체도 있다. 출신교나 과의 졸업생 모임이나 동창회도 잊지 말라. 흥미로운 강연이나 구직 기회에 대해 알 수 있고 같은 일을 하는 사람들을 소개받을 수도 있다. 그런 모임은 같은 목표를 위해 움직이는 비슷한 사람들을 만날 수 있는 소중한 기회다. 학습공동체는 새로운 직장의 숨겨진 커리큘럼이나 암묵적 규칙 등에 대해 알려줄 수 있으며 수준 높은 과정과 멘토들로 성공을 향해 나아갈 수 있도록 도와줄 것이다.[4]

학습공동체는 콘퍼런스 등을 통해 직접 만나거나 이메일 리스트서브, 디스커션 보드, 문자 메시지, 줌과 같은 집단 플랫폼을 통해 온라인으로 만날 수 있다. 이와 같은 모임은 조직 내에서는 물론 전국적으로도 다양한 규모로 만들어진다. 모임의 토대는 공동의 경험과 사람들, 그리고 목표다.[5]

학습공동체는 물론 친구와 동료들 또한 신중하게 고려해야 한다. 비슷한 자리에서 함께 성장하는 동료들을 찾는 것은 몹시 중요하다. 같은 세대이자 같은 분야의 비슷한 지위에서 일하는 동료 멘토는 성공에 꼭 필요하다.[6] 학습공동체는 성별, 민족, 직업, 지역 등에 따라 상상할 수 있는 모든 조합으로 만들어질 수 있다. 동료 멘토들은 어려움에 공감해 주고 새로운 기회를 알려주며 자신의 경험과 정보를 공유해 준다. 학습공동체는 두 명으로 이루어진 작은 모임일 수도 있고 수천 명의 거대한 모임일 수도 있으며 사회적·직업적으로 아는 사람이 포함될 수도 있다.[7]

잘 적응하기

새로운 직장에 합류하거나 새로운 지역으로 이사할 때, 새로운 회사에 출근할 때 조직의 규칙과 전통과 문화를 배우는 것은 생존과 성공에 필수적이다. 일을 잘한다고 새로운 환경에도 잘 적응할 수 있는 것은 아니다. 어떤 기대와 기회가 존재하는지, 어떻게 새로운 환경에 적응해야 하는지 파악하기 힘들 수도 있다. 알아야 하는 암묵적 규칙과 전통, 즉 '숨겨진 커리큘럼'이 존재하기 때문이다.[8] 그때 동료 멘토들이 암묵적 기대를 알려주고 [illegible]속김을 제공해 적응하는 시간과 스트레스를 줄여 줄 수 있다.

자자 파출리아는 아홉 살 때 농구를 시작했고 열여섯 살 때 프로 구단에 입단했다. 그리고 열아홉 살 때 미국프로농구 드래프트에서 지명되었다. 그는 2017년과 2018년 골든스테이트 워리어스에서 2년 연속 우승한 후 2019년에 은퇴했다. 그는 16년 동안 여섯 개의 팀에서 천 번이 넘는 경기를 했다. "코트에서 얼마나 많이 뛰었는지 모릅니다." 파출리아가 말했다.

파출리아는 자신에게 어떻게든 영향을 끼쳤던 팀원들의 삼등신 인형을 사무실에 보관하고 있었다. 십 대 시절 미국에 와서 모든 것이 낯설었던 그가 가장 먼저 의지했던 사람들은 동료 이민자 프로농구 선수들이었다. 그들에게는 공통의 유대감이 있었다. 선배들이 후배들을 돌보며 지혜의 말을 나눠 주었다.

처음 미국에 왔을 때 미국 사람들과 프로농구협회의 문화는 그에게 완전히 새로운 세상이었다. 그는 먼저 그 길을 걸어간 사람들의 조언이 필요했다. 그들과 함께 배우고 훈련하는 동안 그의 네트워크는 확장되었고 베테랑 선수들은 지속적으로 그에게 조언을 해 주었다.

올랜도 매직에서 뛰었던 첫 해 파출리아는 같은 프로농구 선수이자 현재 애틀랜타 호크스의 공동 소유자인 그랜트 힐, 그리고 또 다른 선수이자 현재 미시간 울버린스 수석 코치 주완 하워드와 많은 시간을 함께 보냈다. 그들은 파출리아가 코트 안팎에서 적응하는데 많은 도움을 주었다. 크로아티아의 토니 쿠콕은 시카고 불스에서 뛰면서 몇 차례 프로농구 챔피언십에서 우승했다. 그는 파출리아가 프로 경기를 시작했을 때 농구선수로서 커리어의 끝을 향해 가고 있었고 덕분에 멀리 볼 수 있는 눈을 갖고 있었다. 그는 코트 밖에서도 파출리아와 수없이 저녁을 먹으며 다양한 정보로 그를 이끌어 주었다.

세 사람은 파출리아에게 효과적인 훈련법이나 휴식과 영양 관리법 등 생산적으로 경기에 임할 수 있는 조언을 해 주었다. 그들이 해 준 많은 이야기 덕분에 파출리아는 엄청난 시련과 좌절을 피해 갈 수 있었다. 코트에서 공격과 수비를 모두 잘하는 방법 역시 그들에게 배웠다. 쿠콕의 패스는 언제나 훌륭했다. "그와 함께 뛰는 건 정말 좋았습니다. 그가 패스해 주면 쉽게 점수를 낼 수 있었거든요." 파출리아가 말했다.

베테랑들은 재정 관리에 대해서도 알려 주었다. 미국의 복잡한 세금 제도에 대해 알려 준 것도 팀원들이었다. 커리어 내내 많은 도움을 받았던 파출리아는 도움을 준 사람들의 인형을 사무실에 전시해 놓고 늘 감사하는 마음을 되새겼다. "이 사람들이 바로 매일 저에게 영감을 주었던 사람들입니다." 파출리아가 동료들의 인형을 가리키며 애정을 듬뿍 담아 말했다.

친구이자 멘토

친구가 멘토가 될 수 있는가? 당연하다! 서로 멘토가 되어 주는 친구인 '친토'는 마법의 짝꿍이다. 당신을 오래 알아 온 그들은 당신이 언제 화가 나는지 이해하고 당신의 스트레스에 공감하며 당신의 성공에 환호한다. 솔직한 피드백을 해주고 조금의 질투도 없이 당신이 더 크게 성공하기를 바란다. 당신이 몰랐던 기회에 대해 알려주고 함께할 수 있는 아이디어를 나눠 주거나 구직 인터뷰도 도와줄 것이다.

펜실베이니아 대학교 와튼 경영대학원장 에리카 제임스 박사와 시몬스 대학교 학장 린 우튼 박사는 1990년대 미시간 대학교 대학원 재학 시절부터 서로 친구이자 멘토였다. 우튼은 제임스보다 1년 선배였고 두 사람은 괴짜 교수의 연구방법론 수업을 함께 들었다. 학생 수보다 좌석 수가 훨씬 많은 대형 강의실이었다. 제임스와 우튼은 교실에 흑인 학생이 거의 없다는 사실을 깨닫고 나란히 앉기 시작했다. 학계의 실력자 두 사람은 그렇게 만났다. 지각으로 유명한 교수가 올 때까지 함께 기다리던 이십 대 학생들이었다.

"수업이 끝나고 저녁을 먹거나 카드 게임을 하며 친하게 지내는 핵심 그룹이 있었습니다." 제임스가 말했다. 우튼과 제임스는 그 그룹에서 서로를 보았고 금방 친해졌다. 그리고 얼마 지나지 않아 두 사람의 직업적·학업적 관심사도 일치하게 되었다.

졸업 후 제임스는 툴레인 대학교에서 강의하기 시작했고 우튼에게 연락해 흥미로운 제안을 했다. 1994년, 소수 민족을 '젤리 빈'이라고 경멸해 벌어졌던 텍사코의 인종 차별 소송, 소위 젤리 빈 소송이 있었다.[9] 제임스는 학생이 수집한 흥미로운 자료를 가지고 우튼에게 함께 연구하자고 청했다. 우튼은 동의했고 두 명의 젊은 조교수는 다양성과 관련된 위기의 리더십이라는 새로운 분야로 뛰어들었다.

이는 두 사람 모두 새로운 문제에 파고들 수 있었다는 점에서 몹시 흥미로운 파트너십이었다. 제임스는 미시적 조직심리학이라는 렌즈를 제시했고 우튼은 거시적 전략적 사고를 제안했다. 각자 서로의 일을 무리없이 보완했다. "텍사코 케이스는 우리에게 결정적인 순간이었습니다." 제임스가 말했다. 그 소송은 두 사람의 우정을 강화했고 멘토십 관계도 확장했다. 그렇게 그들은 '친토'가 되었다.

경영진이 위기에 어떻게 반응했는지에 관한 자료를 살필수록 위기의 리더십의 개념이 확실해지기 시작했다. 그것이 두 사람의 위기 리더십 합동 연구의 기폭제였다. 다양성 관련 문제로 시작했지만 곧 허리케인이나 기름유출 사고 등 모든 종류의 위기로 연구가 확장되었다. "위기관리는 늘 반응에 관한 문제입니다. 그중에서도 우리는 선제적 대응에 집중하고 싶었습니다." 우튼이 말했다. 두 사람은 관리부터 리더십까지 단지 소통 문제에만 천착하지 않고 위기관리에 대한 패러다임의 전환을 강조했다. 두 사람은 서로의 강점과 어려워하는 점의 균형을 찾아가며 끝없는 대화와 협력으로 위기의 리더십 개념을 발전시켰다.

두 사람은 대화를 하면서 자연스럽게 많은 아이디어를 떠올렸다. 두 사람의 삶은 사고와 실천 면에서 모두 비슷해져 갔다. 우튼과 제임스는 대략 비슷한 나이에 아이들을 낳았고 그중 두 아이는 5일 차이로 태어나기도 했다. 두 사람은 매일 출근길에 통화를 했다. 아직도 일주일에 다섯 번 통화를 한다. 매년 딸들을 데리고 함께 여행을 떠난다. 우튼과 제임스는 모두 외동이어서 서로를 자매로 생각했다. 그리고 지금까지 30년이 넘도록 튼튼한 우정과 직업적 파트너십을 유지하고 있다.

두 사람 모두 학문에 뜻을 두고 경영대학원 학장으로 각자 일자리를 찾고 있지만 한 번도 서로 같은 자리를 두고 경쟁하지 않았다. 반대로 무수한 인터뷰와 장애물을 넘어서는 과정에서 서로 온전히 지지하며 힘이 되어 주었다.

새로운 프로젝트를 시작하고 싶을 때도 함께 의견을 나누며 피드백을 듣는다. 우튼과 제임스는 2020년 7월 1일 같은 날짜에 학장과 원장으로 각기 임무를 시작했다. 제임스는 와튼 스쿨에 더 다양한 연사를 초빙하고 싶었지만 두려운 마음이 있었다. 변화는 종종 사람들을 불편하게 만든다는 사실을 알고 있었기 때문이다. 하지만 우튼의 조언을 듣고 마음이 많이 편해졌다. 우튼 역시 제임스에게 힘을 얻어 비슷한 방향으로 다양한 연사들을 초청하며 학장 업무를 해나가고 있었다. "파트너십에는 힘이 있습니다." 우튼이 말했다. "사람들은 우리를 파트너라고 생각합니다. 우리는 모든 것에 부드럽게 접근하기 때문에 사람들이 위협을 느끼지 않습니다. 우리는 사람들이 소속감을 느끼고 심리적으로 안전하다고 느끼길 바랍니다."

두 사람은 파트너십의 가치를 알아보았고 여전히 함께 연구한다. 인터뷰 당시 두 사람은 또 다른 책을 공동 집필하고 있었다. 그리고 서로의 강점에 얼마나 큰 가치를 두는지 이야기하며 웃었다. 제임스는 다양한 네트워크를 활용하는 우튼의 능력을 사랑했고 우튼은 필요할 때 도움을 청하면서도 집중력을 잃지 않는 제임스의 능력을 높이 샀다. 한 쪽이 다른 쪽을 더 돕는 사이는 아니었다. 아무런 판단없이 서로 도왔다. 이상적인 친구이자 멘토인 관계 덕분에 두 사람은 더 강해졌고 더 성공에 가까워졌다.

비슷한 사람들 찾기

모든 분야에는 전문적인 모임이 있다. 그들이 바로 당신의 사람들이다. 당신이 매일 겪는 문제와 스트레스와 경쟁에 대한 몰입을 이해하는 사람들이다. 그들은 또한 어디서 기회를 찾아야 하는지도 안다. 그들과 함께하는 모임은 많은 것을 배울 수 있는 멋진 기회다. 그들이 지금까지 어떤 시도를 해 왔는지, 지금은 무엇을 위해 노력하고 있는지 살펴보라. 그 새로운 사람들과 그들이 제공해줄 가능성이 당신의 네트워크를 얼마나 확장해 줄지 상상해 보라.

성공하는 사람들은 모두 다양한 학습공동체에 속해 있으며 비슷한 사람들과 함께하는 기쁨과 그 필요성을 강조한다. 그들은 지금까지 어떤 일을 거쳐 왔는지, 어떤 장애물을 넘고 있는지, 다음 단계는 어떻게 넘어서야 할지 서로 알아가고 이해한다.

우주비행사들은 보통 전 세계 우주비행사들을 대변하는 우주탐험가협회에 소속되어 있다.[10] 우주탐험가협회는 1985년 다양한 국가 출신의 우주비행사 몇 명이 주축이 되어 설립한 단체로 오늘날 38개국 출신의 우주비행사 사백 명이 가입되어 있다. 우주 탐험에는 비용이 많이 들기 때문에 서로에게 배울 때 엄청난 시간과 노력을 절약할 수 있다는 사실을 그들은 잘 알고 있다. 우주탐험가협회 웹 사이트에는 다음과 같은 글귀가 쓰여 있다. 우리는 '변화하는 글로벌 정치 환경에서 최고 수준의 토론으로 우주 협력을 위한 새로운 기회를 창조한다.'[11]

우주탐험가협회는 세계 각지에서 콘퍼런스와 워크숍을 개최하며 전 세계 우주비행사들이 서로 배우고 네트워크를 확장할 수 있는 기회를 제공한다. 우주비행사들은 개최 도시를 천천히 함께 탐험하며 서로 알아간다. 그리고 성공하는 사람들이 전부 그렇듯 서로 나눌 수 있는 방법을 찾는다. 콘퍼런스가 개최되는 도시의 학교들을 방문해 학생과 교사, 학부모들을 만나 새로운 세대의 과학자들과 기술자들에게 영감을 줄 수 있기를 희망한다.

올림픽에 출전하기 위해서는 수년 동안의 헌신이 필요하다. 그 길은 끝없는 훈련과 각종 장애물, 아쉬운 타협으로 가득하다. 2017년, 올림픽 출전 선수들의 스포츠 정신을 기리기 위한 시도가 시작되었다. 세계올림픽선수협회는 올림픽에 참가하기까지의 어마어마한 노력을 기리기 위해 사람들이 철학 박사, 법학 박사와 같은 최종학위를 공식문서에 표기하듯 선수들의 이름 뒤에 OLY라는 약자 덧붙이기 캠페인을 시작했다.[12] 사람들이 그들의 노력과 헌신을 인정하고 선수들끼리도 서로 알아볼 수 있는 방법이었다.

올림픽 펜싱 선수 아이리스 짐머만에게 내가 책을 집필하기 위해 올림픽 선수들을 인터뷰하고 싶다고 말하자 그녀는 천이백 명의 올림픽 선수들이 모여 있는 비공개 페이스북 그룹에 이를 포스팅해 주었다. 그래서 나는 선수들을 만날 수 있었고 그들이 또 다른 선수들을 소개해 주었다. 그 페이스북 그룹은 미국을 대표하는 올림픽 선수들의 친목을 도모하기 위한 것으로 선수들 소식, 구직 기회, 부고 등이 정기적으로 실렸다. 보통 같은 종목 선수들만 알고 있는 올림픽 선수들은 그 그룹을 통해 하계·동계 올림픽의 다양한 종목과 세대의 선수들을 만나고 있었다.

미국의 올림픽 선수들은 미국 올림픽·장애인 올림픽선수협회에 소속된다. 선수협회는 회원들의 은퇴를 돕고 전국 사무실과 지방 본부, 전문체육인협회나 비공개 페이스북 페이지, 링크드인 등의 다양한 수단으로 서로 소통하도록 돕는다. 또한 일자리와 장학금, 스쿨링 기회를 공유하는 탄탄한 장치도 구축했다. 그들은 선수들의 이력서 작성을 돕고 정신건강과 회복에 특히 헌신한다. 그와 같은 선수 지원 형태는 어느 분야나 조직에도 마찬가지로 적용될 수 있을 것이다.

노벨상 수상자들 또한 서로 알고 지내거나 서로의 업적에 대해 잘 알고 있다. 노벨상 수상자들은 초대를 받아야만 참가할 수 있는 린다우 노벨상수상자회의에 매년 참석해 함께 강연을 듣거나 토론을 한다.[13] 베티나 베르나도테 비스보리 백작부인이 매년 서른 명에서 마흔 명의 노벨상 수상자들을 독일 린다우에 초대해 모임을 개최하는데, 그들 역시 우주비행사들처럼 다음 세대의 우수한 인재들을 만날 방법을 찾는다. 일주일 동안 육백 명의 학부생과 박사과정 전공자들을 모아놓고 아이디어를 나누거나 멘토십을 제공한다. 지금까지 사백삼십 명 이상의 노벨상 수상자들이 그 회의에 참석했다. 2003년 노벨화학상을 수상한 피터 아그레 박사는 매년 그 회의가 기다려진다고 말한다. 그는 특히 다음 세대 과학자들의 멘토가 되어 주고 싶어 한다. 린다우 노벨상수상자회의 참가자들은 어려운 과학적 질문을 던지는 용기를 갖고 성공을 위해 필요한 체력을 키우라고 신예 과학자들을 격려한다. 행사장 주변을 산책하거나 야외에서 점심을 먹으며 자신의 여정에 대해 거리낌없이 나눈다. 성공을 향한 여정은 어렵고 고독할 수 있지만 이미 그 길을 걸은 노벨상수상자회의 참가자들이 공감하고 도움을 줄 수 있음을 젊은 과학자들에게 알리는 것이다.[14]

노벨상수상자회의 참석은 그 자체로 엄청난 기회이며 참가자들은 수천 명이 회원이 가입되어 있는 네트워크를 통해 비공개 온라인 커뮤니티, 웨비나, 특별 프로젝트, 지역 행사들을 즐긴다.

자신이 몸담고 있는 분야에 어떤 전문가 조직이 존재하는지 파악해 가입하라. 모임에 참석하고 이메일을 등록하고 가능하다면 한두 개의 위원회에 참여하라. 일과 커리어에 도움이 되는 통찰을 얻을 수 있을 것이다. 또한 커리어 조언을 제공하고 다른 사람들을 소개시켜 줄 멘토도 만날 수 있을 것이다.

전국 모임뿐만 아니라 지역모임도 좋다. 사람들과 관계를 쌓고 필요한 기술을 배우고 새로운 기회도 찾을 수 있다. 지리적으로 가깝기 때문에 더 정기적인 만남도 가능할 것이다.

코비드-19 팬데믹으로 인한 갑작스런 이동 제한으로 온라인 소통이 급격히 증가했다. 페이스북이나 링크드인 그룹, 새로운 소셜 미디어 클럽하우스가 큰 인기를 끌었다. 강연자나 함께 듣는 청중들과 관계를 쌓아라. 연락을 하고 연락한 이유를 밝혀라. 발언에 공감했기 때문인가, 그들이 던진 질문에 새로운 아이디어가 떠올랐기 때문인가. 어쩌면 그들이 가장 좋아하는 영화나 음식, 스포츠팀, 여행지와 같은 의외의 정보 때문일 수도 있을 것이다. 그들과 나 사이에 공통점을 찾아라.

모임이 없으면 직접 만들어라

관심 분야의 학습공동체가 존재하지 않는다면? 답은 간단하다. 직접 만들어라. 가만히 앉아 지원이 부족하다고 불평하거나 다른 누군가가 나서기를 기다리지 말라. 우선 모임을 만들어라. 작게 시작해 충분히 키워갈 수 있다. 자기만의 공동체를 만들고 싶다면 다음 단계를 따라해 보라.

1단계: 주제를 찾는다

필요하지만 아직 만들어지지 않은 모임이 있는가? 자신의 직업과 성별, 지역, 직책 등에 대해 생각해 보고 회사, 지역, 분과 내 여성 회계사 모임을 만들 수 있다. 한 회사 내 여성 회계사 모임도 좋고 미국북동부 지역 회계사 모임도 좋다. 의료보건 분야 회계사 모임 등 특정 직군을 중심으로 만들 수도 있다. 같은 아이디어로 다양한 변형이 가능하다. 자기 전문분야의 모임을 만들어 보라.

보통 집으로 일을 가져오지 말라고 하지만 가족과 일의 만남이 도움이 되는 경우도 있을 것이다. 자신이 속한 두 세계를 접목시켜 학습공동체를 꾸려보는 것도 좋다. 런던 새내기 직장인들을 위한 모임이나 두번째 커리어로 리더십 코칭을 준비하는 사람들, 특정 주제에 대한 기조 연설자들, 젊은 부모들, 혹은 같은 업계에서 종교가 같은 사람들의 모임도 좋다. 자기 분야에서 소셜 미디어로 퍼스널 브랜딩을 하는 사람들을 돕기 위한 모임을 만든 사람도 있다. 특정 콘퍼런스에 참석한 사람들끼리 모임을 만들 수도 있다.

2단계: 그룹을 만들어라

코비드-19 팬데믹 초기에 내가 속한 비공개 페이스북 그룹에서 포스팅을 하나 보았다. 어떤 리더십 콘퍼런스에 참석한 사람들만 들어올 수 있는 그룹이었는데 나도 그 콘퍼런스에 참가해 모임에 속해 있었다. 포스팅은 팬데믹을 이겨내기 위해 관심 있는 사람을 대상으로 줌 모임을 연다는 내용이었다. 많은 이들이 그 포스팅에 관심을 보였다. 그렇게 열린 줌 미팅에서 사람들은 서로 인사를 나누고 팬데믹에서 살아남는 법을 공유하며 웃었다. 그리고 몇 주 동안 서로 돌아가며 자신의 전문 분야에 대해 강연을 했다. 팬데믹 중에서도 가장 두렵고 고립되어 있던 시기에 토요일 밤의 그 모임은 많은 이들에게 생명수가 되어주었다. 모두 뛰어난 사람들이었지만 줌 모임에 참석할 때는 자신의 업적이나 성취를 내려놓고 인간 대 인간으로 모였다. 모임은 매주 토요일 밤 한 주도 빠지지 않고 지속되었다. 직업적 배경도 다양한 참석자들 사이에 탄탄한 우정과 멘토십, 협력관계가 구축되었고 이는 공동 집필이나 프로젝트로 이어졌다. 이야기하고 싶은 주제가 있으면 도움을 줄 사람들을 초대했고 그들도 기꺼이 힘을 보탰다. 책이 출간되고 팬들이 생겨 서로의 업적을 널리 빛내는데도 도움이 되었다.

모임을 만들기 위해서는 플랫폼이 필요하다. 페이스북 그룹, 이메일 리스트서브, 슬랙 채널, 클럽하우스 방이나 자기만의 콘퍼런스를 만들 수도 있다. 필요한 것은 서로 만나 아이디어를 공유할 방법이다. 플랫폼의 종류보다 만남의 횟수와 깊이가 더 중요하다. 온라인 소통을 위한 채널로 시작해 언제나 더 확장해 나갈 수 있다. 참여할 의사가 확고한 청중이 있다고 판단되면 콘퍼런스도 조직해 볼 수 있을 것이다.

3단계: 대화를 시작하라

사람들을 참여시키려면 이유를 제공해야 한다. 사람들을 하나로 묶는 공통점은 무엇인가? 어떻게 소통하고 아이디어를 나눌 것인가? 상호 존중 같은 기본 규칙을 정하고 섣부른 재단 없는 안전한 공간을 제공하는 것이 언제나 우선되어야 한다.

사람들에게 참여할 수 있는 계기를 만들어 주어라. '신입회원을 위한 월요모임'으로 지난 일주일 동안 그룹에 참여한 새로운 회원들이 자신을 소개할 수 있는 기회를 마련하는 것도 좋다. 주말에는 한 주 동안 이룬 것을 자랑하는 '금요 자랑대회'를 개최할 수도 있다. 머지 않아 새로운 사람들을 환영하고 동료들의 크고 작은 성취를 축하하는 분위기가 만들어질 것이다.

일단 디지털 공간에서 서로 친해지면 줌을 활용해 한 가지 주제를 더 깊이 발전시켜 볼 수 있다. 그 주제에 관심 있는 구성원에게 짧은 프레젠테이션을 부탁하거나 줌에서 돋보이는 방법, 디지털 시대의 네트워킹 방법, 소셜 미디어 팔로워 늘리는 법 등 누구에게나 도움이 될 조언도 서로 나눌 수 있다. 소회의실을 활용해 더 작은 규모로 서로 알아가고 도움을 주고받을 수 있도록 하는 것도 좋은 방법이다. 이름과 얼굴을 넘어 서로에 대해 더 자세히 알게되는 것은 언제나 기분 좋은 일이다.

이메일 리스트서브, 슬랙 채널, 페이스북 메신저 등을 활용한 실시간 채팅 기능도 활용하라. 질문이 있거나 특정 제품 사용 후기가 궁금할 경우 실시간으로 대답을 들을 수 있다.

누구나 서너 개의 다양한 학습공동체에 속할 수 있다. 필요한 공동체가 없다면 직접 만들어라. 일단 만들면 사람들이 모일 것이다. 친구나 동료 역시 멘토십의 훌륭한 원천이므로 무시하지 말라. 그들은 당신의 충성스러운 지지자이지 경쟁자가 아니다. 동료들은 같이 성장한다. 동료 멘토를 찾기에 너무 이르거나 늦은 때는 없다.

코칭을 위한 질문

1. 지금 속해 있는 조직이 있는가?
2. 그 조직 내에서 더 적극적으로 활동할 수 있는 방법이 있는가?
3. 만들어보고 싶은 모임이 있는가?

핵심 요약

1. 새 학교에 입학하거나 새로운 분야의 일을 시작하거나 새 부서로 발령받는 것은 몹시 불안한 일이다. 하지만 자신의 꿈과 어려움을 이해하고 기회를 찾도록 기꺼이 도와줄 사람을 만나면 길을 찾아가기가 훨씬 쉬워질 수 있다. 새로운 곳에 잘 적응해 자리잡을 때까지 그들이 도와줄 것이다.
2. 친구도 멘토가 될 수 있다. 동료는 함께 성장하므로 동료 멘토를 찾아 서로 친절을 베풀기에 너무 빠르거나 늦은 때는 없다.
3. 공통점이 있는 전국적·지역적 학습공동체에 참여해 구성원들과 교류하라.
4. 학습공동체가 존재하지 않는다면 먼저 만들어보는 것도 좋다.

학위는 시작일 뿐이다

하루 종일 교실에 앉아 있는 것은 성인들에게 이상적인 학습 환경은 아닐 것이다. 12장에서는 우리의 시간과 에너지를 고갈시킬 수 있는 전통적인 교실이 아니라 영감과 자극이 되는 다양한 학습 방법에 대해 설명한다. 자신의 학습 스타일을 이해해 학습 효율성을 최대화하는 것은 몹시 중요하다. 자신이 가장 선호하는 학습 스타일로 배울 수 있다면 특정 주제에 대한 지식이 쉽게 확장될 것이다. 누구에게나 맞는 방법이 있고, 배울 수 있는 모든 기회는 당신의 성공에 어떻게든 영향을 끼친다.

성공하는 사람은 각종 학위와 긴 수상 목록에도 불구하고 결코 배움을 멈추지 않는다. 오히려 새로운 지식을 갈망하고 자신의 성취에 도움이 될 수 있는 어떤 사소한 정보도 적극적으로 수용하려고 노력한다. 그리고 자기 분야 뿐만 아니라 다른 주제들에 대해서도 폭넓게 학습한다. 성공하는 사람들은 언제나 새로 배운 내용을 자신의 일에 적용해 개선하려 한다. 그들은 보통 사람들과 달리 교실에서만 배우지 않는데 충분히 그럴 만한 이유가 있다.

누구나 흐리멍텅한 눈으로 무슨 말을 듣고 있는지도 모른 채 교실에 앉아 있었던 경험이 있을 것이다. 교수가 교실 앞에서 졸린 목소리로 엄청난 양의 정보를 쉬지 않고 전달한다. 학생들은 미친 듯이 필기를 하면서 자기가 무엇을 배우고 있는지 파악하려고 노력한다. 하지만 그 많은 정보를 논리적으로 처리하지 못하는 자신의 능력에 점점 화가 치밀 뿐이다. 《억압받는 자들의 교육학*The Pedagogy of the Oppressed*》을 쓴 브라질의 교육자이자 철학자 파울로 프레이리는 이를 '뱅킹'이라고 했다.[1] 교사가 앞에서 새로운 지식을 우리 뇌에 입금하면 배우는 사람으로서 우리는 어느 계좌에 그 정보를 입금할지 결정해야 한다. 쉬운 일은 아니다.[2,3]

성인들은 서로 상충하는 다양한 요구에 시간을 분배해야 한다. 하루에 8시간 동안 교실에 앉아 전문가들의 강의를 듣는 것은 한마디로 현실적이지 않다. 억만장자들은 하루에 3시간에서 8시간 책을 읽는다. 그들은 독서를 통해 새로운 것을 배우고 영감을 얻는다. 그들에게 독서는 복리 이자다. 그들이 흡수한 지식은 스스로 불어난다. 빌 게이츠, 워런 버핏, 마크 큐반은 매일 몇 시간씩 책을 읽는 것으로 유명하다.[4,5] 그들에게 독서는 최우선순위다. 세 사람의 억만장자에게 효과가 있었던 독서 외에도 새로운 지식을 쌓고 통찰력을 얻는 다른 방법도 많다. 게이츠와 버핏, 큐반을 성공으로 이끈 것은 하루 몇 시간이 넘는 독서가 전부가 아니었다. 그보다는 새로운 지식을 배우면 알고 있던 것을 수정하는 열린 마음이었다.

경험 학습을 연구한 교육이론가 데이비드 콜브는 성인들이 쉽게 배울 수 있는 다음 네 가지 요소로 성인학습법을 정리했다.[6,7,8,9]

1. 확실한 경험
2. 관찰
3. 숙고를 통한 추상적 개념 형성
4. 새로운 개념 실천

위의 성인학습법은 청각, 시각, 촉각을 통한 학습이 아니다. 그보다는 경험을 토대로 한 성인의 정보처리과정에 관한 것이다. 장애물이 생기면 문제를 모든 측면에서 살피며 다양한 대안을 고려하는가, 아니면 시행착오를 토대로 해결하는가? 이에 답할 수 있어야 당신이 독서나 영상으로 혹은 프로토타입을 만들면서 배우는지 아니면 그저 제안을 실행해 보면서 배우는지 알 수 있을 것이다. 혼자 독서를 통해 가장 잘 배우는 사람도 있고 동료나 친구와 아이디어를 교환하면서 잘 배우는 사람도 있다. 콜브에 따르면 정답은 없다. 그저 개개인이 선호하는 방법만 있을 뿐이다. 거의 모든 성인이 네 가지 학습을 통해 배울 수 있지만 그중 확실하게 선호하는 방법은 있을 것이다.

억만장자처럼 독서하기

우리도 게이츠, 버핏, 큐반처럼 매일 새로운 지식을 흡수할 수 있다. 독서는 통찰력과 새로운 관점을 제공하고 성공을 위한 아이디어나 전략도 생각할 수 있게 해 준다. 가장 많은 메달을 딴 올림픽 선수 아폴로 안톤 오노를 인터뷰할 때 그의 뒤에는 심리학과 성공에 대한 책이 가득했다. 오노는 손에 잡히는 것은 무엇이든 읽었다. 더 열심히 훈련하고 더 좋은 장비를 갖추고 더 훌륭한 코치를 얻을 수도 있었지만 제대로 차분히 생각할 시간이 없었다면 그는 최고의 기량을 발휘하지 못했을 것이다. 독서는 자신이 스스로 만들었을지도 모르는 장애물을 넘어서는 방법이자 새로운 사고방식을 배울 수 있는 방법이었다.

새로운 지식을 흡수하는 효과적인 방법은 실물 책을 읽는 것이지만 그밖의 다른 방법도 많고 그중에는 멀티태스킹이 가능한 방법도 있다. 무게 때문에 책을 들고 다니기 싫다면 전자책이 훌륭한 대안이다. 아이패드, 아마존 킨들, 반스앤노블북과 같은 기기에는 수백 권의 책을 저장할 수 있다. 무게도 거의 나가지 않고 읽는 사람에 맞춰 글자 크기나 밝기를 조절할 수 있다. 오디오북도 또다른 대안이다. 오더블과 같은 앱으로 성우들이 읽어주는 책을 들으면 긴 출퇴근 시간도 짧아질 수 있을 것이다.

어떤 형태로든 독서를 즐겨 한다면 읽은 책에 평점과 리뷰를 남겨라. 그래야 아마존 같은 대규모 셀러의 알고리즘을 통해 더 많은 사람이 그 책을 읽을 수 있게 된다. 종종 독자들의 리뷰를 찾아 있는 작가들도 몹시 감사할 것이다.

한 주제에 대해 더 짧게 끝낼 수 있는 기사도 좋은 방법이다. 주요 신문에는 권위자들과의 인터뷰나 시간을 절약하는 팁, 가면 증후군을 극복할 수 있는 방법 등 상상할 수 있는 모든 주제에 대한 오백 자에서 천 자 사이의 글이 실린다. 매일 새로운 글이 실리는 정기 간행물도 있으니 언제나 새로 배울 수 있는 수단은 있다. 새로 관리자가 되었다면 리더십이 필요한 사람들에게 적합한 하버드 비즈니스 리뷰 어센드hbr.org/ascend를 참조하라. 성공에 대한 심리학적 관점이 궁금하다면 〈사이콜로지 투데이psychologytoday.com〉를 권한다. 〈네이처〉나 치프러닝오피서닷컴ChiefLearningOfficer.com. 등 개인적으로 즐겨 보는 잡지와 웹 사이트에도 커리어 관련 섹션이 있을 것이다.

당신이 존경하는 학자들이 그와 같은 사이트에 정기적으로 기고하거나 칼럼을 싣고 있을 것이다. 나는 이 책에서 언급한 다양한 주제에 대해 〈포브스〉와 〈사이콜로지 투데이〉에 정기적으로 글을 쓰고 〈네이처〉, 〈치프러닝오피서〉, 〈하버드 비즈니스 리뷰〉에도 몇 차례 글을 실었다. 주제나 글 쓰는 방식이 마음에 드는 작가가 있다면 칼럼을 구독하라. 그들이 새 글을 쓸 때마다 알 수 있을 것이다. 그리고 소셜 미디어에서 그들을 팔로우하라. 최근 출간 소식을 가장 빨리 접할 수 있을 것이다.

블로그와 뉴스레터도 새로운 지식을 흡수하는 아주 좋은 방법이다. 좋아하는 작가나 경영사상가의 뉴스레터를 구독하라. 새로운 콘텐츠가 나올 때마다 당신의 메일함에 도착할 것이다. 마셜 골드스미스와 도리 클라크 같은 경영 코치들도 공들여 주간 뉴스레터를 발행한다. 마케팅 전문가 세스 고딘은 매일 한 단락에서 두 페이지까지 다양한 길이로 블로그 포스팅을 한다. 메일함이 넘쳐나 아무 것도 읽지 않게 될 수 있으니 너무 많이 구독하지는 말고, 자기 마음을 가장 잘 움직이는 몇 명만 골라 그들이 나눠주는 진주를 읽어라.

팟캐스트

몇 년 전, 한 학생이 이어폰을 끼고 내 사무실로 들어왔다. 나는 스무 살 언저리의 그 학생이 음악을 듣고 있을 거라고 생각했다. 하지만 팟캐스트를 듣고 있다는 말에 놀랐다. 그는 관심 있는 유명한 과학자의 인터뷰를 들으며 그가 살아온 여정과 그의 과학적 방법론에 대해 배우고 있었다.

팟캐스트도 훌륭한 학습 도구가 될 수 있음을 그때 깨달았다. 들으면서 산책을 하고 운전을 하고 요리를 하고 빨래도 널 수 있다는 점에서 더욱 그랬다. 상상할 수 있는 모든 주제에 대한 팟캐스트가 존재한다. 2021년 4월 기준으로 190만 개의 팟캐스트에 4천7백만 개의 에피소드가 있다.[10] 1억 5천5백만 이상의 미국인이 팟캐스트를 듣고 그들 대부분은 경제적으로 여유롭고 교육 수준이 높은 충성 청취자들이다. 그들은 평균 7개의 팟캐스트를 구독하고 모든 에피소드의 80퍼센트를 듣는다. 2020년 2사분기 동안 사람들은 일주일에 평균 6시간 45분 팟캐스트를 들었다.[11] 이는 일사분기에 비해 30분 증가한 수치다. 팟캐스트 만드는 사람과 듣는 사람 모두 기하급수적으로 늘고 있다.

몇 가지 팟캐스트를 들어보고 마음에 드는 팟캐스트를 찾아라. 스타일, 호스트, 게스트, 그들이 나눠주는 지식 중 무엇이 마음에 드는가. 몇 개의 에피소드를 들어 보고 재미 있다면 구독하라. 새로운 에피소드가 자동으로 저장될 것이다. 호스트와 친해지고 싶다면 리뷰와 평점을 남겨라. 몹시 감사할 것이다.

영상

영상 학습 자료는 몹시 방대하며 개인적/조직적으로 활용할 수 있다. 영상은 스토리텔링의 예술을 통해 많은 사람에게 다가갈 수 있는 효과적인 수단이다. 테드 토크나 지역 기반 테드 엑스 토크는 18분 정도의 시간 동안 나눌 가치가 있는 의견을 전달한다. 새로운 아이디어를 제시하고 이에 대해 생각해 보게 만든다.

유튜브는 구글 다음으로 가장 많이 사용되는 검색 엔진이다. 넥타이 메는 법부터 기업의 리더가 되는 법까지 유튜브로 무엇이든 배울 수 있다. 전문가들의 인터뷰도 많다. 상호작용은 없지만 주제에 대한 제약도 없다.

무료로 사용가능한 영상학습 플랫폼을 제공하는 회사도 있을 것이다. 많은 기업이 링크드인 러닝이나 스킬소프트 같은 회사의 온라인 학습 도서관 프로그램을 제공한다. 초빙된 전문가들로부터 엑셀 사용법부터 자기 브랜딩까지 다양한 기술을 배울 수 있을 것이다. 각자 회사 이메일로 로그인해 자기 속도에 맞게 들을 수도 있다. 그런 프로그램이 제공되지 않는다면 링크드인 러닝코스가 포함된 링크드인 프리미엄에 가입하는 것도 좋다. 링크드인 러닝코스를 끝내면 이를 프로파일에 업로드해 당신이 지속적으로 배우고 있다는 사실을 팔로워들에게 보여줄 수 있다.

이직을 위한 시험 공부가 필요하다면 칸 아카데미에서 다양한 무료 강좌를 들을 수 있다. 법학대학원 준비 강좌는 물론 개인 재무 관리나 성장마인드셋 개발과 같은 역량 강화 과정도 있다.

책을 읽는 사람이라면 2021년 4월에 출시된 라이즈닷컴Rise.com을 추천한다. 라이즈닷컴은 넥스트빅아이디어클럽Next Big Idea Club에서 베스트셀러들을 가져와 기업에 필요한 콘텐츠를 맞춤 제공한다.[12] 넥스트빅아이디어클럽에는 애덤 그랜트, 수전 케인, 말콤 글래드웰, 다니엘 핑크가 매 분기마다 엄선한 두 권의 책이 추가된다. 라이즈닷컴 강좌는 작가들의 영상을 시작으로 책의 주요 내용을 익힐 수 있는 다양한 활동을 제공한다. 기업 내 직원 역량 강화를 위해 누구라도 필요한 내용을 상황에 맞게 활용할 수 있을 것이다.

듣고 배우기

집리크루터의 최고경영자 이안 시겔은 할리우드에서 일하려는 계획으로 영어학, 사회학, 심리학 학사 학위를 획득했다. 하지만 워너 브라더스에서 1년을 일해 보니 그 일은 자신과 어울리는 일이 아니었다. 그래서 직장을 옮겨 엔지니어들과 컴퓨터 과학자들을 감독하게 되었다. 한 가지 문제가 있었다면 자신이 엔지니어도 컴퓨터 과학자도 아니라는 것이었다. 전공이 영어학이었던 그는 물 밖으로 튀어나온 물고기가 된 느낌이었다. 그래서 바보처럼 보이지 않으려고 함께 일하는 엔지니어들에게 이렇게 말했다. "필요한 걸 말씀하시면 제가 하겠습니다." 정말 간단한 일이었다. 그는 엔지니어들이 하는 말을 들었다. 그 과정에서 패턴을 찾고 문제와 해결 방식을 찾았다. 구직자와 고용주를 연결시켜주는 온라인 어플리케이션 포털 집리크루터의 아이디어가 갑자기 떠오른 것도 바로 질문을 하고 들으면서 배우는 그 사고방식 덕분이었다.

먼저 말하고 싶은 유혹을 물리쳐라. 보통 먼저 말하라는 조언을 들었을 것이다.[13] 먼저 말하는 것이 불안을 낮춰주긴 하지만 말하는 것보다 더 많이 듣는다면 리더의 자리에 걸맞게 조직 내 당신의 가치가 높아질 것이다. 무슨 말이든 듣고 패턴과 허점을 찾고 집단을 위해 정보를 요약하라. 많은 사람이 다른 사람의 말을 듣기보다 자기 목소리를 듣기 좋아해서 필요한 일을 해결할 기회를 놓치기도 한다. 잘 들은 내용을 바탕으로 대화나 아이디어를 정리할 수 있다면 크게 유리할 것이다. 모두 발언을 마친 긴 회의 끝에 이렇게 말하라. "제가 들은 바로는…" 그리고 듣고 정리한 다양한 내용과 기회를 요약하라. 미 해군 차관보 제임스 거츠도 내게 말했다. 다른 사람이 하는 말을 잘 듣고 이를 새로운 방식으로 적용하는 것, 그것이 바로 혁신이라고 말이다.

관찰하며 배우기

관찰하기, 관계 쌓기, 새로운 정보 처리하기, 그리고 그에 대해 숙고하기가 성인학습의 핵심 토대다. 이는 또한 성공하는 사람들이 의식적·무의식적으로 하고 있는 일이다. 1장에서 언급했던 우주비행사이자 잠수기술자 니콜 스톳은 항공학에 관한 것이라면 무엇이든 사랑했다. 넘치는 호기심으로 우주항공기에 대해 샅샅이 알고 싶어 했다. 스톳은 나사에서 10년을 일하며 우주비행사들이 임무를 위해 준비하는 과정을 전부 지켜보았다. 자세히 관찰해 보니 그들의 학업적 배경이 자신과 비슷했고 그래서 자신도 우주비행사가 되는 것에 대해 생각해보기 시작했다.

1장에서 언급했던 노벨상 수상자 로버트 레프코위츠는 전반전과 후반전 사이에 선수들을 격려하는 축구 감독들을 관찰하면서 사람들에게 영감을 주는 법을 배웠다. 7장의 장애인 올림픽 챔피언 크리스토퍼 와델은 부상을 당한 후에도 스키를 포기하지 않았다. 사고가 나기 몇 년 전에 보았던 모노스키를 탄 사람의 모습이 그의 뇌리에 깊이 박혀 있었다. 그 기억 덕분에 그는 지금까지와는 다르겠지만 스키는 계속 탈 수 있을 거라고 생각했다. 대법관 루스 베이더 긴즈버그의 전 서기들은 대법관이 하는 일을 보며 많은 것을 배웠다. 그녀를 관찰하면서 의견이 다른 사람들과 효율적으로 일하는 법, 흥분하지 않고 자기 의견을 이해시키는 법을 배웠다.

사례는 끝이 없다. 사람들을 관찰하다 보면 사회적 통념을 넘어 어디까지 가능한지 두 눈으로 확인할 수 있을 것이다.

관찰로 상황을 파악하기만 해도 많은 것을 배워 다른 사람보다 훨씬 앞서갈 수 있다. 주변에서 무슨 일이 일어나는지 관찰하며 다음 질문에 답해 보라.

- 부족한 부분이 있다면 이를 해결할 수 있는 방법이 있는가?
- 직장 상사가 어떤 스트레스를 받는 것 같은가? 이를 어떻게 덜 수 있는가?

- 임원급 간부들이 해결해야 할 가장 중요한 문제는 무엇인가? 그 문제는 결국 당신에게도 영향을 끼칠 것이다. 선제적으로 문제를 해결할 수 있다면 당신은 영웅이 될 것이다.
- 이직률이 높아 직원 이동이 많은 부서는 어디인가? 그 이유는 무엇인가?
- 앉고 싶은 자리에 필요한 자격 조건은 무엇인가? 그 자격을 얻기 위해 할 수 있는 일은 무엇인가?
- 조직 내 권력자는 누구인가? 교묘하게 사람들을 속이는 것 같아 신뢰할 수 없는 사람은 누구인가?

신중하게 접근해야 할 사람들이나 프로젝트에 대한 지식은 주변을 세심하게 관찰하는 것만으로도 알아낼 수 있다. 패턴과 구멍을 찾고 이를 어떻게 메울 수 있을지 생각해 보라.

인플루언서가 될 필요는 없지만 교류는 필요하다

소셜 미디어를 사용하지 않는다면 계정을 하나 만들기를 권한다. 가장 유명한 것은 페이스북, 링크드인, 인스타그램, 엑스와 클럽하우스 등이다. 모든 미디어를 적극적으로 활용하기는 힘들 것이므로 집중하고 싶은 플랫폼 한두 개를 골라 자세히 살펴보길 권한다. 배울 수 있는 막대한 정보와 참여할 수 있는 그룹, 참가할 수 있는 행사를 다양한 소셜 미디어에서 찾을 수 있다. 하지만 우선 소셜 미디어를 활용해 봐야 제대로 찾을 수 있을 것이다.

페이스북, 링크드인, 엑스, 인스타그램은 각기 특별한 장점이 있다. 페이스북은 더 소셜하지만 특정 관심사에 기반한 그룹에 가입할 수 있다. 링크드인은 조금 더 전문적인 내용과 그 수준의 네트워킹이나 상호작용을 강조한다. 링크드인에 이력서를 올리고 관심 있는 기사나 구직 기회 등을 공유하라. 개인적인 사생활 공유는 추천하지 않는다. 링크드인은 휴가 사진보다 승진이나 수상, 기고문 등에 대한 예의바르고 겸손한 자랑이 더 어울리는 곳이다. 이는 기꺼이 축하해 주거나 의견을 남길 수 있는 소중한 정보들이다. 이를 통해 새로운 것을 배우고 새로운 기회를 포착하며 사람들에게 자신을 알릴 수 있다.

글자 수가 140자를 넘을 수 없는 엑스는 간결함이 그 특징이다. 엑스에서는 관심 있는 분야나 기업에 대한 목록을 만들어 관심사가 비슷한 사람들을 찾을 수 있고 그밖의 다른 정보와는 거리를 둘 수 있다.

시각 정보를 공유하고 싶다면 인스타그램이 적당하다. 인스타그램에는 개인적이거나 전문적인 사진과 짧은 영상이 많다. 짧은 메시지를 남기거나 해시태그로 특정 주제에 대한 포스팅을 찾아볼 수 있다. 멋진 휴가 사진이나 마음에 남는 글귀는 인스타그램에 많다.

가장 최근에 등장한 클럽하우스는 음성으로 활용하는 미디어다.

라디오처럼 들을 수도 있고 손을 들어 질문하거나 의견을 남길 수도 있다.

클럽하우스의 좋은 점은 음성을 들으며 다른 일도 할 수 있다는 것이다. 듣기만 할 수도 있고 손을 들어 적극적으로 참여할 수도 있다. 어떻게 참여하든 더 배울 수 있는 곳이다. 더 적극적으로 참여할수록 더 많은 사람이 당신을 팔로우하고 흥미로운 콘텐츠에 더 많이 노출되고 결국 더 많이 배우게 될 것이다.

생산성을 높여야 할 때 정신이 산만해지고 싶지 않다면 알림을 꺼 놓아야 메시지를 받거나 누군가 포스팅에 반응을 남길 때마다 방해받지 않을 수 있을 것이다.[14] 피곤해서 어차피 생산성이 낮을 낮 시간에는 접속하지 않는다. 시간을 정해놓고 콘텐츠를 접하며 학습 효과를 최대화하라.

웨비나

코비드-19 팬데믹은 웨비나 폭발의 시기였다. 강연자들에게 질문을 하고 실시간으로 대답을 들을 수 있는 생중계 비디오 웨비나는 강연 내용에 관해 직접 소통하며 위대한 연사들로부터 배울 수 있는 기회로, 소극적 활동에서 적극적 활동으로 학습을 변화시켰다. 링크드인 라이브, 인스타그램 라이브, 페이스북 라이브 같은 플랫폼으로 무료 시청할 수 있는 웨비나가 많다. 웨비나는 많은 참가자가 한꺼번에 화면에 등장하는 줌과 달리 발화자 한두 명만 화면에 등장한다. 강의에 집중할 수 있도록 많은 조직이나 개인이 줌이나 스트림야드 같은 플랫폼의 웨비나 버전을 활용해 화면에 강연자만 등장하게 하고 청취자들은 채팅으로 질문을 해 강연자나 사회자의 답을 듣게 한다.

웨비나 사용이 증가한 덕분에 많은 돈을 내고 콘퍼런스에 참여해 들어야 했던 내용을 쉽게 배울 수 있게 되었다. 집이나 사무실에 앉아 단 한 푼도 쓰지 않고 들을 수 있다. 생방송으로 참여할 수 없다면 호스트의 웹 사이트나 소셜 미디어 채널에 올라오는 녹화본도 좋다. 하지만 기간에 제한이 있으므로 정말 듣고 싶은 내용이라면 서두르는 것이 좋다. 웨비나는 적극적인 영상 학습의 대표적인 형태다.

대화하며 배우기

파블로 카릴로는 15년 가까이 미국 상원의원이자 대통령 후보 존 매케인과 함께 일했던 변호사로 가장 최근에는 그의 수석 보좌관이었다. 뉴올리언스에서 로스쿨을 졸업한 카릴로는 고향 루이지애나주의 소형 법률 회사에서 일을 시작했는데 자신이 맡은 사건 때문에 몇 번 워싱턴 D.C.를 방문해야 했다. 그곳에 갈 때마다 그는 만나는 모든 사람들과 이야기를 나누었다. 그는 고등학교 시절 동창까지 모든 관계를 제대로 활용했다.

알고 보니 루이지애나 하원 의원의 보좌관이 고등학교 동창이었고 카릴로는 이를 활용해 그에게 도움을 받아 자신에게 딱 맞는 일을 찾을 수 있었다. 카릴로는 영향력이 있는 사람이나 위원회를 위해 일하고 싶었고 이를 위해 할 수 있다면 누구와도 이야기를 나누며 기회를 활용했다. 그는 기여하는 사람이 되고 싶었다. 주변 사람들과 이야기를 나누고 다양한 기회를 접하면서 카릴로는 하고 싶은 일을 찾았다. 그렇게 들어간 위원회에서 3년 가까이 일한 후 카릴로는 공화당이 우세할 때 상원의 상업위원회 회장이 된 매케인 밑에서 일하게 되었다. 매케인은 조사담당관을 찾고 있었다. 카릴로는 이력서를 보내 인터뷰를 했고 2주 후 일을 시작했다. 그리고 15년을 함께 일했으니 썩 잘 맞는 관계였다.

10장에서 언급했던 제임스 거츠도 안내데스크 직원부터 해군 차관까지 모든 사람들과 이야기를 나누었다. 그는 누구에게나 배울 수 있다고 생각해 모든 사람들과 대화를 나누었다. 분야와 장소를 가리지 않았다. 조직 내 지위 때문에 다가갈 수 없는 사람은 없다. 오히려 그 반대다. 높은 사람들과만 이야기하려 하지 말고 모두와 이야기를 나누어라. 동료와 부하직원들이 당신에게 도움되는 정보를 갖고 있을 수도 있다.

누군가 곧 일을 그만두겠다고 인사과에 통보하면 그 자리에 새 인물을 구하기까지 몇 주가 걸릴 것이다. 구인이 공식화되기 전에 그 소식을 들을 수 있다면 부서의 고용 담당자에게 연락해 그 자리에 관심이 있다고 가장 먼저 알려라. 구직 공고가 난 후 지원자 수가 적을수록 당신에게 유리할 것이다.[15] 고용 담당자가 당신을 좋게 평가한다면 아예 구인공고를 내지 않을 수도 있다. 모든 일자리의 70퍼센트가 비공개 채용인 것도 아마 그 이유 때문일 것이다.[16] 자신에게 직접 필요하지 않은 정보는 다른 사람을 돕는 데 사용할 수도 있다.

대화를 할 때마다 무언가를 얻어낼 수는 없고 그래서도 안 된다. 그보다는 관계를 쌓는데 집중해야 한다. 사람들은 자신이 알고 좋아하고 믿는 사람을 돕거나 그들과 함께 일하고 싶어 하므로 함께 일하고 싶은 사람이 되어라. 도움을 제공하거나 아는 사람을 소개해 주어라. 모든 대화를 거래로 만들지 말고 주변 사람들에 대해 배울 수 있는 건 모두 배워라. 그들이 무엇을 좋아하는지, 어떤 습관이 있는지, 취미가 무엇인지 파악하라.

대화를 시작하기 가장 좋은 소재 중 하나는 바로 음식이다. 휴가 때 먹었던 음식부터 구내 식당 메뉴까지 전부 대화하기 좋은 소재다. 앞에서도 계속 언급했던 공통의 관심사로 대화를 시작하라.

줌에서는 채팅 기능으로 사람들과 이야기할 수 있다. 공감되는 말을 한 사람에게 채팅을 보내 공감한 이유를 알려라. 만남과 소통, 상호작용이 가장 중요하다.

모든 일자리의 80퍼센트는 공적·사적 인맥을 통해 채워진다.[17] 사람들의 레이더에 들고 싶다면 그들과 대화를 나누어야 한다.[18, 19, 20] 개인적인 대화도 하고 이메일이나 문자 메시지를 통한 연락도 좋다. 그들의 소셜 미디어 콘텐츠에 관심을 표하는 것도 주목받는 또 다른 방법이다. 그와 같은 소통에서 가장 중요한 점은 받는 것보다 더 많이 베풀며 관계를 쌓는 것이다.

콘퍼런스에서 배우기

콘퍼런스는 참가비가 높지만 배울 수 있는 훌륭한 기회다. 콘퍼런스는 전문가들이 세심하게 준비한 강연들로 이루어진다. 참가했다면 최대한 많은 것을 흡수하라. 콘퍼런스 장소에 몇 분 일찍 도착해 강연자들과 이야기를 나누어라. 보통 강연자는 30분 일찍 도착해 시청각 기기 작동을 검토한다. 몇 분 간의 검토가 끝나면 나머지는 자기 차례가 돌아오길 기다리는 시간이 될 것이다. 그때가 강연자에게 자신을 소개하기 가장 적당한 때다. 강연이 끝나면 그와 이야기를 나누고 싶은 사람들이 줄을 서기 때문에 시간도 부족할 것이고 그들의 관심도 온전히 받지 못할 것이다. 강연이 끝난 후 이메일이나 소셜 미디어를 통해 강연자에게 후속 연락을 취하고 강연에서 어떤 내용이 좋았는지 말하라. 자신의 소셜 미디어에 그 강연에 대해 긍정적인 의견을 남기면 그들도 확인할 것이다. 태그를 다는 것도 잊지 말라.

그냥 지나치지 말라

콘퍼런스의 기조 연설이나 토론도 배울 수 있는 훌륭한 기회지만 호텔 로비나 커피숍, 화장실에서 줄을 기다리는 시간도 얕보지 말라. 언제든 말문을 열 수 있는 문장들을 준비해 놓아라. 다음은 매끄럽게 대화를 시작할 수 있는 멋진 문장들이다. 이를 활용해 보라.

- 강연 정말 잘 들었습니다. 특히 …에 대해 말씀하신 부분이요.
- …에 대해 말씀하신 부분에 특히 공감했어요.
- 주로 어디서 일하시는지 궁금합니다.
- 정말 멋진 … 군요. (가방이나 모자, 브로치 같은 소지품에 대해)
- 지금까지 가장 마음에 들었던 강연은 무엇인가요?
- 콘퍼런스 장소가 많이 멀지는 않으셨나요?

모든 질문은 대답을 유도하고 대답은 다시 새로운 질문으로 이어질 수 있다. 새로 만난 사람에게 자기 정보는 드러내지 않고 질문 세례만 퍼붓지 말라. 취조처럼 느껴져 얼른 당신 곁에서 달아나고 싶을 것이다. 대화는 탁구와 비슷해야 한다. 질문을 하고 답을 듣고 자신에 대한 정보를 제공하거나 또 다른 질문이나 의견을 제시한다. 기억하라. 그들이 나눠주는 모든 정보를 머릿속에 잘 넣어 두었다가 언제든 필요할 때 꺼내 사용할 수 있어야 한다.

필라델피아의 세븐티식서스와 뉴저지 데빌스의 전 최고경영자

스콧 오닐도 늘 먼저 대화를 시작해 성공했다. 오닐은 대학 졸업 직후 프로농구 팀 브루클린 네츠의 마케팅 보조로 일을 시작했다. 어느 토요일 오전, 사무실에 있는데 구단주가 지나가다가 무엇을 하고 있는지 물었다.

"복사기를 수리하고 있습니다." 오닐이 대답했다.

"왜지?" 회장이 물었다.

"고장났으니까요." 오닐이 대답했다.

회장은 그 자리에서 그를 승진시켜 주었다. "그가 기회를 주었습니다." 오닐이 말했다. 사무실에 아무도 없는 토요일 아침이었고 그래서 오닐은 회장과 대화할 기회를 얻을 수 있었다. 오닐이 대화를 짧게 마무리해 버렸다면 성공으로 이어질 많은 기회를 갖지 못했을 것이다.

그와 같은 대화는 엘리베이터를 기다리거나 커피를 마시며 언제든 일어날 수 있다. 주변 사람들과 이야기를 나누어라. 그들이 걸치고 있는 특별한 물건이나 공통 주제에 대해 이야기를 나누어라. 모두 같은 가운을 입고 있는 의사들과 이야기를 나눌 때 나는 보통 양말 디자인을 대화의 소재로 삼는다. 매번 효과가 있었다.

이메일

대부분의 사람이 하루에 수십 통의 이메일을 받는다. 중요한 메일은 읽고 그렇지 않은 메일은 대충 확인한다. 어쩌면 시간을 내 읽을 수 있는 것보다 더 많은 뉴스레터를 구독하고 있을 것이다. 하지만 메일에 어떤 정보가 있을지 모르니 최대한 자세히 살펴보라. 흥미로운 프레젠테이션이나 관심 있는 기사, 새로운 구직 기회가 모두 거기에 있을지도 모른다. 학회 참가 요청을 받을 수도 있고 후보자 추천을 부탁받거나 보조금 기회에 대한 정보가 있을 수도 있다. 회사에 새로 입사한 전문가들이나 곧 회사를 떠날 사람들에 대한 정보도 마찬가지다. 최근에 개발된 소프트웨어 프로그램 사용법을 알려 주는 메일일 수도 있다. 자세히 살펴보라. 당신이 간과하고 있는 기회가 그 메일함에 있을지도 모른다.

코칭을 위한 질문

1. 새로운 사람을 만나 대화할 때 말문을 열기 좋은 당신만의 질문 두 가지는 무엇인가?
2. 지속적으로 배울 수 있지만 당신이 간과하고 있는 수단은 무엇인가?
3. 편한 마음으로 시간을 투자해 새로운 것을 배울 수 있는 장소나 사람이 있는가?

핵심 요약

지속적으로 배울 수 있는 방법은 무수히 많다. 학위를 위한 과정에 등록할 필요도, 값비싼 수업료를 내야 할 필요도 없다. 집에서 편하게 배울 수 있는 다양한 방법이 많다. 중요한 것은 주변의 모든 것에 마음을 열고 새로운 지식을 최대한 흡수하는 것이다. 배움은 수료증이나 학위를 얻기 위한 것이 아니다. 새로운 지식과 정보에 마음을 열어 놓는 것이다. 지속적인 배움을 위한 방법들은 다음과 같다.

1. 책과 기사, 블로그를 읽으며 새로운 주제에 대한 통찰을 얻는다.
2. 흥미로운 사람들을 곁에 두고 그의 말을 들어라. 그들이 겪은 기쁨과 고통에 대해 잘 듣고 기억하라. 모든 지식을 알 필요는 없지만 조언해 줄 사람은 필요하다. 자신을 위

해 그들의 말을 귀담아 들어라.

3. 주변 사람들이 어떻게 일하는지 관찰하며 기회와 빈틈을 찾아라. 자기보다 한두 단계 상급자들이 겪는 문제도 유심히 관찰하라. 당신의 전문지식으로 그 문제를 해결하는 데 힘을 보태라.
4. 팟캐스트는 가능한 모든 주제에 대한 정보가 넘쳐나는 새로운 학습 도구다. 관심 분야에 대한 심도 깊은 토론이나 전문가들에 대한 인터뷰를 출퇴근 시간을 이용하거나 다른 일을 하면서도 들을 수 있다.
5. 유튜브는 구글 다음으로 가장 많이 사용되는 검색 엔진이다. 관심 있는 어떤 주제에 대해서도 수백 편의 영상을 찾아보며 더 배울 수 있다.
6. 소셜 미디어도 도움이 된다. 다양한 플랫폼에 무수한 정보가 있다. 마음에 드는 그룹에 가입해 포스팅을 읽으며 어떤 주제가 사람들에게 중요한지 배우고 교류하라. 방해되지 않도록 알람을 끄고 시간을 정해 최근 포스팅을 읽어라.
7. 웨비나를 통해 쉽게 만나기 어려운 사람들의 인터뷰와 콘텐츠를 영상 자료처럼 활용할 수 있다. 보통 라이브로 진행되는 웨비나에서는 채팅을 통해 적극적으로 참여할 수 있다.

8. 사람들과의 대화 역시 그들과 그들의 가치관에 대해, 나중에 도움이 될 유용한 전략에 대해 더 배울 수 있는 훌륭한 기회다. 선배나 후배, 동료를 가리지 말고 주변의 모든 사람과 이야기를 나누어라. 모든 사람이 소중한 정보의 원천이다.
9. 콘퍼런스는 그 주제에 관한 엄선된 전문가들로부터 배울 수 있는 기회다. 다양한 콘퍼런스와 워크숍은 새로운 것을 배우거나 이미 알고 있던 것을 새롭게 적용해 새로운 눈으로 볼 수 있는 멋진 기회를 제공한다.
10. 콘퍼런스 장소 로비나 사무실 복도 역시 새로운 사람을 만날 수 있는 완벽한 장소다. 대화를 시작하기 좋은 몇 가지 질문을 준비해 놓고 언제든 필요할 때 활용하라.
11. 넘쳐나는 이메일에도 유용한 정보가 많다. 대부분의 사람은 다수의 사용자에게 전달되는 메시지는 읽지 않는다. 하지만 그 안에서도 구직이나 보조금 정보, 논문 게재나 수상 후보 투표 등에 관한 정보를 찾을 수 있을 것이다.

성공의 4가지 기둥

축하한다! 당신은 이제 성공을 향한 네 갈래길에 대해 잘 알게 되었고 그 길을 따라 자신의 여정을 떠나기만 하면 된다. 그 과정에서 많은 장애물을 만나겠지만 어떻게 넘어야 하는지도 알았을 것이다. 이제 필요한 일을 실제로 행하기만 하면 된다. 실천할 수 있는 방법도 내가 이미 제시했다. 지금부터 무엇을 할지는 오직 당신에게 달렸다. 언젠가 하겠다고 벼르지만 말고 오늘 당장 시작하라.

그저 평범하게 사는 것이 목표인 사람은 거의 없을 거라고 나는 생각한다. 사람들은 언제나 더 많은 성공을 이루고 싶지만 그 방법을 모르는 것뿐이다. 가능성은 있지만 계획이 부족할 뿐이다. 더 많이 이루고 싶은 사람들에게 필요한 그 계획을 내가 제시했다. 이 책을 읽고 있다면 당신은 분명 더 큰 꿈을 이루고 싶을 것이고 성공을 위해 무엇이 필요한지 알고 싶을 것이다. 이제 계획은 세워졌고 핑계는 없다. 소매를 걷어 올리고 성공에 필요한 네 가지 요소를 실천할 때다. 당신은 분명 성공할 수 있고 그에 필요한 도구도 있다. 지금 당신의 삶에서 어떤 성공 요소가 가장 필요한지 생각해 보라. 그리고 길이 막혔다고 느낄 때마다, 영감이 필요하거나 삶이 변하고 있다고 느낄 때마다 초심으로 돌아가 다시 살펴보라.

다시 말하지만 우주비행사, 노벨상 수상자, 올림픽 선수나 프로농구 챔피언, 프로축구 명예의 전당에 오른 선수들에게는 다음 네 가지가 있었다.

1. 내적 동기
2. 인내
3. 탄탄한 기초
4. 지속적인 학습

내적 동기

성공한 사람들은 모두 자신이 잘하는 분야를 찾았고 그에 대한 열정이 있었고 이를 지속적으로 개선하려는 의지가 있었다. 그것이 바로 그들이 아침마다 빨리 일하러 가고 싶은 이유였다. 그들은 자신이 하는 일을 사랑했고 할 수 있다면 무료로도 했을 것이다. 그들을 추동한 것은 학위나 보상, 승진과 같은 외적 동기보다는 내적 호기심과 즐거움이었다.

최고의 상을 받는 것은 어려운 만큼 멋진 일이기도 하지만 그들에게 이는 여정의 일부일 뿐 전체가 아니었다. 성공한 사람들은 쉬지 않고 다음 목표를 설정했다. 그들은 일에 관한 모든 것을 사랑했고 그 일을 할 수 있어 운이 좋다고 생각했다

인내

성공한 사람들을 인터뷰할 때마다 나는 구글에서 검색할 수 있는 정보는 빙산의 일각일 뿐이니 성공하기까지 무엇이 필요했는지, 대부분의 사람이 보지 못하는 수면 아래에 무엇이 있는지 더 궁금하다고 그들에게 말했다. 노벨상 수상자, 우주비행사, 올림픽 챔피언, 최고경영자들 모두 마음 먹은 대로 풀리지 않았던 일을 수없이 겪었다. 그들도 당신처럼 수많은 돌부리에 걸려 넘어졌다. 하지만 그들에게 그것은 실패가 아니라 더 발전할 수 있는 기회일 뿐이었다. 성공한 사람은 장애물을 극복할 수 있을지 걱정하지 않고 언제나 극복할 수 있다고 믿는다. '어떻게' 극복할지가 그들의 고민이

다. 그와 같은 사고방식 덕분에 그들은 최대한 문제 해결에 집중할 수 있었다. 그들은 열심히 노력했고 오늘, 혹은 이번 주, 이번 달에 무슨 일이 풀리지 않았다고 쉽게 포기하지 않았다. 그들은 조금 더 노력하면 결국 답을 찾을 수 있다는 사실을 알고 있었다. 성공한 사람의 사전에 포기란 없었다.

단단한 기초

성공한 사람들은 언제나 기본으로 돌아간다. 그들에게는 지속적으로 연마하는 탄탄한 기초가 있었다. 그들은 성공한 후에도 지속적으로 그 기본기의 도움을 받았다. 그리고 성공했다고 내려놓지 않고 지속적으로 이를 연마했다. 물론 성공한 후에는 더 훌륭하고 값비싼 장비의 도움을 받겠지만 기본적인 훈련 과정은 그대로였다. 유도에서 두 개의 금메달을 딴 케일라 해리슨은 수많은 대회에서 상을 받을 수 있었던 비결이 바로 처음 훈련을 시작하고 6개월 동안 배운 기본 기술이었다고 말했다. "저는 기본 훈련의 여왕이랍니다."

지속적인 학습

아무리 위대한 업적을 쌓고 상을 받아도 성공한 사람들은 계속해서 새로운 지식을 흡수한다. 그들은 사람들과 끊임없이 대화하고 책을 읽고 영상을 보고 팟캐스트를 듣는다. 각자 선택한 매체는 다르지만 때와 장소에 상관없이 누구에게서든 무엇을 통해서든 더 배울 수 있다는 사실에는 동의한다. 그들은 자신보다 자신을 더 믿어주는 멘토들을 곁에 둔다. 격려하고 영감을 주고 새로운 것들을 가르쳐주는 사람들이다. 그리고 그들은 그 전부를 흡수한다. 당장 사용할 수 없다면 저장했다가 필요할 때 꺼내 쓴다.

이 책에 등장한 우주비행사, 노벨상 수상자, 올림픽 챔피언, 그리고 다른 성공한 사람들을 보며 독자들도 성공할 수 있는 방법을 깨닫고 영감을 얻었길 바란다. 열정 찾기 설문지, 목표 찾기 설문지, 멘토링 팀 질문지를 작성해 어디에 기회가 있고 어디서 더 성장할 수 있는지 살펴보라. 성공으로 가는 당신의 여정에 기쁨과 에너지, 미래에 대한 희망이 가득하길 빈다.

이 책을 잘 읽었다면 더 많은 사람이 성공을 향한 여정에 나설 수 있도록 아마존에 평점과 리뷰를 남겨주길 부탁드린다. 세상은 우리 모두가 성공할 수 있을 만큼 충분히 넓다.

★ 감사의 말 ★

이 책을 쓰겠다는 평생의 꿈을 이루는 데 도움을 준 많은 이들에게 과연 어떻게 감사를 전할 수 있을까. 이 모든 일은 할머니 에스더 덕분이었다. 할머니는 독후감을 쓴 것뿐인 어린 나에게 멋진 작가라고 해 주셨고 나는 그 말씀을 마음 깊이 새겼다. 나의 멘토이자 박사 논문 지도 교수 마리 볼프 박사님은 예리한 눈과 넉넉한 지원으로 나를 더 훌륭한 작가로 만들어 주셨다. 박사님은 모든 문장에 단 하나의 불필요한 단어도 있어서는 안 되며 독자들이 이해할 수 없는 부분 역시 있어서는 안 된다고 말씀하셨다. 박사 학위는 진작 취득했지만 내 글에 관해 누군가의 솔직한 피드백을 듣고 싶을 때 나는 여전히 박사님께 의지한다. 이 책의 기획서를 써서 가장 먼저 찾아간 사람도 바로 박사님이었다.

코비드-19 팬데믹은 엄청난 상실과 고립의 시기였지만 그 엄한 시절에도 희망의 빛은 있었으며 그 빛들이 이 책으로 이어졌다. 나를 발견해 코간 페이지 가족으로 맞아 주고 일반 독자들을 위한 글을 쓰는 법을 알려준 내 훌륭한 편집자 케테 스위니에게 큰 감사를 전한다. 내 글을 유려하게 다듬어 독자들이 책을 내려놓지 않게 만들어 주고 이 프로젝트의 결승선 너머를 봐주었던 헤더 우드에게도 감사한다.

르네상스 위켄드 가족은 내가 만났던 성공한 사람들 중 가장 든든한 힘이 되어주었다. 덕분에 코비드-19 기간 동안 주변의 모든 혼란으로부터 완벽하게 벗어날 수 있었고 토요일 밤의 줌Zoom 모임 덕분에 평생의 친구들도 만들 수 있었다. 그 멋진 사람들은 이 책의 제목을 짓는 데도 도움을 주었다. 그들을 하나로 모아 주고 온라인상에서 내 존재감을 키워준 수잔 번-스톤 박사님께 특별한 감사를 드리며 내 무수한 이메일과 문자 메시지와 전화에 우아하게 답하며 멋진 조언과 유머까지 전해 준 데보라 하이저 박사님과 제니스 린츠 박사님께도 감사드린다.

마셜 골드스미스 박사님 휘하의 백 명의 코치들은 격려와 배움과 영감과 기회의 마르지 않는 샘이었다. 박사님은 물론 두 팔 벌려 나를 환영해 준 동료 코치들에게도 무한한 감사를 전한다. 매일 그들에게 너무나 많은 것을 배웠다. 그들은 내가 속했던 최고의 학습 공동체였다.

웨일 코넬 의과 대학 가족들은 25년 동안 내 곁을 지켜 주었고, 의사과학자 프로그램 학생들은 내 연구의 영감이자 원천이었다. 아이디어를 발전시킬 수 있도록 끝없이 지지해 주고 격려해 준 휴 헤밍스 박사님과 케인 프라이어 박사님께 감사드리고, 모든 사람한 명 한 명을 위한 최선의 방법을 찾아 더 깊이 들어가 보라고 격려해 준 레지던트, 펠로우, 교수진에게 감사드린다.

경쟁자들이었지만 결국 좋은 친구가 된 내 최초의 학습공동체 로얄 코트의 알린 콜러, 자나 토우털민, 린다 번리, 샤론 웰링, 캐시 크로포드, 낸시 멜슨에게 감사한다. 로얄 코트의 명예 회원인 버트 샤피로 박사님과 메리 호톤 박사님께도 마찬가지다. 25년 전 콜로라도 에스펜에서 처음 만났을 때부터 지금 우리가 서 있는 곳까지 그들의 우정과 지지, 그리고 삶의 크고 작은 승리에 대한 축하가 내 가장 소중한 보물들이다.

데보라 하이저 박사님 휘하의 나의 멘토 프로젝트 패밀리는 서로 다른 멘토들이 함께 배우며 성장하는 유일한 프로그램일 것이다. 그 뛰어난 멘토들 덕분에 더 큰 에너지로 더 큰 영향을 끼칠 수 있게 되었다. 멋진 만남을 가능하게 해 준 데보라 하이저 박사님과 밥 쿠쟁에게 감사드린다.

마음을 열고 겸손하게 그리고 솔직하게 자신의 이야기를 나눠 준 모든 성공한 사람들에게도 감사한다. 그들 중 누구도 자신이 성공했다고 생각하지 않았으며 대부분 그 말을 불편해했다. 그들은 내가 만난 사람들 중 가장 친절했고 가장 큰 영감을 주었다. 이제 그들을 친구라 부를 수 있어 영광이다.

누군가의 딸이자 아내, 엄마, 그리고 언니이기 때문에 받는 힘은 그 어떤 힘보다 클 것이다. 그들이 있기에 저녁을 먹으며 새로 떠오른 아이디어나 새로 배운 것들에 관해 끊임없이 떠들 수 있었고, 박사 학위를 시작하거나 성공한 사람들에 대한 책을 쓰고 싶을 때도 그들이 가장 먼저 발 벗고 도와주었다. 무한한 사랑과 격려와 지원과 인터넷 설치와 끊임없는 네스프레소, 그리고 내가 글을 쓸 수 있도록 고요를 제공해 준 아몬과 벤자민, 조나단, 이선에게 감사한다. 나의 졸고를 향상시켜준 벤에게 특별히 감사한다. 힘든 시기에 도움을 준 가족 론과 다니엘, 글이 잘 써지고 있는지 늘 물어봐 주신 엄마 디나에게도 감사를 전한다. 하늘에 계신 아빠 아서가 이 책을 보셨다면 정말 좋아하셨을 것이다. 사랑합니다.

참고 문헌

서문

1 Friedman, R (2021) Decoding Greatness, Simon & Schuster, New York
2 Friedman, R (2021) Decoding Greatness, Simon & Schuster, New York
3 Gotian, R (2017) Optimizing Success of Physician-Scientists, EdD, Teachers College Columbia University

1부 I 성공하는 사람들

1장 성공하는 사람들은 누구인가

1 Sostrin, J (2013) *Success Stories from the Hidden Side of Work*, New York, Palgrave Macmillan
2 Wilson, JP (ed.) (2012) *International Human Resource Development*, United Kingdom: Kogan Page
3 Bloxham, S and Boyd, P (2007) *Developing Effective Assessment in Higher Education: A practical guide*, Berkshire, UK, Open University Press
4 Kasworm, C, Rose, AD and Ross-Gordon, JM (2010) *Handbook of Adult and Continuing Education*, United States of America, SAGE Publications, Inc
5 Gotian, R (2017) *Optimizing Success of Physician-Scientists*, EdD, Teachers College Columbia University
6 Gotian, R and Andersen, OS (2020) How perceptions of a successful physician-scientist varies with gender and academic rank: toward defining physician-scientist's success, *BMC Medical Education*, 20
7 Gotian, R (2017) *Optimizing Success of Physician-Scientists*, EdD, Teachers College Columbia University
8 Gotian, R and Andersen, OS (2020) How perceptions of a successful physician-

scientist varies with gender and academic rank: toward defining physician-scientist's success, *BMC Medical Education*, 20

9 Nobel Prize (nd) *The Nobel Prize: Michael S. Brown, Biographical* https://www.nobelprize.org/prizes/medicine/1985/brown/biographical/ (archived at https://perma.cc/JTX8-SAL2)

10 Nobel Prize (nd) *The Nobel Prize: Michael S. Brown, Biographical* https://www.nobelprize.org/prizes/medicine/1985/brown/biographical/ (archived at https://perma.cc/JTX8-SAL2)

11 Gotian, R (2020a) Olympic champion Apolo Ohno explains how to reevaluate after a loss, *Forbes*, https://www.forbes.com/sites/ruthgotian/2020/11/10/ olympic-champion-apolo-ohno-explains-how-to-reevaluate-after-a-loss/ (archived at https://perma.cc/FFW8-QQ82)

12 Gotian, R (2020b) Why I Stand, *Academic Medicine*, 95(2), p 175

13 Drucker, PF (1999) *Management Challenges for the 21st Century*, New York, Harper Collins Publishers, Inc

14 Mackay, A-L (2015) *The Four Mindsets*, Australia, John Wiley & Sons Australia, Ltd

2장 운명을 통제하라

1 Schreiber, WE (2019) Scientific Impact and the H-Index, *Clinical Laboratory News*, https://www.aacc.org/cln/articles/2019/september/scientific-impact-and-the-hindex (archived at https://perma.cc/GN27-UZQR)

2 Cybermetrics Lab and Consejo Superior De Investigaciones Cientificas (CSIC) (2021) Highly Cited Researchers (h>100) according to their Google Scholar Citations public profiles, https://www.webometrics.info/en/hlargerthan100 (archived at https://perma.cc/6SQH-XY6Y)

3 National Institutes of Health (2021) *Anthony S. Fauci, M.D.*, https://www.niaid.nih.gov/about/anthony-s-fauci-md-bio (archived at https://perma.cc/5N2X-PV45)

4 Tobak, S (2015) 10 Behaviors of High Achievers, *Entrepreneur.com*, https://www.entrepreneur.com/article/245843 (archived at https://perma.cc/M8FZ-GVNU)

5 Clance, PR and Imes, SA (1978) The imposter phenomenon in high achieving women: Dynamics and therapeutic intervention, *Psychotherapy: Theory, Research & Practice*, 15, pp 241–47

6 Gotian, R (2020a) Don't let imposter syndrome derail your career, *Psychology Today*, https://www.psychologytoday.com/intl/blog/optimizing-success/202010/dont-let-imposter-syndrome-derail-your-career (archived at https://perma.

cc/6PJ3-KLMU)

7 Gotian, R (2020c) Why some people don't take "no" for an answer, *Forbes*, https://www.forbes.com/sites/ruthgotian/2020/11/27/why-some-people-donttake-no-for-an-answer/ (archived at https://perma.cc/B5XD-42W5)

8 Gotian, R and McGinty, G (2020) How to fight imposter syndrome in the time of coronavirus, *Harvard Business Review Ascend*

9 Beuke, C (2011) How do high achievers really think? *Psychology Today*, https://www.psychologytoday.com/us/blog/youre-hired/201110/how-do-highachievers-really-think (archived at https://perma.cc/HGB6-MUFS)

10 Boyes, A (2018) 4 ways busy people sabotage themselves, *Harvard Business Review*, https://hbr.org/2018/09/4-ways-busy-people-sabotage-themselves (archived at https://perma.cc/GE2V-4VHB)

11 Gotian, R (2020c) Why some people don't take "no" for an answer, *Forbes*, https://www.forbes.com/sites/ruthgotian/2020/11/27/why-some-people-donttake-no-for-an-answer/ (archived at https://perma.cc/B5XD-42W5)

12 Willyerd, K (2014) What high performers want at work, *Harvard Business Review*, https://hbr.org/2014/11/what-high-performers-want-at-work (archived at https://perma.cc/A37Y-DABM)

13 Merriam, S, Caffarella, R and Baumgartner, L (2007) *Learning in Adulthood*, San Francisco, CA, Jossey-Bass

14 Knowles, MS (1980) *The Modern Practice of Adult Education: From pedagogy to andragogy*, New York, Cambridge Books

15 Brockett, RG and Hiemstra, R (1991) *Self-direction in Adult Learning: Perspectives on theory, research, and practice*, New York, Routledge

16 Brookfield, S (2009) Self-Directed Learning, in R Maclean and D Wilson (eds.) *International Handbook of Education for the Changing World of Work*, Germany: Springer Science + Business Media B.V

17 Fleming, SM, Thomas, CL and Dolan, RJ (2010) Overcoming status quo bias in the human brain, *Proceedings of the National Academy of Science U.S.A.*, 107, pp 6005–09

18 Gotian, R (2021b) Disheartened by lack of progression at work? Here's how to turn displeasure into success, *Forbes*, https://www.forbes.com/sites/ruthgotian/2021/04/20/disheartened-by-lack-of-progression-at-work-heres-how-to-turndispleasure-into-success/ (archived at https://perma.cc/ME5G-KMPJ)

19 Czikszentmihayli, M (1975) *Beyond Boredom and Anxiety*, San Francisco, Jossey-Bass

20 Spence, JT and Helmreich, R (eds.) (1983) *Achievement-related Motives and Behaviors*, San Francisco: Freeman

21 Kanfer, RM and Heggestad, ED (eds.) (1990) *Motivational Traits and Skills: A person-centered approach to work motivation*, Greenwich, CT: JAI Press

22 Rynes, SL and Connerley, ML (1993) Applicant reactions to alternative selection procedures, *Journal of Business and Psychology*, 7, pp 261–77

23 Trank, C, Rynes, S and Bretz, R (2002) Attracting applicants in the war for talent: Differences in work preferences among high achievers, *Journal of Business and Psychology*, 16

24 Yin, Y, Wang, Y and Evans, JAEA (2019) Quantifying the dynamics of failure across science, startups and security, *Nature*, 575, pp 190–94

25 Lafair, S (2016) The pros and cons of being a super achiever, *Inc.* https://www.inc.com/sylvia-lafair/the-pros-and-cons-of-being-a-super-achiever.html (archived at https://perma.cc/NGR2-6CFA)

26 Willyerd, K (2014) What high performers want at work, *Harvard Business Review*, https://hbr.org/2014/11/what-high-performers-want-at-work (archived at https://perma.cc/A37Y-DABM)

27 Wong, K (2017) How to identify and retain top performers with rewards and recognition, *Engage*, https://www.achievers.com/blog/identify-retain-topperformers-rewards-recognition/ (archived at https://perma.cc/L3EU-V82P)

28 Lafair, S (2016) The pros and cons of being a super achiever, *Inc.* https://www.inc.com/sylvia-lafair/the-pros-and-cons-of-being-a-super-achiever.html (archived at https://perma.cc/NGR2-6CFA)

29 Stross, RE (1996) Microsoft's big advantage—iring only the supersmart, *Fortune*, 134, pp 158–62

30 Mael, FA and Ashforth, BE (1995) Loyal from day one: Biodata, organizational identification, and turnover among newcomers, *Personnel Psychology*, 48, pp 309–33

31 Freiberg, K and Freiberg, J (1997) *Nuts! Southwest Airlines' crazy recipe for business and personal success*, New York, Broadway Books

32 Gotian, R (2020b) How to turn feedback into an 'opportunity for enhancement', *Forbes*, https://www.forbes.com/sites/ruthgotian/2020/08/14/how-to-turnfeedback-into-an-opportunity-for-enhancement/ (archived at https://perma.cc/PDH2-VUEM)

33 Ashford, SJ and Cummings, LL (1983) Feedback as an individual resource: Personal strategies of creating information, *Organizational Behavior and Human Performance*, 32, pp 370–98

34 Alexander, G (2006) Behavioural coaching: the GROW model, in J Passmore (ed.) *Excellence in Coaching: The industry guide*, 2nd ed. London: Kogan Page

35 Alexander, G and Renshaw, B (2005) *Super Coaching: The missing ingredient*

for high performance, London, Random House

36 O'Boyle, JE and Aguinis, H (2012) The best and the rest: Revisiting the norm of normality of individual performance, *Personnel Psychology*, 65, pp 79–119

37 Willyerd, K (2014) What high performers want at work, *Harvard Business Review*, https://hbr.org/2014/11/what-high-performers-want-at-work (archived at https://perma.cc/A37Y-DABM)

38 Denning, T (2017) How to go from being a dreamer to a high achiever, https://addicted2success.com/success-advice/how-to-go-from-being-a-dreamerto-a-high-achiever/ (archived at https://perma.cc/3R2E-KYEV)

39 Gotian, R (2021a) 6 reasons why some people dream and others achieve, *Forbes*, https://www.forbes.com/sites/ruthgotian/2021/05/11/6-reasons-why-somepeople-dream-and-others-achieve/ (archived at https://perma.cc/R7LC-R4ZV)

40 Gotian, R (2021c) Pandemic professional development looks different, And it is here to stay, *Forbes*, https://www.forbes.com/sites/ruthgotian/2021/04/13/pandemic-professional-development-looks-different-and-it-is-here-to-stay/ (archived at https://perma.cc/AB78-FF2C)

41 Gotian, R (2021d) Too distracted? Learn how to be where your feet are, *Forbes*, https://www.forbes.com/sites/ruthgotian/2021/06/01/too-distracted-learn-howto- be-where-your-feet-are/ (archived at https://perma.cc/R36T-9V72)

42 O'Neil, S (2021) *Be Where Your Feet Are*, New York, St. Martin's Essentials

3장 성공하는 사람들과 함께 일하라

1 Mackay, A-L (2015) *The Four Mindsets*, Australia, John Wiley & Sons Australia, Ltd

2 Huselid, MA (1995) The impact of human resource management practices on turnover, productivity, and corporate financial performance, *Academy of Management Journal*, 38, pp 635–872

3 Goldsmith, M and Carter, L (eds.) (2010) *Best Practices in Talent Management*, San Francisco, CA: Pfeiffer, an imprint of Wiley

4 O'Boyle Jr, E and Aguinis, H (2012) The Best and the Rest: Revisiting the norm of normality of individual performance, *Personnel Psychology*, 65, pp 79–119

5 Knowles, MS (1970) *The Modern Practice of Adult Education*, New York: New York, Association Press

6 Knowles, MS (1980) *The Modern Practice of Adult Education: From pedagogy to andragogy*, New York, Cambridge Books

7 Knowles, MS (1968) Andragogy, not pedagogy, *Adult Leadership*, 16, pp 350–

52,386

8 Knowles, MS (1968) Andragogy, not pedagogy, *Adult Leadership*, 16, pp 350–52,386

9 Edmondson, AC (2019) *The Fearless Organization*, Hoboken, NJ, Wiley

10 Gotian, R (2020c) How to turn feedback into an 'opportunity for enhancement', *Forbes*, https://www.forbes.com/sites/ruthgotian/2020/08/14/how-to-turn-feedback-into-an-opportunity-for-enhancement/ (archived at https://perma.cc/PDH2-VUEM)

11 Deci, EL and Ryan, RM (1985) *Intrinsic Motivation and Self-determination in Human Behavior*, New York, Plenum

12 Deci, EL and Ryan, RM (2000) The "what" and "why" of goal pursuits: Human needs and the self-determination of behavior, *Psychological Inquiry*, 11, pp 227–68

13 McClusky, HY (1963a) Course of adult life span, in Hallenbeck (ed.) Chicago, IL. Adult Education Association of U.S.A.

14 McClusky, HY (1963b) The demand for continual learning in modern society, *University of Michigan School of Education Bulletin*

15 Merriam, S, Caffarella, R and Bamgartner, L (2007) *Learning in Adulthood*, San Francisco, CA, Jossey-Bass

16 Cable, DM and Judge, TA (1994) Pay preferences and job search decisions: A person-organizational fit perspective, *Personnel Psychology*, 47, pp 317–48

17 Pink, DH (2009) *Drive*, New York, NY, Riverhead Books, an imprint of Penguin Random House LLC

18 Wong, K (2017) How to identify and retain top performers with rewards and recognition, *Engage*, https://www.achievers.com/blog/identify-retain-topperformers-rewards-recognition/ (archived at https://perma.cc/L3EU-V82P)

19 Harvard Business Review Analytic Services (2013) The impact of employee engagement on performance, in press, H. B. R. (ed.)

20 Baldoni, J (2013) Your least engaged employees might be your top performers, *Harvard Business Review*, https://hbr.org/2013/04/your-least-engagedemployees-m?autocomplete=true (archived at https://perma.cc/NP8F-FPLX)

21 Mackay, A-L (2015) *The Four Mindsets*, Australia, John Wiley & Sons Australia, Ltd

22 Sutton, RI (2010) *Good Boss, Bad Boss*, New York, Business Plus, an imprint of Grand Central Publishing

23 Gotian, R (2020a) Don't let imposter syndrome derail your career, *Psychology Today*, https://www.psychologytoday.com/us/blog/optimizing-success/202010/dont-let-imposter-syndrome-derail-your-career (archived at https://perma.

cc/3VBU-XK38)\

24 Clance, PR and Imes, SA (1978) The imposter phenomenon in high achieving women: Dynamics and therapeutic intervention, *Psychotherapy: Theory,Research & Practice*, 15, pp 241–47

25 Frank, RH and Cook, PJ (1995) *The Winner-Take-All Society*, New York, The Free Press.

26 Kanfer, RM and Heggestad, ED (eds.) (1990) *Motivational Traits and Skills: A person-centered approach to work motivation*, Greenwich, CT: JAI Press

27 Spence, JT and Helmreich, R (eds.) (1983) *Achievement-related Motives and Behaviors*, San Francisco: Freeman

28 Willyerd, K (2014) What high performers want at work, *Harvard Business Review*, https://hbr.org/2014/11/what-high-performers-want-at-work (archived at https://perma.cc/A37Y-DABM)

29 Tobak, S (2015) 10 Behaviors of High Achievers, *Entrepreneur.com*,https://www.entrepreneur.com/article/245843 (archived at https://perma.cc/M8FZ-GVNU)

30 McGrath, R (2011) Failing by design, *Harvard Business Review*, 89, pp 76–83

31 Kanter, RM (1977) *Men and Women of the Corporation*, New York, Basic Books

32 Smith, DG and Johnson, WB (2020) *Good Guys*, Boston, MA, Harvard Business Review Press

33 Trank, CQ, Rynes, SL and Bretz JR, RD (2002) Attracting applicants in the war for talent: Differences in work preferences among high achievers, *Journal of Business and Psychology*, 16

34 Willyerd, K (2014) What high performers want at work, *Harvard Business Review*, https://hbr.org/2014/11/what-high-performers-want-at-work (archived at https://perma.cc/A37Y-DABM)

35 Edmondson, AC (2019) *The Fearless Organization*, Hoboken, NJ, Wiley

36 Mackay, A-L (2015) *The Four Mindsets*, Australia, John Wiley & Sons Australia, Ltd

37 Gotian, R (2020b) How to attract, retain, and lead high achievers, *Forbes*, https://www.forbes.com/sites/ruthgotian/2020/06/29/how-to-attract-retain-andlead-high-achievers/ (archived at https://perma.cc/X553-68Z9)

38 Detert, J (2021) *Choosing Courage*, Boston, MA, Harvard Business Review Press

39 Collins, J (2001) *Good to Great*, New York, NY, Harper Business, an imprint of Harper Collins Publishers

40 Birsel, A (2015) *Design the Life You Love*, New York, Ten Speed Press, an imprint of the Crown Publishing Group, a division of Penguin Random House LLC

41 Gotian, R (2021a) Tell me your heroes and I'll tell you your values, *Psychology*

Today, https://www.psychologytoday.com/us/blog/optimizing-success/202103/tell-me-your-heroes-and-i-ll-tell-you-your-values (archived at https://perma.cc/T2J3-MGJG)

42 Gotian, R (2018) Integrating cultural perspectives into organizational learning: Anecdotal evidence for organizational effectiveness, in D Peltz and A Clemons(eds.) *Multicultural Andragogy for Transformative Learning*, IGI Global

43 Drucker, P F (1999) *Management Challenges for the 21st Century*, New York, Harper Collins Publishers, Inc.

44 Dunwoody, A (2015) *A Higher Standard*, Boston, MA, Da Capo Press, a member of the Perseus Books Group

2부 | 성공의 네 가지 요소

4장 내적 동기

1 Deci, EL and Ryan, RM (1985) *Intrinsic Motivation and Self-determination in Human Behavior*, New York, Plenum

2 Winerman, L (2008) Ten years to a doctorate? Not anymore, *grad PSYCH Magazine*, American Psychological Association

3 Bloomberg, LD and Volpe, M (2008) *Completing Your Qualitative Dissertation, A Roadmap From Beginning to End*, Thousand Oaks, CA, Sage Publications, Inc.

4 Wilson, R (2017) Census: More Americans have college degrees than ever before, *The Hill*, https://thehill.com/homenews/state-watch/326995-census-moreamericans-have-college-degrees-than-ever-before (archived at https://perma.cc/P7EL-NBUD)

5 Oecdorg (2020) Education at a Glance, OCED, https://www.oecd.org/education/education-at-a-glance/ (archived at https://perma.cc/PT6C-GVG6)

6 Deci, EL, Koestner, R and Ryan, RM (2001) Extrinsic rewards and intrinsic motivation in education: Reconsidered once again. *Review of Educational Research*, 71, pp 1–27

7 Deci, EL and Ryan, RM (1985) *Intrinsic Motivation and Self-determination in Human Behavior*, New York, Plenum

8 Deci, EL and Ryan, RM (2000) The “what” and “why” of goal pursuits: Human needs and the self-determination of behavior, *Psychological Inquiry*, 11, pp 227–68

9 Ryan, RM and Deci, EL (2000) Self-determination theory and the facilitation of intrinsic motivation, social development, and well-being, *American Psychologist*, 55, pp 68–78

10 International Olympic Committee (nd) *Olympic Charter* https://olympics.com/ioc/olympic-charter (archived at https://perma.cc/7VBJ-JUGW)

11 Gotian, R (2020). How Complaining To The Right Person Can Influence Change. *Forbes* https://www.forbes.com/sites/ruthgotian/2020/08/18/how-complainingto-the-right-person-can-influence-change/ (archived at https://perma.cc/3RFX-Y5NF)

12 World Health Organization (2021) Deafness and hearing loss, https://www.who.int/ news-room/fact-sheets/detail/deafness-and-hearing-loss (archived at https://perma.cc/SAZ6-L8E9)

13 Csikszentmihalyi, M (1990) *Flow: The psychology of optimal experience*, New York, Harper and Row

14 Csikszentmihalyi, M (1997) *Finding Flow: The psychology of engagement with everyday life*, New York, Basic Books.

15 Koenig, A (2012) Day 6 at the London Olympics: Gold for Davies '05 and Lofgren '09. *The Harvard Crimson* [Online]. Available: https://www.thecrimson.com/blog/the-back-page/article/2012/8/2/day-6-london-olympics-lofgren-davieshharvard-gold/ (archived at https://perma.cc/UC6H-DVZ4)

16 Gallup (2020) Gallup Q12® Meta-Analysis, https://www.gallup.com/ workplace/321725/gallup-q12-meta-analysis-report.aspx (archived at https://perma.cc/L64Z-ZK3Q)

5장 인내

1 Gotian, R (2020a) 8 high achievers share how they are managing pandemic-related challenges, *Forbes*, https://www.forbes.com/sites/ruthgotian/2020/09/07/7-highachievers- share-how-they-are-dealing-with-challenges-caused-by-covid/ (archived at https://perma.cc/W4AR-TWVH)

2 Young, J (2020) A day in the life of Dr. Anthony Fauci, *Huff Post*, https://www.huffpost.com/entry/anthony-fauci-fightingcovid-19_n_5fc7fed7c5b61bea2b14e3ee?ojn (archived at https://perma.cc/2FCX-JTYQ)

3 Duckworth, A (2016) *Grit*, New York, Scribner, an imprint of Simon & Schuster

4 Gotian, R (2020b) Justice Ruth Bader Ginsburg's best mentoring advice, *Forbes*, https://www.forbes.com/sites/ruthgotian/2020/10/13/justice-ruth-baderginsburgs-best-mentoring-advice/ (archived at https://perma.cc/9J7N-J6WH)

5 Gotian, R (2020c) Why some people don't take 'no" for an answer, *Forbes*, https://

www.forbes.com/sites/ruthgotian/2020/11/27/why-some-people-donttake-no-for-an-answer/ (archived at https://perma.cc/B5XD-42W5)

6 Dweck, CS (2016) *Mindset*, New York, Ballantine Books

7 Gotian, R (2020c) Why some people don't take 'no" for an answer, *Forbes*, https://www.forbes.com/sites/ruthgotian/2020/11/27/why-some-people-donttake-no-for-an-answer/ (archived at https://perma.cc/B5XD-42W5)

8 Heiser, D (2008) Depression identification in the long-term care setting, *Clinical Gerontologist*, 3–18

6장 탄탄한 기초

1 Gotian, R (2020a) How to succeed when you've never done the job before, *Forbes*, https://www.forbes.com/sites/ruthgotian/2020/09/14/how-to-succeed-whenyouve-never-done-the-job-before/ (archived at https://perma.cc/C4BT-837Y)

2 Grover, TS (2021) *Winning: The unforgiving race to greatness*, New York, Scribner, an imprint of Simon & Schuster, Inc

3 The Nobel Prize (2019) Grant proposal deadlines wait for no-one! Twitter @ nobelprize *Grant proposal deadlines wait for no-one! Sir Peter Ratcliffe sitting at his desk working on his EU Synergy Grant application, after learning he had been awarded this year's Nobel Prize in Physiology or Medicine*

4 Allen, T et al (2004) Career benefits associated with mentoring for protegee: A meta analysis, *Journal of Applied Psychology*, 89, p 127

5 Eby, L et al (2013) An interdisciplinary meta-analysis of the potential antecedents, correlates, and consequences of protege perceptions of mentoring, *Psychological Bulletin*, 139, 441–476.

6 Eby, LT et al (2008) Does mentoring matter? A multidisciplinary meta-analysis comparing mentored and non-mentored individuals, *Journal of Vocational Behavior*, 72, pp 254–67

7 Gotian, R (2020a) How to succeed when you've never done the job before, *Forbes*, https://www.forbes.com/sites/ruthgotian/2020/09/14/how-to-succeed-whenyouve-never-done-the-job-before/ (archived at https://perma.cc/C4BT-837Y)

8 Gotian, R (2020b) Justice Ruth Bader Ginsburg's best mentoring advice, *Forbes*, https://www.forbes.com/sites/ruthgotian/2020/10/13/justice-ruth-baderginsburgs-best-mentoring-advice/ (archived at https://perma.cc/9J7N-J6WH)

7장 지속적인 학습

1 Gallo, C (2017) Bill Gates and other billionaires say this 1 habit is the secret to their success, *Inc*. https://www.inc.com/carmine-gallo/bill-gates-otherbillionaires-say-this-1-habit-is-secret-to-their-sucess.html (archived at https://perma.cc/7JFL-7BU4)

2 Gotian, R (2020a) How peer mentors can help you succeed, *Forbes*, https://www.forbes.com/sites/ruthgotian/2020/06/09/how-peer-mentors-canhelp-you-succeed/ (archived at https://perma.cc/4F46-TR3Z)

3 Yoon, J et al (2019) Why asking for advice is more effective than asking for feedback, *Harvard Business Review*

4 Kluger, A and DeNisi, A (1996) The effects of feedback interventions on performance: A historical review, a meta analysis, and a preliminary feedback intervention theory, *Psychological Bulletin*, 119

5 Gotian, R (2020d) How to turn feedback into an 'opportunity for enhancement', *Forbes*, https://www.forbes.com/sites/ruthgotian/2020/08/14/how-to-turnfeedback-into-an-opportunity-for-enhancement/ (archived at https://perma.cc/PDH2-VUEM)

6 Gotian, R (2020c) How to develop a mentoring team, *Forbes*, https://www.forbes.com/ sites/ruthgotian/2020/07/06/how-to-cultivate-a-mentoring-team-in-five-easysteps/ (archived at https://perma.cc/9BCK-8PWJ)

7 Gotian, R (2020b) How to create your own mentoring team, *Psychology Today*, https://www.psychologytoday.com/us/blog/optimizing-success/202009/how-create-your-own-mentoring-team (archived at https://perma.cc/4FZJ-P75Z)

8 Marsick, V and Volpe, M (1999) Informal learning on the job, in V Marsick and M Volpe (eds.) *Advances in Developing Human Resources*, San Francisco, CA: The Academy of Human Resource Development

9 Marsick, V and Watkins, K (1990) *Informal and Incidental Learning*, London, Routledge

10 Kolb, D (1984) *Experiential Learning: Experience as the source of learning and development*, Englewood Cliffs, NJ, Prentice-Hall, Inc

11 Knowles, MS (1984) *The Adult Learner: A neglected species*, Houston, Gulf

12 Dewey, J (1938) *Experience and Education*, New York, Collier Books

13 Epic Education Foundation (2021) *Epic Challenges*, https:// epiceducationfoundation.org (archived at https://perma.cc/DD7S-M5PM)

14 Clark, M and Joyner, A (2006) *The Bear Necessities of Business*, New Jersey, John Wiley & Sons, Inc

3부 | 성공을 최적화하라

8장 당신의 열정은 무엇인가

1 O'Boyle, E and Aguinis, H (2012) The best and the rest: Revisiting the norm of normality of individual performance, *Personnel Psychology*, 65, pp 79–119

2 Duckworth, A (2016) *Grit*, New York, Scribner, an imprint of Simon & Schuster

3 Gotian, R (2020a) Do what you love: but first find out what that is, *Forbes*, https://www.forbes.com/sites/ruthgotian/2020/06/05/do-what-you-love-but-firstfind-out-what-that-is/ (archived at https://perma.cc/4VMD-ZN8E)

4 Shanafelt TD et al (2009) Career fit and burnout among academic faculty, *Archives of Internal Medicine*, 169

5 Gotian, R (2020d) Stop dreaming and learn how to turn your goal into a reality, *Forbes*, https://www.forbes.com/sites/ruthgotian/2020/11/24/stop-dreamingand-learn-how-to-turn-your-goal-into-a-reality/ (archived at https://perma.cc/PJ4L-VP2X)

6 Clark, D (2019) How to reach out to someone whose career you admire, *Harvard Business Review*, https://hbr.org/2019/07/how-to-reach-out-to-someone-whosecareer-you-admire (archived at https://perma.cc/3WZU-N7SM)

7 Gotian, R (2020b) How to stop your New Year's goals from going up in smoke, *Psychology Today*, https://www.psychologytoday.com/us/blog/optimizingsuccess/202012/how-stop-your-new-years-goals-going-in-smoke (archived athttps://perma.cc/M64D-SSNB)

8 Gotian, R (2020d) Stop dreaming and learn how to turn your goal into a reality, *Forbes*, https://www.forbes.com/sites/ruthgotian/2020/11/24/stop-dreamingand-learn-how-to-turn-your-goal-into-a-reality/ (archived at https://perma.cc/PJ4L-VP2X)

9 Eyal, N (2019) *Indistractable: How to control your attention and choose your life*, Dallas, TX, Ben Bella Books

10 Lintz, JS (2017) How an ordinary person can change the world, well at least start the process... *Huff Post*, https://www.huffpost.com/entry/how-an-ordinaryperson-ca_b_7756394 (archived at https://perma.cc/U4WB-FXWK)

11 Eyal, N (2019) *Indistractable: How to control your attention and choose your life*, Dallas, TX, Ben Bella Books

12 Cirillo, F The Pomodoro® Technique, https://www.huffpost.com/entry/how-anordinary-person-ca_b_7756394 (archived at https://perma.cc/U4WB-FXWK)

13 Gotian, R (2020c) A new spin on the Pomodoro Technique. How doing laundry can improve productivity, *Forbes*, https://www.forbes.com/sites/ruthgotian/2020/

12/22/how-doing-laundry-made-me-more-productive/ (archived at https://perma.cc/Z5DK-PHMW)

14 NASA Kennedy Space Center Visitor Complex, U.S. Astronaut Hall of Fame https://www.kennedyspacecenter.com/explore-attractions/heroes-and-legends/us-astronaut-hall-of-fame (archived at https://perma.cc/4BVP-YRZW)

9장 멘토를 찾아라

1 Gotian, R (2020f) Justice Ruth Bader Ginsburg's best mentoring advice, *Forbes*, https://www.forbes.com/sites/ruthgotian/2020/10/13/justice-ruth-baderginsburgs-best-mentoring-advice/ (archived at https://perma.cc/9J7N-J6WH)

2 Zuckerman, H (1995) Gender and Science, in WT Golden (ed.) *Scientific Elite. Nobel laureates in the United States*, Routledge

3 Allen, T et al (2004) Career benefits associated with mentoring for protegee: A meta analysis. *Journal of Applied Psychology*, 89, p 127

4 Eby, L T et l. (2008) Does mentoring matter? A multidisciplinary meta-analysis comparing mentored and non-mentored individuals, *Journal of Vocational Behavior*, 72, pp 254–67

5 Olivet Nazarene University (2020) *Study Explores Professional Mentor-Mentee Relationships in 2019*, https://online.olivet.edu/research-statistics-onprofessional-mentors (archived at https://perma.cc/TW23-2Z58)

6 Gotian, R (2020b) How do you find a decent mentor when you're stuck at home? *Harvard Business Review*, https://hbr.org/2020/08/how-do-you-find-a-decentmentor-when-youre-stuck-at-home (archived at https://perma.cc/JNS4-9T5J)

7 Kram, K (1988) *Mentoring at Work: Developmental relationships in organizational life*, Lanham, Maryland, University Press of America

8 Kram, K (1983) Phases of the mentor relationship, *Academy of Management Journal*, 26, pp 608–25

9 Armijo, P et al (2020) Citizenship tasks and women physicians: Additional woman tax in academic medicine? *Journal of Women's Health*

10 Grant, A and Sandberg, S (2015) Madam C.E.O, Get Me a Coffee, *New York Times*, February 6

11 Williams, JC (2014) Sticking women with the office housework, *The Washington Post*, https://www.washingtonpost.com/news/on-leadership/wp/2014/04/16/sticking-women-with-the-office-housework/ (archived at https://perma.cc/UL3U-T5D6)

12 Gotian, R (2020a) Follow these 5 steps to develop a mentoring team, in S Jain

and D Kim (eds.) *Women In Medicine Compendium: An evolution of empowerment*, Wiley

13 Gotian, R (2020c) How to create your own mentoring team, *Psychology Today*, https://www.psychologytoday.com/us/blog/optimizing-success/202009/how-create-your-own-mentoring-team (archived at https://perma.cc/4FZJ-P75Z)

14 Gotian, R (2020d) How to develop a mentoring team, *Forbes*, https://www.forbes. com/sites/ruthgotian/2020/07/06/how-to-cultivate-a-mentoring-team-in-fiveeasy-steps/ (archived at https://perma.cc/9BCK-8PWJ)

15 Gotian, R (2021a) How to find the perfect mentor to boost your career, *Forbes*, https://www.forbes.com/sites/ruthgotian/2021/01/26/how-to-find-the-perfectmentor-to-boost-your-career/ (archived at https://perma.cc/M9G3-GEMZ)

16 Gotian, R (2020c) How to create your own mentoring team, *Psychology Today*,https://www.psychologytoday.com/us/blog/optimizing-success/202009/how-create-your-own-mentoring-team (archived at https://perma.cc/4FZJ P75Z)

17 Gotian, R (2020h) Why your boss shouldn't be your mentor, *Forbes*, https://www.forbes.com/sites/ruthgotian/2020/10/16/why-your-boss-shouldntbe-your-mentor (archived at https://perma.cc/8973-CZX8)

18 Gotian, R (2020g) Why you need a role model, mentor, coach and sponsor, *Forbes*, https://www.forbes.com/sites/ruthgotian/2020/08/04/why-you-need-a-rolemodel-mentor-coach-and-sponsor/ (archived at https://perma.cc/NV3T-7FGS)

19 Gotian, R (2021b) Role model, mentor, coach, or sponsor—which do you need? *Psychology Today*, https://www.psychologytoday.com/us/blog/optimizingsuccess/202101/role-model-mentor-coach-or-sponsor-which-do-you-need (archived at https://perma.cc/8RC2-HGP8)

20 Smith, DG and Johnson, WB (2020) *Good Guys*, Boston, MA, Harvard Business Review Press

21 Chopra, V, Vaughn, V and Saint, S (2019) *The Mentoring Guide: Helping mentors and mentees succeed*, USA, Michigan Publishing.

22 Gotian, R (2020e) How to start a conversation with a stranger, *Forbes*, https://www.forbes.com/sites/ruthgotian/2020/09/29/how-to-start-aconversation-with-a-stranger/ (archived at https://perma.cc/PFX7-JGB8)

23 Lopata, A (2020) *Connected Leadership*, UK, Panoma Press.

10장 멘토링 팀을 구성하라

1 Clark, D (2013) *Reinventing You*, Boston, MA, Harvard Business Review Press

2 Claman, P (2010) Forget mentors: Employ a personal board of directors, *Harvard Business Review*, hbr.org/2010/10/forget-mentors-employ-a-person (archived at https://perma.cc/QZR3-P82K)

3 Gotian, R (2021b) How to find the perfect mentor to boost your career, *Forbes*, https://www.forbes.com/sites/ruthgotian/2021/01/26/how-to-find-the-perfectmentor-to-boost-your-career/ (archived at https://perma.cc/M9G3-GEMZ)

4 Chopra, V, Edelson, DP AND Saint, S (2016) Mentorship Malpractice, *JAMA*, 315, PP 1453–54

5 Gotian, R (2020d) How to develop a mentoring team, *Forbes*, https://www.forbes. com/sites/ruthgotian/2020/07/06/how-to-cultivate-a-mentoring-team-in-fiveeasy-steps/ (archived at https://perma.cc/9BCK-8PWJ)

6 Grant, A (2021) *Think Again*, USA, Viking, an imprint of Penguin Random House LLC

7 Gotian, R (2020f) How to turn feedback into an 'opportunity for enhancement', *Forbes*, https://www.forbes.com/sites/ruthgotian/2020/08/14/how-to-turnfeedback-into-an-opportunity-for-enhancement/ (archived at https://perma.cc/PDH2-VUEM)

8 Gotian, R (2020b) How to amplify the voice of your mentees, *Forbes*, https://www.forbes.com/sites/ruthgotian/2020/06/15/how-to-amplify-the-voiceof-your-mentees/ (archived at https://perma.cc/7HMA-Q73R)

9 Gotian, R (2020i) Why you need a role model, mentor, coach and sponsor, *Forbes*, https://www.forbes.com/sites/ruthgotian/2020/08/04/why-you-need-a-rolemodel-mentor-coach-and-sponsor/ (archived at https://perma.cc/NV3T-7FGS)

10 Allen, T et al (2004) Career benefits associated with mentoring for protegee: A meta analysis. *Journal of Applied Psychology*, 89, 127.

11 Eby, L et al (2013) An interdisciplinary meta-analysis of the potential antecedents, correlates, and consequences of protege perceptions of mentoring, *Psychological Bulletin*, 139, pp 441–76

12 Eby, LT et al (2008) Does mentoring matter? A multidisciplinary meta-analysis comparing mentored and non-mentored individuals, *Journal of Vocational Behavior*, 72, 254–67

13 Gotian, R (2019) Why you need a support team, *Nature*, 568, pp 425–26

14 Gotian, R (2021b) How to find the perfect mentor to boost your career, *Forbes*, https://www.forbes.com/sites/ruthgotian/2021/01/26/how-to-find-the-

perfectmentor-to-boost-your-career/ (archived at https://perma.cc/M9G3-GEMZ)

15 Lindstrom, M (2021) *The Ministry of Common Sense: How to eliminate bureaucratic red tape, bad excuses, and corporate bs*, Boston, Houghton Mifflin Harcourt

16 US Navy (2021) James F. Geurts: Under Secretary of the Navy (Performing the Duties of) https://www.navy.mil/Leadership/Biographies/BioDisplay/Article/2236405/james-f-geurts/ (archived at https://perma.cc/YX8Y-JS5M)

17 Gotian, R (2020e) How To start a conversation with a stranger, *Forbes*, https://www.forbes.com/sites/ruthgotian/2020/09/29/how-to-start-aconversation-with-a-stranger/ (archived at https://perma.cc/PFX7-JGB8)

18 Gotian, R (2020c) How to attract, retain, and lead high achievers, *Forbes*, https://www.forbes.com/sites/ruthgotian/2020/06/29/how-to-attract-retain-andlead-high-achievers/ (archived at https://perma.cc/Q69D-47YE)

19 Gotian, R (2020g) Looking for a mentor? Why you shouldn't use the 'm' word, *Forbes*, https://www.forbes.com/sites/ruthgotian/2020/07/31/looking-for-amentor-why-you-shouldnt-use-the-m-word/ (archived at https://perma.cc/PAS3-ZU99)

20 Gotian, R (2021a) Do you want to mentor? The new matchmaking program for mentors and mentees, *Forbes*, https://www.forbes.com/sites/ruthgotian/2021/01/01/do-you-want-to-mentor-the-new-matchmaking-programfor-mentors-and-mentees/ (archived at https://perma.cc/5XSJ-V2VK)

21 Gotian, R (2021c) Why do people at the top of their field become mentors? *Forbes*, https://www.forbes.com/sites/ruthgotian/2021/01/05/why-do-people-at-the-topof-their-field-become-mentors/ (archived at https://perma.cc/ED8S-KJQN)

22 ElderaAI (2021 *Eldera* https://www.eldera.ai (archived at https://perma.cc/JSH7-BM4N)

23 Epic Education Foundation (2021) *Epic Challenges* https://epiceducationfoundation.org (archived at https://perma.cc/DD7S-M5PM)

24 Smith, DG and Johnson, WB (2020) *Good Guys*, Boston, MA, Harvard Business Review Press

25 Gotian, R (2020h) Stop dreaming and learn how to turn your goal into a reality, *Forbes*, https://www.forbes.com/sites/ruthgotian/2020/11/24/stop-dreamingand-learn-how-to-turn-your-goal-into-a-reality/ (archived at https://perma.cc/PJ4L-VP2X)

26 Friedman, R (2021) *Decoding Greatness*, New York, Simon & Schuster

27 De Saint-Exupery, A (1943) *The Little Prince*, New York, Reynal & Hitchcock

28 Clark, D (2016) Networking with people you can't meet in person, *Harvard*

Business Review

29 Gotian, R (2020a) How do you find a decent mentor when you're stuck at home? *Harvard Business Review*, https://hbr.org/2020/08/how-do-you-find-a-decentmentor-when-youre-stuck-at-home (archived at https://perma.cc/JNS4-9T5J)

11장 비슷한 사람들을 찾아라

1 Gotian, R (2019) Why you need a support team, *Nature*, 568, pp 425–26

2 Gotian, R (2020b) Justice Ruth Bader Ginsburg's best mentoring advice, *Forbes*, https://www.forbes.com/sites/ruthgotian/2020/10/13/justice-ruth-baderginsburgs-best-mentoring-advice/ (archived at https://perma.cc/9J7N-J6WH)

3 Wenger, E and Snyder, WM (2000) Communities of practice: The organizational frontier, *Harvard Business Review*

4 Alsubaie, MA (2015) Hidden curriculum as one of current issue of curriculum, *Journal of Education and Practice*, 6

5 Stamps, D (1997) Learning is social. Training is irrelevant? *Training*, 3, 35–42.

6 Gotian, R (2020a) How peer mentors can help you succeed, *Forbes*, https://www.forbes.com/sites/ruthgotian/2020/06/09/how-peer-mentors-canhelp-you-succeed/ (archived at https://perma.cc/4F46-TR3Z)

7 Gotian, R (2019) Why you need a support team, *Nature*, 568, pp 425–26

8 Alsubaie, MA (2015) Hidden curriculum as one of current issue of curriculum, *Journal of Education and Practice*, 6

9 Eichenwald, K (1996) Texaco executives, on tape, discussed impeding bias suit, *The New York Times*, November 4

10 Association Of Space Explorers (nd) *Delivering the Astronaut Perspective*, https://www.space-explorers.org/ (archived at https://perma.cc/6U2R-8GYN)

11 Association Of Space Explorers (nd) *Delivering the Astronaut Perspective*, https://www.space-explorers.org/ (archived at https://perma.cc/6U2R-8GYN)

12 World Olympians Association (2017) OLY post-nominal letters to honour Olympians https://olympians.org/news/983/oly-post-nominal-letters-to-honourolympians/ (archived at https://perma.cc/8QLN-QURC)

13 Lindau Nobel Laureate Meetings, Educate. Inspire. Connect. 1951–2020

14 Lindau Nobel Laureate Meetings, Educate. Inspire. Connect. 1951–2020

12장 학위는 시작일 뿐이다

1 Freire, P (2000) *Pedagogy of the Oppressed*, Continuum International Publishing Group.

2 Gotian, R (2021a) When your favorite book becomes a course for work, *Forbes*, https://www.forbes.com/sites/ruthgotian/2021/04/06/when-your-favorite-bookbecomes-a-course-for-work/ (archived at https://perma.cc/X6Z4-F3N6)

3 Kolb, AY and Kolb, DA (2005) Learning styles and learning spaces: Enhancing experiential learning in higher education, *Academy of Management Learning and Education*, 4, pp 193–212

4 Levin, M (2017) Reading habits of the most successful leaders that can change your life too, *Inc.* https://www.inc.com/marissa-levin/reading-habits-of-themost-successful-leaders-that.html (archived at https://perma.cc/WP8T-6JRX)

5 Rampton, J (2017) 9 everyday habits of the average millionaire, *Entrepreneur.com*,https://www.entrepreneur.com/article/304219 (archived at https://perma.cc/4NMQ-5FBX)

6 Kolb, DA, Boyatzis, RE and Mainemelis, C (2002) Experiential learning theory: Previous research and new directions, in RJ Sternberg and LF Zhang (eds.) *Perspectives on Cognitive, Learning and Thinking Styles*, Mahwah, NJ: Lawrence Erlbaum

7 Kolb, D (1984a) *Experiential Learning: Experience as the source of learning and development*, Englewood Cliffs, NJ, Prentice-Hall, Inc

8 Kolb, D (1984b) The process of experiential learning, in *Experiential Learning: Experience as the source of learning and development*, Engelwood Cliffs, NJ: Prentice Hall

9 Kolb, D (1984c) Structural foundations of the learning process, in *Experiential Learning: Experience as the source of learning and development*, Engelwood Cliffs, NJ: Prentice Hall

10 Podcasthosting.org, *2021 Global Podcast Statistics, Demographics & Habits*, https://podcasthosting.org/podcast-statistics/ (archived at https://perma.cc/5JDG-82YW)

11 Buckner, H and Warren, R (2020) How podcasts offer new audiences during the pandemic, *PR Daily*, https://www.prdaily.com/how-podcasts-offer-newaudiences-during-the-pandemic/ (archived at https://perma.cc/SYQ3-MZY2)

12 Gotian, R (2021a) When your favorite book becomes a course for work, *Forbes*, https://www.forbes.com/sites/ruthgotian/2021/04/06/when-your-favorite-bookbecomes-a-course-for-work/ (archived at https://perma.cc/X6Z4-F3N6)

13 Chen, R (2015) Three strategies for introverts to speak up in meetings, *Fast Company*, https://www.fastcompany.com/3052599/the-top-3-reasons-introvertsdont-speak-up-in-meetings (archived at https://perma.cc/S7KW-P4NG)

14 Eyal, N (2019) *Indistractable: How to control your attention and choose your life*, Dallas, TX, Ben Bella Books

15 Siegel, I (2021) *Get Hired Now!*, Hoboken, New Jersey, John Wiley & Sons, Inc

16 Kaufman, W (2011) A successful job search: It's all about networking, NPR, *All Things Considered*

17 Fisher, JF (2020) How to get a job often comes down to one elite personal asset, and many people still don't realize it, CNBC

18 Gotian, R (2021b) Why you only need to meet 40% of requirements in job descriptions, *Forbes*, https://www.forbes.com/sites/ruthgotian/2021/03/23/why-you-only-need-to-meet-40-of-requirements-in-job-descriptions/ (archived athttps://perma.cc/2WHY-N97Y)

19 Gotian, R (2019) Networking for introverts, *Nature*, 571, S50

20 Turnbull, Z and Gotian, R (2020) Five steps for networking during a pandemic, *Nature*, https://www.nature.com/articles/d41586-020-03567-9 (archived at https://perma.cc/JD4V-FPKB)

위대한 성취

1판 1쇄 인쇄 2023년 9월 8일
1판 1쇄 발행 2023년 9월 20일

지은이 루스 고티안
옮긴이 임현경

발행인 양원석 **편집장** 차선화 **책임편집** 김재연
디자인 김유진, 김미선 **영업마케팅** 윤우성, 박소정, 이현주, 정다은, 백승원

펴낸 곳 ㈜알에이치코리아
주소 서울시 금천구 가산디지털2로 53, 20층(가산동, 한라시그마밸리)
편집문의 02-6443-8863 **도서문의** 02-6443-8800
홈페이지 http://rhk.co.kr
등록 2004년 1월 15일 제2-3726호

ISBN 978-89-255-7599-5 (03190)

※ 이 책은 ㈜알에이치코리아가 저작권자와의 계약에 따라 발행한 것이므로
본사의 서면 허락 없이는 어떠한 형태나 수단으로도 이 책의 내용을 이용하지 못합니다.

※ 잘못된 책은 구입하신 서점에서 바꾸어 드립니다.

※ 책값은 뒤표지에 있습니다.